ブリテン帝国史のいま

グローバル・ヒストリーから
ポストコロニアルまで

平田雅博 著

晃洋書房

目次

序　論　いま帝国史とは何か

一　『オックスフォード講座ブリテン帝国史』のパラダイム

(1)　その知的環境

本書の問題意識のありかと由来、研究対象とその位置づけを示すために、まずは一九九八〜九九年に刊行された『オックスフォード講座ブリテン帝国史』(1)（原書タイトル *Oxford History of the British Empire* を以下ではOHBEと略称する。また、冒頭で注記しておけば、British Empire の British は本書を通じて「ブリテン」と訳している。Britain も「ブリテン」とした。ちなみにEngland, English は「英語」などの例外をのぞき「イングランド」と訳した）を取りあげてみよう。その内容の検討を出発点として、これが生み出した成果を整理していきながら、本書の構成の説明にも結びつけていく。

OHBE全五巻（さしあたり続刊のコンパニオン・シリーズは除いておく）は、約一五〇章からなり、のべ頁数はおよそ三〇〇〇頁に達する。第一巻「帝国の起源」は一六〜一七世紀、第二巻は一八世紀、第三巻は一九世紀、第四巻は二〇世紀をそれぞれ扱い、第五巻「ヒストリオグラフィ」は歴史叙述法や研究史、理論や方法論に関連する論文を集めている。

この企画は間違いなく、これまでのブリテン帝国史研究の一総括に他ならない。そこで全巻をまとめて評価するにはどうしたらよいのか。こうした網羅的な試みは、地域的な範囲がきわめて広範にわたり、時間幅も五〇〇年と長期におよび、テーマに至っては多種多様としか言いようがないためにたやすくはない。あちこちからの散発的な批判は聞かれるが、それほどまとまったものはない。幸いなことに、この困難なサーヴェイの一つはデーン・ケネディによってすでになされている。(2) ただ、ケネディの場合ですら、第三、四、五巻の三巻のみに限定しており、全五巻すべてにわたったサーヴェイではない。だが、ＯＨＢＥとは何かを知る当面の目的のためには、ケネディの試みを見るのは有効である。

まず、ケネディは、第一〜二巻を除いた第三〜五巻を貫くような「大きな物語（マスター・ナラティヴ）」はあるか、と問いかけている。「大きな物語」とはポストモダニズムの用語で「圧倒的な支配力を持った語り」とでもいうべきか。通常こうした講座ものの「大きな物語」を探すには、「ヒストリオグラフィ」と銘打った第五巻にあたってみようとするが、そこにはこうした「大きな物語」はむろんのこと、この講座の全体を見渡してリードしていくような方針といったものも見当たらない。それどころか、この第五巻はかつて帝国主義の理論的基盤を構築しようとした特定の学派を系統立てて論じてみようともしていない。ましてや実証に重きをおいた第三、四章に大きな物語や方針を探そうとしてもどこにもない。

そこで、ケネディはＯＨＢＥ第三〜五巻への論文の寄稿者を育てた知的環境を指摘する。彼らはその知的な修行期間を特定の時期と場所――脱植民地期と冷戦期におけるオックスフォードとケンブリッジ――で過ごした集団に属している。一九六〇年代以後にオックスフォード、ケンブリッジで訓練を受けた世代の帝国史家には、二つの大きな批判対象があった。一つは、ＯＨＢＥに先行する『ケンブリッジ講座ブリテン帝国史』(3) である。ケネディによると、これは血統と慣習によって結ばれた帝国国家システムの政治的進展のますます陳腐な物語――帝国史研究の始祖ジョン・シーリー（John Seeley）が命じてケンブリッジ講座が祭り上げたもの――であった。ＯＨＢＥはここからの解放をめざした。もう一つは、当時影響力のあった帝国主義のマルクス主義的な経済的解釈への挑戦である。

これに対して、ＯＨＢＥは、ブリテンの帝国行動が経済的な動機というより政治的戦略的な動機に駆りたてられていたと主張した。

当時この集団が知的影響力を受けたのはロナルド・ロビンソン（Ronald Robinson, 一九二〇～一九九九年）とジョン・ギャラハー（John Gallagher, 一九一九～一九八〇年）（以下この二名をＲＧと略称）であり、ＲＧこそ『ケンブリッジ講座ブリテン帝国史』の批判的な後継講座たるＯＨＢＥの容易には見えてこなかった「大きな物語」の化身である。したがって、ＲＧの仕事に目を向けることがこの集団が担った思想の謎解きをする手がかりとなるのである。この集団にＲＧが与えた影響力の一端は、ＯＨＢＥ全五巻の総編集者たるＷ・Ｒ・ルイス（William Roger Louis）をはじめ、第五巻の編者のロビン・Ｗ・ウィンクス（Robin W. Winks）といった、この集団に属すと思われ本企画でも編者の立場にある歴史家が、一様にＲＧへのオマージュを語っていることに示されている。

（2）　ＲＧパラダイム――四つのツール

実際、ＲＧによる「自由貿易帝国主義」論文、著書『アフリカとヴィクトリア朝人』、ロビンソンによる「協調理論」論文[4]などが発表された頃、こうした帝国の過去へのＲＧ自身のアプローチは、時のグローバルな政治的イデオロギー的な影響力に説得的に訴えるものであった。たとえば、ＲＧによる植民地分割に先がけた周辺の事件という議論（いわゆる「周辺危機論」）は、アフリカ、アジアの脱植民地化のペースを主導したナショナリスト的な動機に照らすと納得がいった。

しかし、ＲＧの影響力がもっぱら時代精神に売り込む能力のせいとしたら、その後四〇年にもわたるその影響力の持続性は説明できない。こうした持続性、すなわちＲＧの長い影を説明するものは何か。その持続性は、帝国膨張の力学について彼らが広めたきわめて使いやすく多様な「道具（ツール）」のおかげである、としてケネディは以下の四つの「道具」を挙げている。

第一のツールは、「当局者の意図（official mind）」で、これはＲＧによる帝国史の概念装置の中でももっともよく知られた貢献である。統治エリートのイデオロギー的意図を意味するものとして頻繁に使われたが、きわめて柔軟な概念なので、それ以外にも多目的に使われた。帝国国家の目的を示す表現としての曖昧な意図を意味したり、政策や行政を下から支える社会的イデオロギー的基盤を指したりもした。この当局者の意図の中で、ＲＧ以後でもっとも興味深いバリエーションはおそらく、ピーター・ケイン（Peter Cain）とアンソニー・Ｇ・ホプキンズ（Anthony G. Hopkins）のいう「ジェントルマン資本主義」における「ジェントルマン資本家」エリートである。ケインとホプキンズは「ジェントルマン資本家」のエートスと利害によってブリテン帝国主義の性格が決定されたと主張した。要するに、「当局者の意図」とは統治エリートと経済エリートの意図として長く使われたのであり、ＯＨＢＥでもロナルド・ハイアム（Ronald Hyam）による「植民地省」を分析した論文やその他の論文で使われている。

帝国史家たちが使う語彙に投入された第二のＲＧの用語は「非公式帝国（informal empire）」である。これは公式帝国を越えた、ブリテン帝国権力のぎりぎりの限界を検証するための装置である。第三〜五巻では「非公式帝国」に該当するラテンアメリカ、中国が取り上げられ、この用語を使用するメリットが健在であることを示唆している。ただ「非公式帝国」が正確に何を意味するか。その範囲やインパクトをいかに測定するかについては合意に達しているわけではない。

ＲＧの影響力は本企画の「時期区分（periodization）」にも認められる。これが第三の論点である。時期区分の論点は一九世紀をめぐるものと二〇世紀をめぐるものと二つある。一つは一九世紀をめぐるもので、ＲＧは「自由貿易帝国主義」論文で、ブリテン帝国政策は一八七〇年あたりで進路を変えたとの標準的な見解を転換し、これを一九世紀を通じて連続していたとの新たな主張を展開した。いわゆる帝国主義の連続説である。この視点は第三巻の編集に反映されており、ヴィクトリア朝後期の「断裂」説をとって一九世紀末を開始点とする論文は、二本のアフリカ分割を論じる論文以外はほぼない。

もう一つの二〇世紀の時期区分は、ギャラハーの一九八二年の遺著を起点にした第二次世界大戦の帝国の再構成をめぐるものである。[(5)]これは、通常の帝国衰退の時期区分への挑戦であり、この時期、ブリテンは帝国を失墜させることなくグローバル国家にしがみつこうとした決意が一九五〇年代まで継続したとの主張である。第四巻はアジア、アフリカの植民地ナショナリズムや膨張主義国家がグローバルに展開しようとした挑戦に対して、それを逸らしていくブリテン帝国の能力を重要なテーマとしており、これもRGまでたどることができる。

最後の道具として、「植民地の辺境での危機（crises on the periphery）」がアフリカ分割を引き起こしたとの周辺危機論がある。これは『アフリカとヴィクトリア朝人』の核心にある議論であり、ルイスによりヨーロッパ中心的な見方から帝国史を新たな方向に導く基盤を築いたと評価された。ルイスは「RG以後は、ブリテン帝国主義の歴史はブリテン人と現地民との相互作用の歴史となる」と予告していた。OHBEはこの新たな方向性を反映しており、現に第三〜五巻の半分の章は特定の地域や植民地での「帝国の遭遇」を扱い、当該地での植民地主義の特殊な形成や企画を決定するのに果たした現地のエリートと民衆の重要な役割をたいがい（「すべて」とは言えないにしても）は認めている。

以上のように、ケネディは、RGが提起した当局者の意図、非公式帝国、時期区分、現地＝周辺危機論からなる四点の概念、テーマ、関心の強調を確認している。帝国の意味についてのこうした見方はすべての寄稿者に共有されているわけではないが、全体にわたる「大きな物語」のあらましは確認できるのである。そのうえで、OHBE、とりわけその第三〜五巻は、世代としては一九五〇年代末から一九六〇年代のとくにRGの著作から着想を得た研究者からなる集団の学問的な企てである、と総括している。OHBEは、（刊行時の二〇世紀末時点からさかのぼって）過去四〇年にわたる帝国の理解を大いに進めてきた彼らによる重要な歴史研究の記念碑、未来に向けた指針というより特定の世代の研究者の記念碑である、と。

二　新しい帝国史のパラダイム

（1）　新しい帝国史の出現

しかし、その後、世界の情勢は一変し、それに伴い上記のような帝国や帝国主義に対する見方もその見直しが要請されているとして、ケネディは以下のように指摘する。一つは、RGの見方は冷戦期に適合していたが、冷戦の終結やソ連の崩壊とともに、現地＝周辺危機論とも共鳴していた「地域研究」への制度的な援助は縮小し、その知的前提には疑義が生じた。もう一つは、これと同時に、「グローバリゼーション」と名付けられた経済的文化的諸力、すなわち比類のない帝国主義の統合的にして排外的な野心とでも言うべきものが台頭したことである。これは今日までに前例のない問題であり、研究者たちはRGパラダイムではもはや解決できない領域に駆りたてられることになった。

ここでこうしたわれわれを取り巻くグローバルな変化に伴い、それに対応する研究姿勢をもった研究者への世代交代、言いかえれば、RGパラダイムに代わる新たなパラダイムが要請されたのである。帝国主義と植民地主義を研究する新しい世代の研究者とはどのような人々で、どのようなところからやってきたか。

彼ら彼女らは、多様でしばしば意外なところから着想を得ている。その着想の源のうち、もっとも目立って注目されるのはポストコロニアル（postcolonial、以下PCと略称）理論であり、これはかつての帝国史研究の関心とは著しく対照的である。PC理論の他にも、帝国研究の光景を一変させた知的な洪水が、批判的人類学、カルチュラル・スタディーズ、ジェンダー研究、サバルタン研究、環境研究、言説理論、ネオマルクス主義、ポスト構造主義といった広範な学問的源泉から湧き上がっては押し寄せてきた。

これらはあまりに多様なので、すべてに共通して備わっている単一の属性を見出すのはむずかしい。たとえば、

ＰＣ理論は、関心をモノから言説に移した。すなわち既成の帝国史が主たる関心をもっていた戦争、貿易、支配の物質主義的な（materialist）問題から、帝国主義の認識論的な基礎や表象の実践へと焦点を移した。言い換えると、実証主義に代わり、ポスト構造主義的な諸原理を導入した。ただし、これが上記の他の源泉や潮流のすべてにあてはまるとは限らない。ただ、他の潮流と共有されるのは、学問分野として伝統的に定義されてきた帝国史の境界を突破しようとする決意である。

従来の帝国史研究が伝統的であればあるほど、その境界が堅ければ堅いほど、それはこうした境界を突破しようとする「領域侵犯」を蛇蝎の如く嫌う。こうした「領域侵犯」とは何か。この研究分野の境界を揺るがすもっとも影響力のある攻撃の一つは、「帝国」は外部、すなわち海外のどこかで起こったものとばかりは見ずに、他ならぬ「本国」でも起こったものと見ようとするものである。一連の研究が提唱したのは「帝国と本国」の一括した枠組みである。これは、研究対象は外部＝海外にしか起こらないと想定していた帝国史の境界ばかりか、それよりもはるかに堅い境界に守られていた本国史の枠組みも揺さぶることとなった。この「帝国と本国」に一括された枠組みは、とくにブリテン本国に対する帝国の影響力を検証していく「新しい帝国史」の旗印となっていく。

もう一つ、帝国史の従来の境界を侵犯しようとしたがために多くの伝統的な帝国史家を動揺させ混乱させたものは、人種・階級・ジェンダーからなる三位一体の文化研究から由来した。その主たる目的の一つは、これらのカテゴリーは固定したものではなく流動的で相互に強化されながら、帝国の構築と分かちがたく絡みついていたことを明らかにすることであった。人種研究、低層階級に重点をおくサバルタン研究、ジェンダー研究の近年の多くの著作がこれにあたる。それらは人種、階級、ジェンダーばかりか宗教、カースト、セクシュアリティによって構築された多様なアイデンティティーの交錯を探求している。

さらなる通常の帝国史の境界への挑戦は、環境、科学、認識論などが交錯する問題である。一つ目の環境論には、ブリテン人による植民地的な風景の物理的な変容の問題がある。温帯地域への移住者の社会は、外来の動植物の導入から河川の経路変更や森林の破壊にいたるまでの広範な環境変化に干渉したし、熱帯植民地でのプランテーション農業によっても同様な結果がもたらされた。二つ目の科学については、自らの科学的な正当性は帝国への貢献にあると主張したりした地理学や人類学において明白なように、ブリテンの科学的制度機関、知識体系の影響力は帝国権力との関係への言及なしには理解できない。三つ目の認識論的な問題としては、歴史的な知識を含むすべての西洋の知識は帝国の企画と共犯関係にある、と踏み込んだ主張をするＰＣ研究者もいる。

(2) 二つのパラダイムの対立点と共通点

以上、ケネディによるＯＨＢＥの第三〜五巻のレビューに沿って、ＯＨＢＥの依るパラダイムとそれに対抗する新しい帝国史の特徴を見てきた。前者のパラダイムは、当局者の意図、非公式帝国、時期区分、周辺危機論などからなるＲＧパラダイムである。一方、ＲＧパラダイムに対抗する形で出現した「新しい帝国史」は、ＰＣ理論、「帝国と本国」の一括した枠組みの提唱、人種・階級・ジェンダーなどのアイデンティティー論、環境論や認識論の問題を提起した。

しかし、ＯＨＢＥの第三〜五巻の全体がもっぱらＰＧパラダイムによって構成されているかといえばそうでもない。たしかに、第五巻にはＰＣ理論に対して真っ向から否定する論文や「しばしばハード・ヒストリーを知らない」人々が実施しているＰＣ研究のための居場所はない、と断言した編者ウィンクスの論文も掲載されている。「ハード・ヒストリー」とはしっかりした証拠に基づいた実証史学ということになろうか。だが、ケネディは「新しい帝国史」の問題意識を反映した論文も含まれていることを見逃していない。帝国のアイデンティティーの重要なカテゴリーである人種関連の論文はみあたらないが、ジェンダー関連の論文が一本あること、環境論や認識論の問題は全体として共有されているとは言えないものの、これを意識した論文は四本挙げられること、あるいは、圧倒的な数の論文は、ブリテンが広範な世界にその意図を押しつけたものとして、つまりブリテンから帝国へと一方的な帝国の経験だったとの見解をとっているが、帝国によるブリテン本国への影響力を強調するジョン・M・マッケンジー（John M. MacKenzie）を含め四人の寄稿も確認できること、などが確認されている。

このように、ケネディはこのレビューを通して、ＯＨＢＥの主潮流として流れるＲＧパラダイムとそれに拮抗して流れる支流ないし細流としての新しい帝国史のパラダイムの二つを確認している。これがＯＨＢＥの主たるパラダイムを見えにくくしていた一要因でもあるが、一方は顕在的に、もう一つは潜在的に存在し、一方は過去の世代が担ったもの、もう一つは未来志向の世代が担うものとして、両者は一見とうてい相容れない二つのパラダイムとも言える。しかし、ケネディは最後尾において、両者の共通点を指摘している。

多少図式的に表現すると、新しい帝国史は、帝国の影響力を新たな方法で考えよ、広範囲の経験や人々に目を凝らせ、ブリテン的近代性（モダニティ）のモデルを世界中に拡大した文化的心理的過程を探査せよ、と主張した。その研究の主たる焦点が帝国の文化の次元にあった。これに対し、「古い帝国史」側からの批判者たちは真っ向から反対した。それは何よりも、ブリテン人が生み出し、その敵が羨んだ帝国権力、経済・政治・軍事的な力の物質的な証拠を新しい帝国史が無視しているからであった。そのうちもっとも強力な批判は、文化をめぐるものであった。批判者の一人アントニー・ホプキンズは、文化を重視して帝国を研究する人々を、自分が帝国史に要求する「確かで（hard）信頼できる政治的経済的問題」を設定していないとして非難した。(6) 文化を重視する新しい帝国史と文化ではなくやはり政治経済問題こそ重要とする古い帝国史、こうした新旧帝国史の研究者間の最大の対立点となっているのが文化の問題である。

しかしながら、ケネディは、新しい帝国史研究の目的とホプキンズが帝国史の取るべき方向性として勧告した主張との共通点を指摘している。その共通点とは「国家（state）」をめぐるものである。実は、「国家」については、ＯＨＢＥによる帝国史の解釈と新しい帝国史による解釈がもっともはっきりと分かれる問題であった。前者の古い帝国史は、歴史的変化の自立的な担い手としての「国家」に与える重要性を前提として、帝国主義の意義と結果を理解しようとした。後者の新しい帝国史は、今日、帝国主義がグローバリゼーションに転換したことに関心を持ち、国家のナショナルな自律性は浸食され、異種混合的な（hybrid）帰属意識が増殖し、人種・民族・宗教の分裂が深化していることなどを強調する。ＯＨＢＥと新しい帝国史の二つの陣営を分ける問題は、このような国家の位置づけ、つまり、国家を帝国の理解の中心におくか、グローバルな過程の周辺におくかの問題となる。

ところが、ホプキンズは、グローバル・ヒストリーの実践者として、ＯＨＢＥの中心的なパラダイムを担う歴史家とは一線を画し、「国家」を中心的存在とはしていない。彼は、歴史家よ、現代世界を形成した国家横断的で（transnational）多民族的な（multiethnic）諸力に関心を向けよ、と主張し、帝国主義の研究は、グローバル・ヒストリー＝世界史の根本的な再評価のための「てこ」となること、伝統的な境界を越えていくべきものであることを提唱している。

国家をグローバルな過程の周辺におく新しい帝国史と国家をこえたグローバルな諸力（国際的な経済システムの統合、異なる生産様式の交錯、権力と統治の技術の移転）に注目するグローバル・ヒストリアンとしてのホプキンズの両者は、ブリテン帝国史の通常の境界を越えていく点で共通しているのである。

三　評価とコメントから本書の構成へ

（1）　評価とコメント

以上、ケネディの卓抜なサーヴェイは、ＯＨＢＥの主潮流としてのＲＧパラダイムとそれに対抗する潜在的な「新しい帝国史」のパラダイムの二つを確認している。両者は相容れない二つのパラダイムとも見えるが、両者の共通点をも指摘していることが、バランス感覚を発揮している点であろう。

これはおそらくケネディにしかできない困難なサーヴェイであったことは理解して、あえてそれでも足りないことに触れるならば、まずは、ＯＨＢＥのサーベェイを第三巻、第四巻、第五巻に限ったために、一六～一七世紀を扱った第一巻、および一八世紀を扱った第二巻はそこから外れてしまい言及されなかった。これはあらかじめ断っているように、専門とする一九～二〇世紀に限った考察なので当然なこと、パラダイムらしきものを突き止めるにはやむを得ないこととも言える。しかし、一九～二〇世紀を十全に見るには一八世紀以前まで遡って、一八世紀以前との比較や関連の「長期的な」考察が必要にもなる。

全五巻に対してはその発刊直後から、様々な批判が寄せられ、所収論文の質と視野におけるばらつきがあるとの指摘はもとより、全五巻には「あれもないこれもない」という批判が湧出した。ケネディのこのサーヴェイ論文の初出も発刊から二年しか経過していない二〇〇一年であり、こうした時期の批判の一つである。それ以降も批判は続出した。これだけ総括的な叢書が出てしまうと、ブリテン帝国史をめぐる著作は、みずからのさらなる新しさを証明するためにはいやが上にも、この叢書を意識せざるを得ないからである。こうした著作は、たとえば、この叢書には「帝国の社会史」がない、あるいは、暴力や搾取といった問題があまり触れられていない、さらには文化や思想の問題が不十分と様々な指摘をしてそれぞれの研究の新しさを提示し、存在意義を証明するための「前置き」とした。ただしこれらは自分のテーマに則した散発的なもので、全五巻全体を批判したものではなかった。

ＯＨＢＥ側もこうした批判を受け取る形で、とくに黒人と女性の不在との批判に対しては、沈黙を決め込むこともできず、まもなく黒人とジェンダーなどの問題を補うコンパニオン・シリーズ＝補巻が二〇〇四年から出版された。他にも、布教、環境、移動、建築といった問題やテーマ、スコットランドと帝国、およびアイルランドと帝国、帝国の中ではとくにインド、カナダ、オーストラリア、太平洋諸島などの地域が別個に取り上げられ、全五巻での欠落を埋め合わせるように今日まで次々と続刊が出ている(7)。

このうち「一七～一八世紀のブリテン領北米」などはこの地域の時期の欠落を埋め合わせるものだし、「太平洋諸島」などは地域の見落としを補うものである。スコットランドとアイルランドのブリテン内部の地域と帝国とのつながりは、今ではマッケンジーが「帝国史への四ネーションアプローチ」と呼ぶものである。テーマごとにみても「ジェンダーと帝国」「黒人の経験と帝国」「環境と帝国」などの問題は明らかに「新しい帝国史」のテーマである。「新しい帝国史」も補巻に収められた以上、ケネディによる潜在的にしかないとの指摘も妥当しないものとなっている。

(2) 旧著『イギリス帝国と世界システム』での整理

以上のケネディによるOHBEサーヴェイのメリット(とりわけRGパラダイムの明確化)とその限定(とりわけ第三巻～第五巻への限定)を踏まえつつ、以下では、これらと本書の意図や構成の説明と結びつけていこう。ケネディと筆者は同じ一九五一年生まれのまったくの同世代で、本章で検討している論文に接したことを契機に、その他の著書[8]に接してみても、能力の雲泥の差をはじめ様々な相違はあるものの、同世代という強みから同時代の研究状況のかなりの部分を共有していることを感じてきた。

そこで具体的に、まずは、筆者の旧著『イギリス帝国と世界システム』を引き合いに出して、上述のケネディの指摘との類似と相違を手がかりとしてみよう。旧著の第一章ではギャラハー＝ロビンソンの「自由貿易帝国主義論」を四論点(時間的二分法思考の否認、空間的二分法思考の否認、経済的帝国主義論批判、ヨーロッパ中心主義史観批判)にまとめておいた[9]。これらは順に段階論への批判、非公式帝国論の提示、非経済要因の抽出、コラボレーター＝基点としての「周辺危機」論の提起となった。今振り返ってみると、これは筆者なりのギャラハーとロビンソンのパラダイムの探求と整理であった。

OHBEにRGパラダイムを突き止めたケネディと旧著の整理との類似点と相違点をあえてみてみると、ケネディによるRGパラダイムを構成する要素(当局者の意図、非公式帝国、時期区分、周辺危機論)と、旧著の論点とがほぼそのまま共有するのは「非公式帝国」論と「周辺危機」論であり、「当局者の意図」は政策決定者の主観的な戦略的な意図も入るならば、旧著でいう「非経済要因」の一つと見なされる。ただし、旧著が注目した非経済要因はこれに限らず社会的文化的要因に及ぶ多様性に富むものだった。ケネディのいう「時期区分」は二〇世紀をめぐるものと一九世紀をめぐるものと二つあるが、旧著での時間的二分法思考の否認、段階論批判はもっぱら一九世紀をめぐるものしか検討されていない。

「段階論」は日本に固有の資本主義や帝国主義に対する理解では圧倒的な力を持っていたものであるし、「経済要因」を重視する傾向もレーニン主義的な帝国主義理解では当然視されていた。一九世紀の時期区分＝「段階論」といい、帝国主義の「経済要因」といい、いずれも日本の帝国主義研究に特有の問題と関わっていたのである。筆者なりのパラダイム抽出は日本の研究史に制約されていたとも言えよう。

（3）　RGパラダイム、新しい帝国史、グローバル・ヒストリー

ケネディの整理と旧著のまとめとの類似点と相違点の確認から、本書の構成の説明に移ろう。旧著では、自由貿易帝国主議論の論点整理＝RGパラダイムの抽出にとどまらず、ケネディのいうもう一つのパラダイムである「新しい帝国史」という言葉こそまだ知らなかったし知られてもいなかったが、ポストコロニアルを代表するサイードの『オリエンタリズム』とそれを批判するマッケンジーの著書 *Orientalism: History, Theory and the Arts* にはすでに注目して触れているし（二〇〇一年に『大英帝国のオリエンタリズム』として邦訳出版）、マッケンジーとその「帝国主義研究シリーズ」にあった環境史やセクシュアリティ論、あるいは科学史や認識論に至るまで目配りした箇所があった。後に「新しい帝国史」と呼ばれることになる、こうした知的刺激に満ちた新しい研究に大きな関心を抱いていた。[10]

ケネディとの相違点は、ウォーラーステインとその「世界システム分析」研究集団への関心である。これは「グローバル・ヒストリー」として知られるようになる潮流の主たる一つの源流である。ケネディは、グローバル・ヒ

ストリーにはここで確認したホプキンズにしか触れていないが、旧著では政治地理学者P・J・テイラーの見解によりながら、世界システム論のウォーラーステインは「レーニンとホブソンのパラダイムから抜け出すのに、ロビンソンとギャラハーにしたがった」として、グローバル・ヒストリーとしての世界システム分析にとって、RGパラダイムは帝国主義を説明する「レーニンとホブソンのパラダイム」に代わるパラダイムを提供したことを指摘していた。

自由貿易帝国主義論でいう非ヨーロッパの協調者とは、世界システム論で言う中核と連携する周辺の「中心」にいる人々である。協調理論は、中核と周辺の内部をそれぞれ中核の「中心と周辺」、周辺の「中心と周辺」と階級的に分けて、それぞれのつながりや切断をもとに世界システムを構造的にとらえる志向とつながった。

また、自由貿易帝国主義論での「非公式帝国」は法律上でしっかり規定された「公式帝国」と区別された経済的文化的存在である。一方、世界システム論では「世界帝国」と「世界経済」の考え方がある。近代では前近代での「世界帝国」を維持するコストがかからない分、システムの存続に寄与する「世界経済」が発生し、これが近代世界システムが生きながらえた秘密でもある。この二つの組み合わせはもちろん大いに違うものの似た側面もある。「非公式帝国」のコンセプトは曖昧で漠とした概念であるために棄却されそうになっていたが、世界システム論と交錯することで、その曖昧さゆえにかえって延命することとなった。

(4) 本書の構成へ

以上で、RGパラダイム、新しい帝国史、グローバル・ヒストリーと三つが出揃った。ケネディが主として論じたのは、RGパラダイムと新しい帝国史との対抗である。グローバル・ヒストリーにも触れたがそれほど展開しているわけではない。一方、テイラーは、RGパラダイムから世界システム分析（ひいてはグローバル・ヒストリー）へと進める。RGパラダイムと新しい帝国史の関係、および、RGパラダイムとグローバル・ヒストリーの関係はその他にも多数の研究者によって論じられてきた。これらと比較してあまりなされないのは「新しい帝国史」からグローバル・ヒストリーへの流れ、ないし「新しい帝国史」とグローバル・ヒストリーとの関係である。これこそ本書が大きな狙いの一つとするものである。またこれを意識して構成していくことが本書の特徴ともなろう。もちろん、ケネディやテイラーの進め方を排除するものではないので、この三者（RGパラダイム、新しい帝国史、グローバル・ヒストリー）をすべて含めた構成というのがより正確な言い方となろう。

本書を構成する各部各章を説明すると、まず第Ⅰ部は、ブリテン本国とその帝国を中心としたRGパラダイムを利用しつつも再検討することも意図している、第一章、第二章、第三章から構成される。第一章は、「公式帝国」の官僚論なので、RGパラダイムのうち「当局者の意図」論と関連する。RG以後に隆盛をみた「非公式帝国」論とは真逆の方向を目指す公式帝国論では、RGパラダイムが批判し乗り越えようとしたそれ以前の立場に立ち戻るようにも見える。しかし、単純な先祖帰りの公式帝国論ではなく官僚の現地民化など、RGパラダイムの非公式帝国論を踏まえた「公式帝国の非公式化」など公式帝国の複雑さの解明を意図した。第二章は、RGパラダイムの非公式帝国論、およびRGの「自由貿易帝国主義」論文から取り出したブリテン帝国の貿易、移民の数値を基準に、日本帝国主義との比較を試みたものである。日本帝国主義は、投資、貿易、移民とも公式帝国を重視していたことを指摘しようとした。第三章は、RGパラダイムの非経済要因、とくに戦略要因の重視と関わるが、もはやRGパラダイム自体から離れて、RGパラダイムの「ブラック・ホール」的な影響力から唯一免れていた研究者といわれるマッケンジーの文化に重点をおく帝国史研究をサーヴェイした。

第Ⅱ部は、世界システム論やグローバル・ヒストリーの成果を考察しようとしている、第四章、第五章から構成されている。仮にもグローバル・ヒストリーを名乗るならば、第Ⅰ部第一章の植民地高等文官論もグローバルな地域に及んだので、すでにブリテン帝国史を起点にしたグローバル・ヒストリーでもあった。また第二章のブリテンにしか適用されないRGパラダイムを日本にも適用してみる日英帝国主義の比較も一国史越えを目指す以上、グローバル・ヒストリーになり得る。しかしながら、これらのブリテン帝国史はその守備範囲が陸海ともにグローバルに及ぶとは言え、国家という単位を前提にしている以上、しょせんは植民地を持った国民国家を扱うナショナル・ヒストリーである。帝国史がグローバル・ヒストリーになるためには、複数の国家をまたいでネーションを越えていくトランスナショナル・ヒストリー、またテイラーがいうように世界システム論が必要である。

第Ⅱ部は、こうしたナショナル・ヒストリーとグローバル・ヒストリーの関係を意識したグローバルな探求をめざそうとしている。第四章第一節ではウォーラーステインの世界システム論を見た上で、第二節ははっきりと国家を単位とするのではなく、世界システムを単位とした帝国主義論である。世界システム論は、帝国主義＝段階論をRGパラダイムを使って乗り越え、非公式帝国論も加工して、段階論としての帝国主義ではなく循環論としての帝国主義論を提示していることを述べようとした。第三節以降では、大西洋などの海洋史、思想史、衣服史と、このところ次々と出ているグローバル・ヒストリーの成果を見た。これらを貫く一本の潮流があるとしたらそれは思想のグローバル・ヒストリーであり、とくにアーミテイジとベイリの仕事に注目している。第五章は、アンダーソンの『想像の共同体』を英語のグローバル・ヒストリーとして読んでみる試みである。この本はすでに、ナショナリズム研究の古典として名高いが、ナショナリズムという一見閉鎖的で一国的な思想が、ヨーロッパから非ヨーロッパに伝播していったナショナリズム思想のグローバル・ヒストリーでもある。一国家には一言語しかあってはならないとする国民国家の強烈なイデオロギーを担った最強の言語の一つである英語もグローバル・ヒストリーの対象になり得ることを示そうとした。

第Ⅲ部は、ポストコロニアル研究を扱う。先にも触れたように、第Ⅰ部のRGパラダイムと第Ⅱ部の世界システム論やグローバル・ヒストリーとの関係は、よく論じられてきたし、第Ⅰ部のRGパラダイムと第Ⅲ部で扱うポストコロニアルとの関連もケネディをはじめあちこちで触れられてきた。これらと比較して、それほど検討されていないのは、第Ⅱ部のグローバル・ヒストリーと第Ⅲ部のポストコロニアルとの関連である。ここでの関心は、両者は一見無関係ながら相補的な関係にあることである。第六章は、ポストコロニアルの始祖サイードとの距離を基準に歴史家を反サイード派と親サイード派に腑分けしながら、両者の不毛な対立ではなく生産的となる課題として「植民地と本国」ないし「帝国史と国内史」の一括した枠組みやこの両者の相互関係の問題を挙げた。第七章は、現行の帝国史がもはや意味ある問題を提起しなくなったと感じた時に、ポストコロニアリズムが自らの琴線に触れたという、複数の帝国史研究者を検討した。アイデンティティー、文化、サバルタンといったテーマはポストコロニアルに限らず、実証史家にとってもポスト「ポストコロニアル」総合の課題になり得るのである。

注

（1）*Oxford History of the British Empire*, 5 Vols, Oxford: Oxford University Press,1998-1999. これを以下の注でも OHBE と略称する。その文献リストはさしあたり以下を参照。https://global.oup.com/academic/content/series/o/oxford-history-of-the-british-empire-ohbe/?cc=jp&lang=en&（二〇二〇年九月一〇日閲覧。なお、以下の各章の本文と注に記載したサイトは、二〇二〇年九月一〇日時点ですべて閲覧が可能であることを再確認した）。またコンパニオン・シリーズを含む文献リストはさしあたり以下を参照。https://ci.nii.ac.jp/ncid/BA35962009?p=2

（2）Dane Kennedy, 'The Boundaries of Oxford's Empire,' in *International History Review* 23, no.3（September 2001）, pp. 604-622. 本章ではこれが後に所収された以下を使用。Dane Kennedy, *The Imperial History Wars: Debating the British Empire*, London: Bloomsbury Academic, 2018, p. 23-37.

（3）*Cambridge History of the British Empire*, Cambridge: Cambridge University Press, 8 Vols, 1929-1963. この文献リストはさしあたり以下を参照。https://ci.nii.ac.jp/ncid/ BA07835466

（4）John Gallagher and Ronald Robinson, 'The Imperialism of Free Trade,' *Economic History Review*, VI, 1953. 邦訳は「自由貿易帝国主義」川上肇訳、G・ネーデル他編『帝国主義と植民地主義』川上肇・住田圭司・柴田敬二・橋本礼一郎訳、御茶の水書房、一九八三年、所収。Ronald Robinson and John Gallagher, with Alice Denny, *Africa and the Victorians: The Official Mind of Imperialism*, London: Macmillan, 1961; Ronald Robinson, 'Non-European Foundation of European Imperialism: A Sketch for a Theory of Collaboration,' in Roger Owen and Bob Satcliffe, eds., *Studies in the Theory of Imperialism*, London; Longman, pp. 117-126.

（5）John Gallagher, Anil Seal, ed. *The Decline, Revival and Fall of the British Empire: The Ford Lectures and Other Essays*, Cambridge: Cambridge University Press, 1982.

（6）Anthony G. Hopkins, 'Back to the Future: From National History to Imperial History,' *Past and Present*, 164（1999）. 以下も参照。Anthony G. Hopkins, ed., *Globalization in World History*, London: Pimlico, 2002.

（7）*Oxford History of the British Empire*, Companion Series, Oxford University Press, 2004- のリストアップは以下を参照。http://ukcatalogue.oup.com/category/academic/ series/history/ohbecs.do

（8）Dane Kennedy, *The Magic Mountains: Hill Stations and the British Raj*, Berkeley: University of California Press, 1996; Dane Kennedy, *Britain and Empire, 1880-1945*, London: Longman, 2002. 後に以下にも接した。Dane Kennedy, *Decolonization: A Very Short Introduction*, New York: Oxford University Press, 2016. 他を含むさしあたりのリストとして、https://ci.nii.ac.jp/author/DA0582238X

（9）平田雅博『イギリス帝国と世界システム』、晃洋書房、二〇〇〇年、第一章　自由貿易帝国主義論の射程。

（10）John M. Mackenzie, *Orientalism: History, Theory and the Arts*, Manchester: Manchester University Press, 1995［邦訳、マッケンジー『大英帝国のオリエンタリズム——歴史・理論・諸芸術』平田雅博訳、ミネルヴァ書房、二〇〇一年］. 平田『イギリス帝国と世界システム』、第八章「セクシュアリティと狩り」、終章、第二節「帝国主義と文化」。

第I部

ギャラハーとロビンソンから
ブリテン帝国史革命へ

第一章　植民地高等文官制度の変遷

はじめに

本章でみる「帝国官僚」とは、本国から「帝国」に派遣された官僚を指す。一般に、官僚とは、「国家」の法規の定める権限による執行する力、組織に必要な活動の合理的な分業化、ヒエラルキーと呼ばれるピラミッド型構成、これによる命令関係の体系化などによる「内部の合理的な編制」を特徴とする（マックス・ウェーバー）。官僚があくまで国家内の内的で求心的な編成だとすると、国家の「内部的編成」を越えて膨張する「帝国」は外的で遠心的であるために、「官僚」と「帝国」の両者の接点は一見したところ見出しがたい。ただ、官僚制による「国家」内部の編成によって、官僚制は外部に対し統制力を発揮するとも考えられる。現に「官僚」は国家を越えて獲得された「帝国」に支配機構として配置され、「帝国官僚」というかたちでも存在した。

「植民地を持った国民国家」であるブリテン史を研究するブリテン帝国史では、こうした帝国官僚の存在は当然視されている。歴史上のブリテン帝国の構造は、「公式帝国」と「非公式帝国」からなっており、公式帝国とはブリテン領として認められた法律上の帝国で、非公式帝国とは法律上はブリテン領ではなくとも、経済、外交、文化の観点から事実上ブリテン領と非常に近い状態になっている独立国などを指す事実上の帝国であった。

官僚は「国家」行政をにない、「国家」を拡大させた「帝国」にも派遣されたのであれば、「帝国官僚」は「公式帝国」論そのものである。だが、「官僚」は「非公式帝国」論の側面もある。シパーヒーやグルカ兵などの傭兵による軍人の現地民化の他に、官僚の現地民化も見られた。下級職員の現地人化は、地域によって官僚全体の九割にも達していたとの数字もある。軍人と官僚の現地民化により「安価な帝国」を目指したために、「公式帝国の非公式化」がみられた。

以上を念頭におき、対象を限定しておこう。ブリテン近現代史における官僚には、本国高等文官（Home Civil Service）と呼ばれる本国の官僚の他に、本国で選抜されて海外領土に赴任する帝国官僚があった。この帝国官僚にはインド帝国（Indian empire）に行ってインド行政を担うインド高等文官（Indian Civil Service）（一八五八～一九四七年）[1]と、インド以外の植民地（植民地帝国colonial empireと呼ばれる）に行った植民地高等文官（Colonial Service）（一八三七～一九九七年。図1-1参照）があった。これ以外にも、帝国官僚と考えられるのは、インド高等文官以外の医務官、教育官などブリテン領インドを支配する全国的官吏組織の総称である全インド諸サーヴィス（All-India Services）[2]、インドの藩王国などとの折衝役もした「外交官」たるインディアン・ポリティカル・サーヴィス（Indian Political Service）、インド高等文官をモデルとした東洋植民地高等文官（Eastern Cadetship Scheme）、エジプト高等文官（Egyptian Civil Service）、スーダン・ポリティカル・サーヴィス（Sudan Political Service　一八九九～一九五五年）、ビルマ高等文官（Burma Civil Service）、クラウン・エイジェンツ（Crown Agents）[3]などがあった。

本章では、これらの帝国官僚のうち、それほど研究のない植民地高等文官を重点的に取り上げる。植民地高等文官は一九〇〇年で一〇〇〇ポスト、一九三七年で七〇〇〇、一九四七年で一万、一九五七年で一八〇〇〇ポストあった。行政職以外におよそ二〇に及ぶ森林、看護、獣医などの専門部局があり、人数の多さと拡散性に特徴がある。人数規模で言えば、植民地高等文官は万単位、インド高等文官は一八五九年で八五〇、一九三九年で一三〇〇、一九四七年では半分がインド人官僚となったが千単位、スーダン・ポリティカル・サーヴィスは五六年間の歴史で五

図１－１　1947年の植民地帝国
出典：平田雅博・小名康之編『世界史のなかの帝国と官僚』山川出版社、2009年、22～23頁。

〇〇人もいなかったので、百単位となる。これらは受験の掛け持ちが可能であり、第一次世界大戦後はインド高等文官からの受験生のシフトも見られた。

ブリテン本国での帝国史研究でも植民地高等文官に関する研究はそれほど進んでいないとのことなので、ここでの課題は最近出版されたカーク＝グリーンによる最初の植民地高等文官制度の通史(4)を参考にして、この植民地高等文官制度を概観すること、ついで複数の文献からこの高等文官による植民地統治を構造面から一瞥することに限定する。

一　植民地高等文官制度の誕生から帝国主義期まで

(1)　植民地高等文官の誕生

第一次ブリテン帝国の始点と終点のうち、始点の方は、一四九七年の探検航海者ジョン・カボットによるニューファンドランドの領有権の主張、あるいは、一五八三年に同地を正式にイングランド領と宣言して植民地を開始したこと、さらには一六〇七年におけるジェームズリヴァー沿いのヴァージニア植民地の設営のいずれをとるか、論議があるとはいえ、終点の方は、アメリカ植民地の独立が認められた一七八三年でおおむね一致している。

このもっとも早くとって一五世紀末からアメリカ独立までの第一次ブリテン帝国では、「王冠のもっとも輝ける宝石」とも称えられた西インド諸島を含めて、ブリテン国旗のもとに支配された領土に文官を派遣する独立した高等文官制度はブリテン国内に創設されていなかった。すなわち、第一次帝国を構成していた、アメリカ一三植民地、カナダばかりか、カリブ海のジャマイカ、バルバドス、バミューダのいずれをとってみても、総督の任命をのぞけば、植民地を管理するために、本国でリクルートされてロンドンから派遣される一団の行政官、官僚は存在しなかった。

海外植民地のトップの座にいた総督は国王によって任命され、植民地長官（colonial secretary）と裁判長（chief justice）の支援を得る。総督はこの他の植民地運営の支援者として、現地のスタッフを任命する権力を持っていた。

一七八三年から始まる第二次ブリテン帝国では、とくに東洋での領土拡大（一八〇二年のセイロン、一八四一年の香港、一八六七年の海峡植民地）はこういったありようの見直しを迫った。すなわち、かつてアメリカ、カリブ海などの植民地は現地人口から官僚になる人材を提供したが、これら熱帯地域でのまったく新しい占領植民地や直轄植民地にはこういった適材が欠如しており、現地からの行政官の調達はむずかしくなった。その結果、東洋、のちにはアフリカでは「ヨーロッパ人（主としてブリテン本国人だが、一部フランス人、イタリア人も含まれた）高等文官制度」の創設を余儀なくされた。

一八二〇年代の植民地省の再編で、植民地帝国は北アメリカ、西インド、地中海とアフリカ、東洋植民地（オーストラリアを含む）の四グループに分かれた。一八五四年に、植民地省は、陸軍省から独立した。ノースコート＝トレヴェリアン報告による一八五三年の本国高等文官改革で、植民地省は情実任用による採用を廃止して、競争試験を導入する省の一つとなる。

本章で対象とする「植民地高等文官制度」が形成されるのも一九世紀前半のことである。まず銘記すべきは、採用方法、仕事内容、管轄先などにおいて、この制度は、インド高等文官制度ともスーダン・ポリティカル・サーヴィス、本国高等文官制度（植民地省はこの一部）とも別物であることである。

植民地文官制度の誕生を示す最初の文書は、一八三七年の「植民地支配と規制」という植民地省文書であると言われている。(5) このころ行われたのは個々の植民地による文官制度の開始だった。すなわち、一八〇二年にセイロンが、また一八六七年に海峡植民地がインド省から植民地省へ移管された時、一八四一年の香港植民地の場合と同じように、それぞれの植民地は、高等文官制度を個々に始めた。その際、一八五八年のインド高等文官制度の創設は植民地省の東洋植民地のモデルとなった。それぞれの植民地（セイロンは一八五五年から、香港は一八六一年から）は植民地相が推薦する候補者全員に試験を課することを主張し、これが一八六九年の東洋植民地高等文官制度となる。一八八二年より、この試験の合格者には、セイロン、香港、海峡植民地の中から勤務地の選択権が与えられた。一八九六年以後は、この試験は、インド高等文官、本国高等文官の上級試験と合同の公開競争試験となり、これは一九三〇年代に、東洋植民地の別個採用が中止となり、統一植民地文官制度のもとに吸収されるまで継続した。

(2)　帝国主義とチェンバレン

植民地帝国への文官派遣を運営する方法を革命的に変えようとしたのは、一八七〇年頃から始まる新帝国主義の時代である。ヨーロッパによる活発なアフリカ分割に引き続き、一九〇〇年までに、ブリテンも西アフリカ、ついで東アフリカ、中央アフリカで新たに獲得された領土に派遣する文官（この時期では主として行政、法律、医務の部門で）の需要が激増する。西アフリカでは、一九〇〇年にナイジェリアが、従来からブリテン領であったガンビア、シエラレオネ、ラゴス、ニジェール川保護領とともにブリテン領となり、東アフリカ、中央アフリカでは、獲得されたウガンダ、ブリテン領東アフリカ（後のケニヤ）、ニヤサランドは、当初は外務省管轄であった。ブリテン＝エジプトが共同統治したスーダンへの文官派遣のために、一八九八年以降、独自の「スーダン高等文官制度」が設立され、文官はブリテンの大学を卒業したエジプト軍の将校から採用された。

東、西、中央アフリカでは、ブリテン王室はしだいに特許会社から本国へと領土統治責任を移行させた。特許会社の幹部が新領土の行政官となる場合もあったが、こういった新たに獲得された領土へのスタッフは十分とは言えず、本国植民地省は、一九世紀末には、適切な方法を見出すように緊急の行動を促された。

新しい植民地相ジョセフ・チェンバレンは、一八九五年までに植民地高等文官の総数や機能を見直しにかかった。その委員会報告書によると、上級行政職の総数は四三四人（そのうち一〇〇人まで東洋植民地高等文官だった）で、三一〇人の法務官、四四七人の医務官、その他一〇〇人で、全体では一五〇〇人であった。これらは全員ブリテン本国から派遣された人々ではなく、現地採用者が多くいた。チェンバレンが試みようとした選択肢には、植民地高等文官とインド高等文官を融合して、「ブリテン帝国文官制度」に一本化する案、さらには植民地省スタッフとの融合する案もあったが、結局はこの両案はいずれも実現されなかった[6]。しかし、チェンバレンがアフリカにおける目下の膨張を維持しつつ、行政能力や専門職能力を備えて、ブリテン領で活躍したいと願う若者すべてにとって魅力的であり尊敬もされる植民地高等文官の規模を拡大させようとしたことは、確実である[7]。

植民地文官制度が、個々の地域に関わる制度というより本国ブリテン政府の当局者の意図や一般に注目されるようになったのはこの時期、一八九〇年代半ば、言い換えると、アフリカの植民地膨張とそれに関わるスタッフの増大を背景とした制度の見直しの時期であり、チェンバレンの植民地相期（一八九五〜一九〇三年）と重なる。この時期は近代植民地文官制度の出現期と呼ばれることがある。

これをうけて次の一〇年は植民地省は、植民地高等文官の社会的認知を高めるために、第一の供給源である大学（第二の供給源としては特許会社があった）にアピールし、大学との連携を強めた。それは、現に大学卒業生からの応募が出たために功を奏した。第一次世界大戦前夜で、植民地高等文官はアフリカだけで一四〇〇人に達している。アフリカの高等文官の拡大は成功を収めたために、植民地省は熱帯アフリカ高等文官制度委員会を立ち上げ、アフリカの高等文官制度の一本化が検討された。これが「熱帯アフリカ高等文官制度」として一本化されれば、ブリテンの植民地高等文官制度の中で最大の規模を持つものとして、一連の地域ごとの文官制度（東洋、カリブ海、太平洋）とともにブリテンの植民地帝国を担う文官制度となる可能性もあったが、この展望は第一次世界大戦によって妨げられた。

（3）第一次世界大戦後から世界大恐慌へ

第一次世界大戦後、旧ドイツ領やトルコ領が委任統治領として加えられると、ブリテン帝国は一九二五年に領有面積がピークに達した。具体的には、中東（イラク、トランスヨルダン、パレスチナ）の他、東アフリカではタンガニーカ、西アフリカでは旧ドイツ領のトーゴ、カメルーンの一部などおよそ五〇万平方マイルが新たに加わり、植民地省の管轄地域となった。植民地省による、植民地高等文官を志す若者に対する一九二一年の呼びかけには、将来は東アフリカ、西アフリカ地域に空きが出る旨を強調している。

第一次世界大戦後、植民地省は新たに獲得された領地の統治に必要な文官の確保の他、戦争のため採用の四年間の空白期間があったり、その間の自然減や、決定的には陸海で戦争に巻き込まれて死傷したりした高等文官の人員の埋め合わせをする対応に迫られた。一九二〇年には新採用は五五一ポストとなり、これは戦前一九一三年の二四八ポストの二倍となっていた。戦後直後は戦時中に軍務に就いていた将校を優先して採用した。この優先策は第二次世界大戦後も繰り返されることになる。

一九一九〜二一年間の植民地高等文官採用ブームが終わると、採用数はいったん落ちるが、一九二〇年代から世界恐慌期までつづく好況期には、新規採用の植民地高等文官数は四〇〇をキープしている。また、一九二〇年代のインドでは、文官、軍人とも現地民化が進んだり、パンジャブやベンガルでの暴動が勃発したりで、インド高等文官のキャリアの安定性と魅力に暗雲が投げかけられ始めていた。ここで、植民地省は、インド高等文官に代替する、安定して価値ある高等文官制度としての植民地高等文官の存在を、大学卒業生に知らしめる努力に拍車をかけた。この呼びかけは、一九二六年にオックスブリッジで卒業生対象の一年訓練コースを開設することでさらに強められた。それまであった訓練コースは、一九〇九年に、植民地省が設けた、アフリカ行政官部門候補のためにロンドンの帝国研究所で二カ月（後に三カ月）の訓練コースのみであった。

出身大学ではオックスブリッジ卒が、とくに行政職ポストで、一九二六年で七一のうち五四、オックスブリッジでの訓練コースを開設後の、一九二七年で八三のうち七九、一九二八年で八八のうち八四、一九二九年で八九のうち七三まで達するなど、支配的な位置を占めた。行政職以外の専門職部門で強い大学は、医学がロンドンの諸医学校、農業がワイ・カレッジとあり、医学以外の理科系分野では、ロンドンのインペリアル・カレッジ、ついでケンブリッジ、エジンバラなどが続いた。

一九二九年から始まる世界大恐慌はブリテンの植民地高等文官制度にも深甚な影響を与えた。植民地側で総督たちはドラスティックな人員削減や諸経費の削減に乗り出さざるを得なかったし、本国側でも一九三一年には応募者が五〇パーセント減少し、一九三二年には新採用が七〇人までに落ち込んだ。しかし、この年を最低として、この後、数字は一九三〇年代に順調にのばし、一九三八年の第二次世界大戦直前までには、三三一五にまで達している。この数字からはっきりしていることは、両大戦間期で植民地高等文官はブリテンの海外文官の中でインド高等文官をしのいで、大卒の若者に対する最大の雇用先となったことであった。

(4)　植民地高等文官制度の要石

両大戦間期の成功した採用を促した要因としては以下の四点が挙げられ、これらはいずれも植民地高等文官制度の要石となった。第一は、植民地高等文官用の訓練の公式化であり、第二は、自治領選抜スキームの開始であり、第三は、採用方法に関するウォーレン・フィッシャー委員会報告書、第四に、実践上ばかりか名目上も地域ごとの高等文官を部門別にまとめて統合した植民地高等文官制度を作る決定であった。これらを推進したのは、一九二四〜二九年まで植民地相を務めた（それ以前に政務次官でもあった）レオ・アメリーと彼をサポートした事務次官のサミュエル・ウィルソン（植民地総督として経験も積んでいた）であった。

第一の訓練制度についてはすでに触れたように一九〇九年のロンドンの帝国研究所での短期訓練コース、一九二六年にオックスブリッジで開始された一年訓練コースがあり、一九三二年にこの名称が「熱帯アフリカ行政職」コースから「植民地行政職」コースと変わった。行政職以外の専門職の訓練コースも、植民地に勤務する森林官、獣医官、教育官、警察官、医務官などのために設けられた。

第二の自治領選抜スキームは、第一次世界大戦期に戦死傷者が多出したことによるブリテンの若者層減少に直面して、植民地省が自治領の大学に接触して、植民地高等文官に志願してくれる卒業生を開拓する意図で始まった。一九二三年のカナダから始まり、一九二八〜二九年までにオーストラリア、ニュージーランドにも拡大された(8)。現地の選抜委員会が候補者の面接を行い、本国の植民地省に合格者を指名して、採否の最終決定が行われた。一九四二年までに三〇〇人の自治領出身の植民地高等文官が採用され、その後、名をなした文官もいる。

第三のフィッシャー委員会報告書(9)は「植民地高等文官制度のマグナカルタ」とも呼ばれている。その大きな柱の一つは、植民地省と植民地高等文官の間の相互の人事異動であり、もう一つは、採用方法を見直し、これまでの情実、人物重視から人事局（personnel division）主導とすることであった。相互の人事異動は、一九二五年に自治領省が植民地省から分離して独立した役所となったので、植民地省が組織としてスリムダウンしたことから可能になった。植民地省の新人が植民地政府に配置替えとなり、県知事補佐（assistant district officer）として県を視察する代わりに、植民地高等文官が数年の勤務を経た後に植民地省に配置替えすることが勧告された。

フィッシャー報告書がもっとも積極的だったのは、植民地高等文官の採用方法の改革であった。これまでの人物重視の採用方法が筆記試験よりも有益な点もあったことは認めながら、委員会は、現行の採用方法で十分とは見なさず、全面的な見直しが必要と判断した。いままでの採用制度は、総督や高官の人物保証が付いて大きな成功を収めたものの、それはあまりに密室化していたために、情実採用だとの敵対者からの非難からは、免れ得ないようになっていた。こういった制度に基づいて願書を扱っていた次官付きの二人の私設秘書（任命制）はいまや植民地省の常勤職員で構成される人事局に取って代わった。事務次官補の下に創設された新しい人事局は、採用、昇進、規律など、この省庁の全部局の責任事項を扱った。人事局の他に、最終選抜の責任を負う「植民地高等文官指名委員会」も設立された。

これらすべてに関わった植民地省の官僚で、ラルフ・ファースという「近代植民地高等文官制度の父」とも呼ばれた人物がいた。二三歳で植民地相付きの私設秘書補佐として任命され、一九三〇年にフィッシャー報告書も第二回植民地省会議も見ていた彼はこのときすでにキーパーソンであり、自治領選抜スキームにも率先して取り組み、世界中を旅行していたし、訓練コースの推進役でもあった。一九四〇年に引退するまで実に四〇年間にわたって採用をはじめとする仕事に関わった。

第四のばらばらな地域担当から部門別にまとめて統合する案は植民地省会議でも唱えられていた。統合すれば、とくに狭い地域内での昇進がむずかしかった専門職、技術職に地域間の異動と昇進を許すことになるし、インド高等文官が長いこと享受していた威信と地位に匹敵する威信と地位をもたらすことになるとも考えられた。ポストに空きがあり次第、これまではトップの総督ぐらいにしか認められていなかった地域間での移動が可能となれば、海外勤務を志すブリテンの若者に世界中を回れる仕事として人気が増すことは明らかであった。一九三〇年の植民地省会議が統合案を後押しして、三二年の行政職部門の統合を皮切りに、三三年の地質学調査部門、法務部門、三四年の医務部門、三五年の農務部門、森林部門、獣医部門と次々と統合されて、一九四八年までにすべての部門が統合された。

フィッシャー報告書による、採用方法の改革、統合の同意などで一九三〇年は近代植民地高等文官制度史の中で画期となる年となった。これらの一九三〇年の経験と世界大恐慌による影響が後退していく一九三〇年代の過程の中で、植民地高等文官制度は、安定性を見せて、その補強と強化の時期に入った。植民地省内の植民地高等文官の業務は人事局の創設ばかりか一連の顧問委員会の創設によっても向上した。教育、農業、健康、医学などの顧問委員会が創設され、業務を援助したほか、法務顧問をモデルにした、植民地相付きの特別顧問（農業、医学、教育、水産、森林、警察）が任命された。

新採用数は、一九三〇年代では三八年の三二五がピークで、第二次世界大戦の開始から落ち込んで、三九年で二五五、四〇年で一八〇、四一年で一四四、四二年では九五まで削減されている。

ここでポストの配分先を確認すると、アフリカは伝統的に植民地高等文官の四分の三近くを占めていた。そのために、ブリテンの受験を志す若者にとって、植民地高等文官といえばアフリカ勤務とのイメージが強くなっていた。現に、一九三九年ころのアフリカにおける植民地高等文官のポスト配置[10]を見ると、西アフリカ（ナイジェリア、ゴールド・コースト、シエラレオネ、ガンビア）、東アフリカ（ケニヤ、タンガニーカ、ザンジバル、ソマリランド）、中央アフリカ（北ローデシア、ニヤサランド、バストランド、ベチュアナランド、スワジランド）をすべて合わせたアフリカ全体で、一一〇〇人以上の行政官、一〇〇〇人以下の警察官と軍人、二〇〇人もいない裁判官と法務官が、約二〇〇万平方マイルに広がる植民地領に住む四三〇〇万の人々の法と秩序を維持する責任を負わされていた。さらに一〇〇〇人の医務官、八〇〇人の自然資源の担当官、七〇〇人の公共事業担当官、五〇〇人以下の教育官などが、この人々の社会的需要や開発の需要に応えていた。植民地政府のスタッフのうち九〇パーセントが現地採用の職員だったことを勘案しても、両大戦間期の植民地高等文官制度ははっきりと「安価な帝国（Empire on the Cheap）」の犠牲者であった。こういった本国から派遣される高等文官の少なさと圧倒的な現地民の多さという実態は「薄い白人の線」とも呼ばれる。[11]

二　第二次世界大戦後の植民地高等文官の膨張期

（1）　植民地開発福祉法

植民地高等文官制度が第一次世界大戦末期には経験しなかったことで、第二次世界大戦から起きあがった問題が二つあった。一つはゴムと錫の産出地マラヤの喪失で、チャーチルによれば、これは、香港、シンガポールの陥落と合わせると、アメリカの独立宣言以来のブリテン帝国史上で最悪の出来事であった。マラヤの喪失により、多くの植民地、とりわけアフリカで、ブリテン植民地行政官は、労働力の確保と死活的な戦時物質生産の向上に向けた活発なキャンペーンを張ることを余儀なくされた。もう一つは、戦後の行政の再建策である。第一次世界大戦でも植民地、とくに西アフリカ、東アフリカ、が戦場となり再構築が要請されたことはあったが、第二次世界大戦中のマラヤ、香港、ソロモン諸島、ギルバート諸島、北ボルネオ、サラワークなど、戦時に占領された地域で、戦後になって、これほど大規模な行政の再建、復帰作業が植民地高等文官に要請された前例はなかった。これらは新たな訓練を受けたスタッフの導入で実行された。彼らは戦時の過重な責務で疲れ果てていたか、戦争のために定年を引き延ばさざるを得なかった上司に仕えた。

戦後の労働党政府は、これまでの植民地財政自立政策と手を切り、一九四〇年の植民地開発福祉法の導入を決定した。この法律は、一九四五年の同改正法と合わせて、植民地内部のインフラ開発、およびそのためのスタッフ増員のための大幅な資金供給を可能とした。開発と福祉を結びつける発想は、もともとは一九三五～三八年のジャマイカ暴動後の調査委員会報告書の勧告にあったもので、そこには、政治的前進の基盤としての経済成長と社会福祉との間の相互関係の調整によって植民地政策の新しい要素が示されていた。

植民地省内部でも、一九四六年に、これまでの「間接支配と現地民統治」から「現地政府＝自治政府」政策に変えていくという文脈の中で、将来の現地民統治政策に関する討議が行われていた。一九四八年に、労働党の新しい植民地相アーサー・グリーチ・ジョーンズは「ブリテンの植民地政策は単純である」と宣言して、次のように述べた。「それは関係する人々に高い生活水準とあらゆる方面からの抑圧からの解放を確保する条件のもとで、連邦（コモンウェルス）内での責任政府に導くことである」。こういった政策の新しい方向には植民地高等文官制度の新しいコンセプトを盛り込むことが要求された。

（2）訓練の充実

「行政はコモンセンスの問題であって、調査したり勉強したりしたからといってよくなるわけではない」とする従来型の思考に対して、ファースは新しい問題と新しい状況は、「経済計画者」を含む、植民地高等文官の新しい役割の準備を要請している、と述べている。さらに植民地側での大学教育を受けた人々の登場というもう一つの要因が出てきた。「植民地高等文官制度は、新しいタイプの有色者［四二年に植民地高等文官史上最初のアフリカ人地区行政官補がゴールド・コーストで二人生まれていた］を扱わなければならないし、新しいタイプの白人文官［ファースは「訓練が足りない白人、とくに女性が」と嘆いていた］を吸収し順応させなければならない」とファースは述べた。ファースにとって、いまの訓練制度では、戦後の世界情勢が要請する新しい苛酷な責任を文官に備えさせるには不十分と判断されて、訓練の改革が至上命令となった。

訓練の内容は、あれこれ議論があった後に、オックスフォードかケンブリッジで六週間、農学、法律、歴史、経済、地理、人類学を合わせて二五六時間受講することになった。一九四六年に一次訓練コース、四七年に別の二次訓練コースがあいついで開始された。こういった訓練を受けた開発官（development officer）という新たな階級の文官が創設されると、とくにナイジェリアで見られたように、植民地政府は、植民地開発福祉法のもとで承認され資金供与された開発計画を履行できるようになった。

一九四二年に九五人まで落ち込んでいた新規採用は四五年に六〇四、四七年には一六七三と飛躍的に伸び、その後も五二年まで、一一〇〇～一五〇〇ほどをキープし、四五～五二年までの延べ採用数は一万人を超えた。なお一九二二年から四三年までの二〇年間で女性文官は八三名が教育官、七二人が医務官のポストについていたが、四七年から五二年までは毎年三〇〇人が看護、教育、医務のポストについた。

植民地高等文官の総数も一九四七年までに一万一〇〇〇人を超えた。内訳は行政職が一八〇〇、専門職が九〇〇〇以上である。行政職のうち一四〇〇人がアフリカで、二五〇人が東南アジアで、一五〇人が残りの植民地で働いていた。五四年には植民地政府に直接現地採用されて働く現地人の男女がおよそ二〇万人に達していたが、本国の植民地相管轄の植民地高等文官の総数は一万八〇〇〇人に上昇していた。このうち二三六〇人が行政官であり、その七五パーセント（＝獅子の分け前）がアフリカに配置されていた。植民地高等文官制度はこのあたりで空前の規模に達して、ピークを迎えていた。なぜならその直後の五七年にゴールド・コーストとマラヤが独立し、六〇年には最多の文官がいたナイジェリアも独立し、六一〜六三年に東アフリカ、六四年に中央アフリカが相次いで独立したからである。

一九四五年の植民地開発福祉法により、これまでの植民地自立の経済政策は、植民地内部の開発とスタッフを増員させる大規模な補助金供与政策に変えられた。一九四七年の植民地相から植民地政府への通達にはこれまで長いこと採用されていた間接支配政策を棄却し、統治制度の中央にイングランド様式の地方統治を採用することが書かれていた。「成功の鍵は地方〔＝現地〕政府の効率的で民主的な制度の発展にあります」と植民地相は書いた。これには古手の植民地高等文官がこの政策は時期尚早で「[植民地が]一世代（三〇年）内には独立してしまう」ことを認めるようなもの、と警告したが、実際は三〇年も経たないうちに植民地は独立してしまった。

三　海外高等文官制度の再建と終焉

（1）　海外高等文官制度

一九五四年六月に植民地高等文官制度は海外高等文官制度（Her Majesty's Overseas Civil Service）という名称に代わった。突然で静かな革命とも呼ばれている。植民地高等文官制度の英語名もHis/Her Majesty's Colonial Officeと王室の承認（royal recognition）が付いた唯一の文官であったが、その後継組織である海外高等文官制度と同じ接頭辞（Her Majesty's）を引き継いだ。

海外高等文官制度の設立は、植民地開発福祉法で生まれた開発計画を履行する追加要員が緊急に必要とされたときに新採用者数のレベルを引き上げるのを助長した。植民地の独立前の最後の一〇年に、現場での高等文官の数が減るのではなく、逆に増えてしまうという状況となった。新しい職としては、翻訳が何とか可能なだけでも、開発官、労働官、政府統計官、協力担当官、公共関係担当官、成人識字能力担当官、パーム油開発官、繁殖キャンペーン担当官、住宅担当官、放送官などがあり、これはすべて第二次世界大戦以前にはなかった職種であり、いまやこのすべてが植民地開発福祉法の威光を借りて増えつつあった。

これは批判者の言うアフリカの「第二の占領」と言われた状況であった。同時進行で、アフリカ人の上級ポストへの昇進の加速化も見られた。新採用数は一九四七年の六八〇から五七年の九八三と五〇パーセント近く増大し、五四年の海外高等文官制度の設立により、新採用率は高まった。植民地高等文官制度と海外高等文官制度の主たる相違は部門間の人材配置であった。植民地高等文官制度下の四七年では最大数の人材が振り分けられる部門は行政職だったが、海外高等文官制度下の五七年では、二六六人が医務部門に任命され、三二九人が教育部門に配属された。四七年にはそれぞれ一二八、一三九であった。五七年には行政部門が一〇九人にとどまり、四七年の二分の一に落ちていた。

一九五九年から海外高等文官の採用数は減少に転じた。もちろんこれには植民地が独立して赴任すべき海外領地が減っていたためである。五七年に一三〇〇以上あった新採用ポストは五九年に一〇〇〇ほどになり、六一年には五〇〇台と半分になった。そして、かつて年金受給可能まで働く終身雇用だったこの制度も、六二年には、期間を限定して海外で働くスペシャリストの若者に機会を与える制度へと性格を変えていく文書が出た(12)。

(2)　リスクの少ない政策

一九五〇年代には、こういった文官制度の制度的な改変やそれに伴う年金制度の論争があったが、帝国史のシーンではもっと大きな政治的な事件が起こっていた。その第一は、五六年のスエズ動乱で、このとき一時的ではあったが、ブリテンは往年の帝国時代の砲艦外交を復活させようとし、すでにブリテンの過剰な支配の時期を経験していた第三世界の国に武力で覇権の意志を押しつけるかのように振る舞った。

第二は、その一年後（一九五七年一月二八日付け）に出た、この帝国的な意図とは正反対の方向を示す首相ハロルド・マクミランの覚書である。この中で彼はブリテン帝国を維持するコストの損失計算に沿った政治的タイムテーブルを作成するように要請して、植民地撤退はもはや後戻りできないとも読める文書であった。別の文書には「どの植民地が、あと数年後の独立にふさわしいほど成熟しているか（そこまでは行ってなくとも、あまりに独立を要求する結果、彼らの要求はないがしろにもできなくなっている）、またその段階はそれぞれの植民地ごとにいつになるのか、諸閣僚ははっきりと知ることができれば最善である」と書きとどめていた。それぞれの植民地の損得勘定は、もちろん政治的戦略的思考との比較検討が必要だったが、諸閣僚に、その独立による損得を経済的財政的観点から考えることを可能とするものであった。

植民地高等文官制度に影響を与えた第三の政治的事件は、一九五九～六〇年にやってきた。アフリカ大陸を吹き荒れていたナショナリズムのハリケーンに注意を促す、有名な「変化の風」演説で、マクミランはいままでの帝国への固執からヨーロッパ経済共同体に移行する意向を表明した。帝国からヨーロッパへ、ブリテンがおよそ植民地を所有した時以来の決定的なブリテンの重心移動が起こっていた。五九年には植民地相がイアン・マクロイドに代わった。前任者たちは、ブリテンは内外の圧力に直面してアフリカから「逃げ出す」べきであると信じたばかりか、現地の反植民地ナショナリズムは最小限にまでコントロールできると踏んでいたが、マクロイドは、彼らとは対照的に、国内政治至上主義で、「リスクの少ない政策」と呼んだものにこだわった。反植民地感情、法と秩序の崩壊、「解放闘争」に国際的な支援をする共産主義への訴え、といったリスクを抱えながら、ブリテンはあまりにも長く植民地領有に居座るよりも、権力を速やかに移転させた方がよい、とマクロイドは論じた。新しい独立国家をブリテンに対して反感を抱かせるよりも友好的にする、そうすれば国々も喜んで貿易のパートナーであり続けるだろうと。(13)

あとは実際の植民地の独立時期を確認すれば十分であろう。主なところで、一九六〇年にナイジェリア、六一年にタンガニーカとシエラレオネ、六二年にウガンダ、六三年にケニヤと続き、六八年にはアフリカで最後の権力委譲がスワジランドでなされた。アフリカ以外では一九六〇年代にカリブ海諸島、七〇年代には太平洋諸島で植民地帝国からの撤退が行われた。

一九七〇年代には香港に海外高等文官制度の中心がおかれた。香港の高等文官数は、世紀転換期で七〇〇、第二次世界大戦前夜で三〇〇〇、一九七〇年には八万を数えていた。現地化も進み、四八年に最初の中国人が行政職につき、七〇年にはその数は四三人に達していた。九三年には最初の（女性でもあった）中国人が植民地長官になった。その香港も一九九七年にはついに中国に返還される時がやってきた。その前夜に海外高等文官は七五〇人いたという。一部はブリテンに帰り、アフリカ独立時にアフリカにとどまった高等文官のように、一部は香港にとどまった。

ともあれ、一九九七年という年は、一五六年にわたる香港植民地の終焉であるばかりか、植民地高等文官制度がほぼ同じ期間＝一六〇年を経過して、海外高等文官制度という形で終わった年でもあった。残存する年金生活者の植民地高等文官は、一九九九年時点でおよそ二万人である。

四　植民地統治構造

(1)　植民地行政と文官の仕事

以上、主として、本国側から植民地高等文官制度の変遷を見てきたが、植民地側からも一瞥して補完してみよう。各植民地の支配構造はトップにいる総督の下の植民地行政は三つの部門に分かれていた。官房、各部門の本部、地方行政である。官房（secretariat）は、地方に対する中央府にあたり、植民地全体の経済、財政、社会、政治の問題を担当した。植民地長官の下に、官房付行政官として、次官（Senior Assistant Secretary）、次官補（Assistant Secretary）がおり、ケニヤの場合、あわせて七人にとどまった。この下に、日常の仕事に携わる事務職員（clerical staff）がおり、通常は現地採用であった。

各部門の本部とは、官房以外の部局で、専門の資格を持った職員で構成される専門部局の本部であった。教育、郵便、関税の部局長には行政職の者が就くこともあった。

地方行政は、州（Province、ゴールド・コーストの場合、「植民地」'Colony'、アシャンティ（Ashanti）、北領域（Northern Territories）の三つの州があった）には州知事（Chief Commissioner ないし Resident）がおり、州の下には県（district）があり県知事（District Commissioner ないし Officer）がいた。この下には県知事補佐（Assistant District Commissioner ないし Officer）がいて、ここまでが本国派遣の植民地高等文官の行政職が担った。また行政職は、その三分の二まで地方行政にまわった。(14)

一九四〇年代末頃に「県知事補佐」としてアフリカに赴任した若き行政官ピーター・クリフォードが故国の母（牧師の妻）に当てた手紙があるので、彼らの仕事の具体的な一面に触れることができる。ピーターは、本国の辺境ウェールズほどの面積を持つ忙しい州府に勤務し、母に上司である州知事夫婦、直接の上司である県知事の名前を紹介し、付き合いのある農業部門のマクファーソン、医務官のジャクソン博士夫妻、それに腹痛時に診療してくれたアフリカ人医師カンボ博士（医務官）に触れ、とくにカンボ博士は地元の教会の教区委員でもあることを伝え、これは宗教関連で牧師の「お父さんも喜ぶ」と添えている。もう一人のアフリカ人の友人として、「分からないことがあったらいつも教えてくれる」州府の事務局長アグウォ氏も紹介している。アグウォ夫人は官立学校の教員である。

ピーターはある日朝早く州知事、その下男、警察のスコットとシボレーに乗って視察に出かけた。最初の村は大きな村で県府があり、車の沿道の人々はフレンドリーだった。ここでは新しく建設された学校を見た。朝飯は県知事のブレイク、学校を作った教務官のコリンズと共にした。

ついで、ブレイクが計画していた部族長と会合に出て、道路建設についての討議をした。最初は双方のまずい通訳（ピーターもその一人）のせいか、この討議は物別れに終わりそうな険悪な気配も漂ったが、上司の州知事の巧みな語学力で部族長に微笑が見られ握手に至った。どんなトリックを使ったのか、ピーターには分からなかった。ここでいったん休憩し、持参した弁当で昼食を取った。

午後は車を飛ばし、もう一つの県に入った。ここに着いて州知事は、県知事、医務官と薬局の開局について話した。ピーターは農務局を見てくるように言われて、そこに行くと、トリニダードのインペリアル・カレッジを出たアフリカ人農務官が初等農学校を運営していた。彼に豚舎を案内され、妻子のいる家のお茶に招かれた。以上、見ての通り、学校建設、道路建設、薬局の開設などの植民地官僚の仕事やアフリカ人との付き合いなどの一端が窺える。[15]

(2)　支配組織のヒエラルキー

植民地支配を担った人々を階層ごとにまとめると、各階層は一九四九年段階で以下のようになっていた。第一の階層である、総督職の下の高位の階層には当該植民地以外から採用された人々の比率が高い。イングランド人、スコットランド人、ウェールズ人、アイルランド人、自治領人などがいた。これが植民地高等文官である。

第二の階層には、大学の学位あるいは特別な中等教育後の訓練を必要とする仕事があり、植民地はまだ外部からこれらの人材が必要としている。マルタ、香港、セイロン、マラヤ、西インド、西アフリカ、東アフリカでまもなく大学卒業生、およびブリテンへの留学生が生まれ、この階層の様々な仕事を引き継ぐだろう。

第三の階層には、上級事務員、衛生検査官、警察の下士官、現場監督、家畜検査官、調剤師、資格を取得した教員、農業指導員、熟練監督官がいる。これらはかつてはブリテンから採用されていたがいまでは当該植民地の人々である。なぜなら教育制度の発達により、植民地が現地の人々をこのような職業に就けるだけの教育設備を持つに至ったからである。植民地により程度の差があるが、こういった現地の人材で補給できないような仕事は少なくなっている。

第四の階層には、下級事務員、職人、伝令、警官、森番、簡単な農業、および技芸の指導者、村の郵便局長、機械工、船員がいる。卑しく些末だが必要不可欠な政府の仕事を実行する労働者の大群からなる基盤が形成されている。彼らの仕事は、いかに卑しくとも、信用とある程度の熟練を要請する。一般に、これらの基本的な労働者のすべては彼らが仕える植民地人口から供出されている(16)。

最後に、植民地支配のトップである総督に触れてみよう。植民地高等文官には植民地支配のトップである総督への道があったのか。総督は王室から任命され、給与、年金も植民地高等文官とは別表が適用された。権力、待遇の点で決定的に異なる。しかし、野心的な植民地高等文官にとって総督職は植民地高等文官の「あがり」であった。両大戦間期に四〇の植民地総督のポストがあり、各植民地は、領有面積、人口、機能（軍事か経済かなどの）もばらつきがあり、格付けもあったし、給料も段階があった。おおむね五年任期であり、五五歳まで勤めた。ジブラルタル、マルタ、バミューダの各植民地の総督は軍人から登用され、一九一九～三九年間でも二二人となっているが、同じ期間で、総督になった植民地高等文官は、（旧勤務地が、東洋、アフリカ、アフリカ以外だった者も合わせて）五四人（延べ一〇三人のうち五二パーセント）となっている。一九四〇～六〇年間ではこの数字は七八人（延べ一一〇人のうち七一パーセント）である。他は陸軍からの転身組が一九四〇～六〇年間では四人になり、本国文官、エジプト、スーダン、インドの各高等文官、法務官僚などからの転身組が同じ年間で合わせて一七人、こういった前職を持たずに政治家（最後の香港総督クリス・パッテンなど）、外交官、官僚などから直接に任命された者は一四名であった。植民地高等文官は総督を出す最大の供給源であった。彼らは任地をマラヤからアフリカに移っていくなど世界的な「転勤族」でもあった(17)。

おわりに

本章では植民地高等文官制度の変遷を見てきたが、これは公式帝国そのものの規模も示すものである。時系列的な植民地高等文官の新採用者数は、一九世紀末の帝国主義による新たな植民地の獲得、第一次世界大戦後のドイツ領などの移管を受けて、「公式帝国」に派遣される高等文官も増大している。ただし、すべての増員が植民地数の増大によるものではなく、第二次世界大戦後は、植民地数の数というより植民地開発福祉法による植民地に対するコンセプトの変更により、行政職以外の専門職文官の数が増大して、空前の規模になっていたことが確認できる。

公式帝国の構造上の問題としては、安価な帝国＝公式帝国の非公式化の問題がある。「公式帝国」と言えば本国から派遣された官僚と軍隊による高価な支配とばかり想定されがちながら、官僚については、ここで注目したように、下級職員の現地人化は全体の九割にも達する「安価な帝国」の実態、一二〇〇人以上の行政官による四千三百万の人々の法と秩序を維持する責任という「薄い白人の線」の現実があった。こういった官僚から見た「公式帝国の非公式化」はそれが維持された要員、現地人の採用実態の解明などを通じて、今後の課題とすべきものである。

注

（1）本田毅彦『インド植民地官僚――大英帝国の超エリートたち』講談社〔講談社選書メチエ〕、二〇〇一年、浜渦哲雄『英国紳士の植民地統治――インド高等文官への道』中央公論社〔中公新書〕、一九九一年、参照。

（2）浜渦、前掲書、第五章を参照。

（3）河野正史『英国旧植民地とクラウン・エイジェンツ――国際援助の先駆者』論創社、一九九八年、を参照。

（4）Anthony Kirk-Greene, *On Crown Service: A History of HM Colonial and Overseas Civil Services, 1837-1997*, London: I.B.Tauris, 1999.

(5) Kirk-Greene, op. cit., p. 9.

(6) この二つが実現していれば、少なくともベネディクト・アンダーソンが述べる以下の事例は起きなかった。インド独立の二〇年前、すなわち一九二〇年代に、きわめて厳格なインド高等文官試験に合格し、「思考と作法において、いかなるイングランド人にも劣らぬイングランド人」となりながら、インドでは疎外されてよそ者となったインド人ビピン・チャンドラ・パールのような人々は、いかにイングランド化しようとインド統治の最高峰からはいつも閉め出されており、その外に、水平的に黄金海岸や香港に、あるいは垂直的に本国へと移動することも許されなかった。すなわち、水平的に黄金海岸に移動することは、植民地高等文官との融合、垂直的に本国に移動することは本国植民地省スタッフとの統合があれば可能だった。Benedict Anderson, *Imagined Communities: Reflections on the Origin and Spread of Nationalism*, Verso, 1983, revised edition, 2006, p. 93［ベネディクト・アンダーソン『定本　想像の共同体――ナショナリズムの起源と流行』白石隆、白石さや訳、書籍工房早山、二〇〇七年、一五五～一五六頁］.

(7) Kirk-Greene,op.cit.,p. 16.

(8) アンダーソンは、こうした「イングランド化されたオーストラリア人」について以下のように述べている。彼らは「ダブリンやマンチェスター、いやオタワやケープタウンですら勤務することはなかった。それどころか、ずっと後まで、彼らがキャンベラで総督になることもできなかった。それは「イングランドのイングランド人」、つまり半ば隠されたイングランド国民にしかできなかった」。すなわち彼らも、イングランド化によって世界中に生み出された数千のインド人のパールと同様、「イングランド公定ナショナリズムの基本的矛盾である帝国と国民の矛盾をこれほど鋭く示したものはなかった」のである。あまり、論議されないが、アンダーソンは「帝国官僚」を独自の公定ナショナリズムを切り口に論じている。Anderson, op.cit., pp. 93-94［アンダーソン、前掲訳書、一五六～一五七頁］.

(9) *Parliamentary Papers* (Command Series), Cmnd. 3554, *Report of a Committee on the System of Appointment in the Colonial Office and the Colonial Services* (Warren Fisher), 1930.

(10) Kirk-Greene, op.cit., p.38, Table 2.8.

(11) Anthony Kirk-Greene, 'The Thin White Line: The Size of the British Colonial Service in Africa', *African Affairs*, 79, 1980.

(12) *Parliamentary Papers* (Command Series), Cmnd. 1740, *Recruitment for the Service Overseas: Future Policy*, 1962.

(13) Kirk-Greene, *On Crown Service*, pp. 75-79.

(14) Anthony Kirk-Greene, *Britain's Imperial Administrators, 1858-1966*, Basingstoke: Macmillan, 2000, p.144; Charles Jeffries, *The Colonial Empire and its Civil Service*, Cambridge: At the University Press, 1938, pp. 128-129.

（15）　Charles Jeffries, *Partners for Progress*, London: Harrap, 1949, pp. 121–124, 127–130.
（16）　Jeffries, op.cit., p. 91,96–97.
（17）　Kirk-Greene, *On Crown Service*, pp. 99–103.

文献解題

日本語文献では、ブリテン帝国官僚のうち、本章で扱った植民地高等文官につき、浜渦哲雄『英国紳士の植民地統治——インド高等文官への道』中央公論社〔中公新書〕、一九九一年、第六章に「植民地高等文官の採用と教育」と題する一節が設けられている。インド高等文官については、最近では、本田毅彦『インド植民地官僚——大英帝国の超エリートたち』講談社〔講談社選書メチエ〕、二〇〇一年、浜渦哲雄、同上書、がある。また、ジャン・モリス『パックスブリタニカ——大英帝国最盛期の群像』椋田直子訳、講談社、二〇〇六年、上・下巻、にもインド文官を扱う一章がある。水野祥子『イギリス帝国からみる環境史——インド支配と森林保護』岩波書店、二〇〇六年、は、環境史の観点から、インド森林局や熱帯植民地間の森林局ネットワークにおける森林管理官を論じている。ロナルド・ハイアム『セクシュアリティの帝国——近代イギリスの性と社会』本田毅彦訳、柏書房、一九九八年、は、インド高等文官と植民地高等文官の性行動に触れている。それ以外のインディアン・ポリティカル・サーヴィス、東洋植民地高等文官については、浜渦著、第五章、第六章で展開されている。やや性格を異にするクラウン・エイジェンツについては、河野正史『英国旧植民地とクラウン・エイジェンツ——国際援助の先駆者』論創社、一九九八年、を参照。

英語文献では、著者自身が最初の植民地高等文官制度の通史と自負するAnthony Kirk-Greene, *On Crown Service: A History of HM Colonial and Overseas Civil Services, 1837–1997*, London: I. B. Tauris, 1999があり、本章の叙述も依存した。本書には、これも「開拓者的な参考文献表」と自負する詳細な「植民地高等文官関係」文献表が付いており、文献探索にきわめて有益であり、本章執筆者もこれに基づいて、一次文献（その一部は本書に収録されている）、二次文献とも文献蒐集した。二次文献のうち「もっとも多作な植民地高等文官史家」と評価される二名の歴史家Charles JeffriesとBertram R. Heusslerが著した多くの作品のうち以下を参考にできた。Charles Jeffries, *The Colonial Empire and its Civil Service*, Cambridge: At the University Press,1938; Charles Jeffries, *Partners for Progress*, London: Harrap,1949; Bertram R. Heussler, *Yesterday's Rulers: The Making of the British Colonial Service*, Syracuse, N.Y.: Syracuse University Press,1963.頻繁に出てくる高等文官名については以下の人名辞典的文献にあたると便利であろう。Anthony Kirk-Greene, *A Biographical Dictionary of the British Colonial Service,1939–1996*, London, New York: H. Zell, 1991; Anthony Kirk-Greene, *Britain's Imperial Administrators, 1858–1966*, Basingstoke: Macmillan, 2000.変わったところでは、本章の少し以前の時期ながら、一官僚から身を起こしたジャマイカのエア総督の植民地歴程を「帝国的人間」として描いた一章を所収した

Catherine Hall, *Civilising Subjects: Metropole and Colony in the English Imagination 1830-1867*, London: Polity, 2002. フーコーなどの手法を取り入れて、インド高等文官の「身体性」に即してブリテンのインド統治を論じたElizabeth M. Collingham, *Imperial Bodies: The Physical Experience of the Raj c.1800-1947*, London: Polity, 2001がある。

第二章　日英比較帝国主義

(1)「象と蟻」は比較できるか

本章の目的は、ブリテンと日本の帝国、帝国主義の間にある相違点と何らかの共通点をいくつか指摘して比較を試みることである。比較と言っても、この両者は、植民地領有の規模といい、領有期間といい、あまりに違いすぎるために、はたして比較する意義があるかどうかの問題がまずでてくる。人は勢力が拮抗してにらみあう二つのものには比較の関心を持つが、「象と蟻」のように比較の基準を見出すのに困難をきわめたりするものを比較しようとはしない。

「象と蟻」、すなわちブリテンと日本の両植民地帝国の相違をまず確認しておけば、規模の点では、公式植民地を仮に総督の赴任として捉えたブリテンの公式植民地数は、延べで二四九、この数字は統合などで減っても実数一七二に及ぶが、日本のそれは委任統治領などの非公式的な植民地を含めてもわずか五(内訳は台湾、朝鮮、樺太、遼東半島租借地、太平洋委任統治領)に過ぎない(1)。しかもブリテンの場合、まず大西洋にわたる帝国を築き、ついで一九世紀にいたるとインド洋、太平洋に重点を移して、文字通り「太陽の沈むことなき帝国」として地球の地表面積の四分の一に及ぶ帝国を運営したのに対し、日本の場合、公式帝国が及ぶ範囲は東アジアに限られる。

非公式支配となると、ブリテンの場合は、南米、中東、中国を含む極東にわたってひろがっており、その非公式帝国としての妥当性の論議や実証は一人の研究者ではとうてい手に負えないほどの範囲に及ぶ(2)。一方、日本の場合は、ピーター・ドウス[3]（Peter Duus）が指摘するように、植民地主義が正当性を失った第一次世界大戦後の時代にどうすれば帝国主義を正当化できるのか、が日本のような後発の帝国主義国が直面した課題であり、委任統治領はその典型的な非公式帝国であり、「満州国」という独立国家として再構成された領土も日本的な非公式帝国と言える。移民先としての南米も日本的な非公式帝国として議論が可能かもしれない。しかし、範囲、数とも過小に止まる。

植民地を領有していた期間は、ブリテンの場合、ヴァージニアを獲得した一六〇七年を最初として、アメリカ一三植民地の喪失、第二次世界大戦後の大規模な「脱植民地化」の過程を経ても、ジブラルタル、フォークランド諸島などいまだ残存する植民地を抱えているのにたいし、日本の場合、最初の公式植民地である台湾は、一八九五年になってようやく獲得されたものであるし、第二次大戦後すべてを喪失したので、植民地なるものは今は存在しない過去の歴史的存在に過ぎない。

以上、日本とブリテンの相違点のみが目立つが、相違点のみならず両者の共通点をも指摘するところが本章のねらいである。以下、カネ、モノ、ヒト（投資、貿易、移民）の経済的側面に比較の題材を限定せざるを得ないが、長期的・世界史的な視野からの成果を取り入れつつ、日本とブリテン両植民地帝国の相違点と共通点を指摘してみる。

（2）日本帝国主義の前史とブリテン帝国の形成――一七世紀から一九世紀半ばまで

日本が最初の植民地を獲得したのはいわゆる帝国主義段階の一九世紀末であるが、ブリテンはその時点で既に膨大な植民地を持っていた。一七世紀から一九世紀までの段階における植民地帝国ブリテンと一つも植民地を持たないどころか鎖国していた日本は、一見したところ、両者の同時代比較はできそうにもない。しかし、ブリテンを中心にした近代世界システムと徳川鎖国システムとの並行に注目する見解[4]によれば、このユーラシア大陸の両極に浮かぶ二つの島国は、木綿、生糸、茶などのアジア物産流入に伴う貴金属流出への対抗策として、これらの物産を国内生産し、輸入代替化に成功したという共通の歴史的経験を有する。両者の相違は、この輸入代替化にいたる同じ過程を日本は鎖国システム（植民地なし）で、ブリテンは大西洋をまたにかけた帝国の建設でおこなったことである。すなわち輸入代替化としての国内生産革命を、一方は植民地を利用して、他方は植民地なしで行ったのである。ブリテン国内では供給できない原料は大西洋に散在したブリテン帝国が提供した。植民地の土地を利用して獲得された原料をブリテン国内に持ち込んで生産された製品の市場を提供したのもブリテン帝国である。日本は、土壌環境条件が国内での原料調達及び国内生産を可能とした。ブリテンがブリテン帝国の土地利用を含む資本集約生産とすれば、日本は、乏しい国内の土地を利用した労働集約生産とも言える。

以上の見解を私たちの両帝国の比較の問題に置き換えれば、要するに帝国と帝国なしという大きな相違があるにもかかわらず、両者はそれぞれの枠組み内（帝国と鎖国）で経済的に自立しようとした点では共通性を持つ。この自立システムを達成しようとする規模と方法こそ時代によって変化があるにもかかわらず、自立経済の創設こそブリテンと日本の共通の目的であった。

（3）「アジア間貿易」と日本――一九世紀半ば

以上のことは一九世紀半ば以後の今度は日本の方が植民地を持とうとし、実際にも持った時代に及んで、よりはっきりしてくる。一九世紀半ば以降、日本は征韓論などの思想が出現し、実際にも国内鎖国体制からいよいよ植民地を獲得する。東アジアに公式及び非公式植民地を拡大して遅ればせの植民地帝国となる。一方、ブリテンは一八世紀末のアメリカ独立革命によるアメリカ一三植民地の喪失というショックを受けながら、一九世紀には帝国の規模を逆に拡大した。すなわち、ブリテンは、一八世紀までの大西洋経済を基盤とした領域から一九世紀には今度はインドを中心とした新たな公式・非公式帝国を含む世界規模へと領土を広げていく。この時期においても、両者は、相互にかなりの相違をもつが、公式・非公式帝国に規模を拡大しながら、自立経済システムを維持していく目的は継続された。

一九世紀半ばの日本の世界市場への開港をめぐっては、従来からの「キャッチアップテーゼ」の他に、近年では「アジア間貿易テーゼ」が議論されている。(5)「キャッチアップテーゼ」は、東アジアにおけるブリテンの強い影響力があり、これへの対応が日本帝国主義の生成にも決定的な要因と見るものであるのに対し、「アジア間貿易テーゼ」は、ブリテンの影響力を認めながらも、それは東アジアの国々がある程度の自立した行動が取れるほどの影響力であるとし、開港は日本を西欧に開いたばかりではなく、アジアにも開いたことを指摘した。したがって木綿や砂糖をめぐって、日本はアジア間の競争にまきこまれたのであり、一九世紀末の日本の工業化の成功は、アジア間競争に勝ち抜いた結果と見る。

この「アジア間貿易テーゼ」は、日本植民地の誕生（砂糖をめぐるアジア間競争の勝利の結果としての台湾の獲得）も論じているが、二〇世紀に入ってから以降の日本帝国主義の過程や、アジア間貿易と日本帝国主義との関連、日本帝国自体の構造、貿易、投資、労働力移動、などの説明には不十分である。そこで以下では、一八九四〜一九四五年間の日本帝国主義の経済構造をブリテン帝国主義との比較から浮かび上がらせたい。

(4)　日本帝国の構造、植民地の比重

まず、貿易、投資において植民地はどれくらいの比重を持ったものであろうか。海外貿易全体に占める公式植民地のシェアをみると、おしなべて日本はブリテンより低いか同程度である。海外投資全体に占める植民地のシェアは、ブリテンの投資先は公式植民地に限らず広く拡散する傾向を持っているが、日本の投資先はブリテンと比較すれば、公式帝国に集中する傾向を持った。(6)ブリテン帝国主義史の近年の研究動向が公式植民地の重要性を低く見積もる傾向があるのに対して、日本の場合、植民地以外の選択肢は狭く、投資先は公式帝国に限定される傾向があったといえる。

貿易、投資と公式・非公式膨張との関連性は、ブリテン帝国史研究において、植民地獲得の原因論や植民地の重

要性を計る目印としてさかんに議論されるが、これも貿易や投資の植民地がしめる割合と同様、ブリテンよりも日本の方が顕著に関連性が認められる。すなわち、公式・非公式植民地が獲得されるごとに、その地への貿易と投資は増大している率は日本の方が高い。

日本の場合、海外貿易・投資における植民地の比重が高く、貿易・投資と公式・非公式膨張との関連性が高いのはなぜであろうか。一つ考えられることは、日本は、帝国主義の後発国として、その活動範囲が東アジアに限られ、しかも公式植民地に集中していたことが挙げられる。

「自由貿易帝国主義論」のギャラハーとロビンソンは一九世紀ブリテン帝国主義について「ブリテンの工業化は世界全域に絶え間なく膨張する、集約的な開発を引き起こした。それらの地域が公式にブリテンの領土か否かは、二義的なものであった」と述べた(7)。これとは対照的に、二〇世紀の日本帝国主義の特徴は「日本の工業化は東アジア地域に絶え間なく膨張する、集約的な開発を引き起こした。それらの地域が公式に日本の領土か否かは、一義的なものであった」と言える。

(5)　植民地の工業化

一般に、植民地の工業化は本国の工業と競合関係に陥るため、本国は懸命にこれを阻止する傾向がある。しかし、日本は世界の植民地史上でもきわめて例外的なこの植民地における工業化を試みていた。植民地向け資本投資と植民地の工業化の問題自体、これまでの研究が本国の搾取一辺倒の指摘に止まっていたために、正面から論議されなかった。その後、植民地の開発や変化の側面をも見逃さないようになって、この問題が注目を集めはじめた。これにはおそらく「アジア・ニックス」「アジア・ニーズ」の歴史的淵源を探る問題、ひいてはアジアの重視問題とも交錯していた。

ただし、日本の植民地は基本的には本国に原料、食糧を供給する農業植民地である。日本の植民地工業化政策も、全体としては帝国の枠組みの中での自立経済維持のために形成された。日本の台湾・朝鮮・満州における繊維・金属・化学工業などの戦時工業化が検討されているが、それ以前から工業化は開始されていたのであり、段階を追って検討されるべきであろう。

一方、ブリテンの植民地工業化政策として、日本の事例に似た事例を探すとなれば、第一次世界大戦中のインド鉄鋼業が挙げられる。これもブリテンの対インド政策としてはきわめて例外的なものである。近代鉄鋼生産工場を建設しようとするインド側の努力は、主にブリテンのインド市場の独占によってことごとく失敗してきた。しかしながら、第一次世界大戦が始まるとブリテンは帝国内での援助を仰がざるを得ず、インドには鉄鋼を生産することを要求した。ブリテン本国はインド重工業を阻止してきた長い歴史をもつ政策をそれを保護する政策に転換した、というわけである。

ブリテンのインドにおける工業化政策、日本の植民地における工業化政策はいずれも他の植民地帝国に比較するときわめて例外的なものながら、両者はいずれも、自立経済システムを維持するために帝国が使われるという伝統的な方法が繰り返されたものに過ぎない。そのシステムの規模において、またもや日本はブリテンよりはるかに小さな規模でしかなかったが、全体としての帝国内で自立経済システムを達成・維持しようとする目的において、ブリテンと共通していた。

（6）労働力移動

「モノ」「カネ」と来れば、「ヒト」の問題を避けて通れない。「ヒト」の移動の問題、労働力移動の点でブリテンと日本はまったく異なる。ブリテンは過去三世紀にわたり世界の隅々まで数千万人ものブリテン人を送り込んだし、この一世紀半で世界中から数多くの人々を受け入れてきた。その結果、今日のブリテンは「多人種多民族国家」である。一方、日本も一九八〇年代半ばから突然、労働者（アジア、ラテンアメリカからの）を受け入れて似たような局面も出てきたが、ブリテンと比較する限り、いまだに同質的な社会を保っている。

帝国の問題に限ってみても、一九世紀以前では、ブリテン人のアメリカ移民、アフリカ奴隷貿易を含む労働力移動なくしてブリテン帝国はむろんのこと、ブリテン自体が存続し得なかった可能性もあり、一方、鎖国下の日本の経済発展は移民なし、国際的労働力移動なしで達成された。ブリテンは「多人種多民族国家」、日本は「単一民族国家」として、この労働力移動が最も大きな両者の歴史的経験の相違かもしれない。

一九世紀半ばの開国以後は、日本も移出民および移入民を出した。しかし、両者を比較すると、「モノ」と「カネ」の動きと同様、労働力移動の範囲も、ブリテンが公式帝国以外の世界規模に及んだのにたいし、日本は公式帝国に限定される傾向があった。一九世紀ブリテンの出移民は「一八一二年から一九一四年にかけて二千万人以上もの移民が出たがそのうち七〇パーセント近くは帝国以外に出た」[8]。

日本の移出民は国旗に従った。公式植民地にわたった日本移民の比率はブリテン（移民はアメリカなどの非ブリテン領に多くいった）より高く、移民はその行き先として公式植民地を選ぶ傾向があった。したがって、日本の移出民は日本の帝国主義侵略と支配に従い、日本の国家権力や資本に援助されたと言うことができる。

日本における移入民の方は、開国以後、主として、西洋人、中国人、朝鮮人があり、とりわけ朝鮮人が、一九一〇年代後半より増加し、一九三九年からの戦時動員計画により倍増した[9]。

一方、ブリテン入移民は、日本よりはるかに多種多様でかつ、多数に及んでいることは言を待たない。帝国支配との関連における移入民として日本の朝鮮人に似た側面を持つは、ユダヤ人、アイルランド人移民と黒人である。このうち、第二次大戦後の入移民問題とより関わるのは「在英黒人」である。

在英黒人史が単にマイノリテイの歴史に止まらず、注目するに値するのは、在英黒人問題は、単なる「ブリテン」を「グレート・ブリテン」にしたブリテン帝国支配の直接の結果であるためである。一八世紀から、とくに西インド砂糖プランターは帰国の際に黒人の召使いを連れてきた。その数は定かではないが数千から一万人で、彼らはカリブ海でのブリテン資本主義搾取の生き証人だった。彼らは、一九～二〇世紀をかろうじて生き延びて、とりわけ第一次世界大戦などの戦時に労働者、水兵、兵士として本国、帝国を守った。ところが、戦争が終わるとたちまち「招かれざる客」となるパターンを繰り返した。第二次世界大戦後、西インドとインド亜大陸からの大量移民が本国の労働力不足と植民地経済の悪化により、従来から存在した彼らに加わった(10)。

在英黒人史はしたがって純然たる国内問題ではない。この問題は、これまでばらばらに研究されてきた国内史と帝国史を結んで「多人種多民族国家」としてのブリテンの歴史の再構成に資する(11)。

日本にも戦後在日朝鮮人問題が存続し、在英黒人史とは長い移民の歴史の中でもほとんど共通部分がないのにもかかわらず、「帝国の代償」たる戦後の入移民問題の点では共通の問題を持つ。「多民族国家」「帝国国家」としての日本史の再構成にも、在日朝鮮人問題は在英黒人と似たような問題提起をするはずである。

注

（1）この植民地数や変遷のデータは、David P. Henige ed., *Colonial Governors from the Fifteenth Century to the Present: a Comprehensive List,* Madison: University of Wisconsin Press, 1974 をベースにしてまとめた以下を参照。平田雅博「世界植民地リスト　一四一五～一九六九――ヨーロッパの非ヨーロッパにおける『プレゼンス』」『愛媛大学法文学部論集文学科編』第一九号、一九八六年。

（2）平田雅博「一九世紀イギリス非公式帝国論」『西洋史学』第一二五号、一九八二年。以下に所収。平田雅博『イギリス帝国と世界システム』晃洋書房、二〇〇〇年。

（3）ピーター・ドウス「植民地なき帝国主義」藤原帰一訳、『思想』八一四、一九九二年。

（4）川勝平太『日本文明と西洋近代』NHKブックス、一九九一年。

（5）浜下武志・川勝平太編『アジア交易圏と日本工業化一五〇〇～一九〇〇』リブロポート、一九九一年、など。

（6）溝口敏行・梅村又次編『旧日本植民地経済統計――推計と分析』岩波書店、一九八八年。金子文夫「植民地投資と工業化」大江志乃夫他編岩波講座『近代日本と植民地』第三巻所収、一九九三年。

（7）ギャラハー、ロビンソン「自由貿易帝国主義」川上肇訳、ネーデル、カーティス編『帝国主義と植民地主義』、御茶の水書房、一九八三年、所収。
（8）ギャラハー、ロビンソン、同上論文。
（9）山脇啓造『近代日本と外国人労働者』、明石書店、一九九四年。
（10）平田雅博『内なる帝国・内なる他者——在英黒人の歴史』晃洋書房、二〇〇四年。
（11）Peter Fryer, *Black People in the British Empire: An Introduction*, London: Pluto, 1988［ピーター・フライヤー『大英帝国の黒人』日野壽憲訳、本の泉社、二〇〇七年］, p. 4.

第三章　ブリテン帝国史革命の指導者マッケンジー

一　「ブラック・ホール」から免れて

一九八一年に学位を取得したアメリカのブリテン帝国史家デーン・ケネディ（Dane Kennedy）は、学位取得当時、すなわち、一九七〇年代、八〇年代のブリテン帝国史家たちは「知的にも方法論でもタイム・ワープに嵌まっていた」として以下のように述べている。(1)

このころ帝国史家の多くは、一九五〇年代末から六〇年代初頭ごろに「ワープ」するがごとく、そのインスピレーションを、ブリテン帝国が解体されつつあったこの時期に、重要な共同執筆をしたオックスブリッジの歴史家、ジョン・ギャラハー（John Gallagher）とロナルド・ロビンソン（Ronald Robinson）から得ていた。

ギャラハーとロビンソンにとって、帝国システムがいかに機能するかの重要な要因は、ブリテンの統治エリートの戦略的な考慮（「当局者の意図」）、広大な「非公式帝国」を維持するための経済的強制と砲艦外交、軍事的干渉と直接の帝国支配を生起させる協力的な非西洋体制の崩壊（「辺境における破綻」）、植民地領域の統治を助ける現地の「協調者」の開発であった。

これらの考え方のインパクトはあたかも、物理学者がいう「ブラック・ホール」のようだった。それは一世代から二世代にわたる帝国史家がその渦の中に吸いこまれていく圧倒的な重力場を創っていった。いったん「ブラック・ホール」に入り込むとそこから免れるのはきわめてむずかしかった。幾多の学位論文という学位論文、学術論文という学術論文、書籍という書籍が、ギャラハーとロビンソンの「懐かしのメロディー」よろしく、「非公式帝国」「当局者の意図」その他を奏でて、弱い信号を絶えず放ち続けたのである。

その後、ギャラハーとロビンソンの仕事を生産的に活用しつつ、新路線に乗り出そうとした少数の歴史家もいた。ピーター・ケイン（Peter Cain）とアンソニー・G・ホプキンズ（Anthony G. Hopkins）が一九九三年に刊行した著書の出現である。それは「非公式帝国」論を全体的に推し進めながらも、視点を「周辺」から「本国」に逆転し、重要視する要因も政治・戦略要因から金融・社会要因に移すものだった。(2)

しかし、ギャラハーとロビンソンという「ブラック・ホール」の重力場の吸引力から完全に免れることに成功した帝国史家がときおり出た。その中でももっとも顕著な例はジョン・M・マッケンジー（John M. MacKenzie）である。(3)カナダの大学院で訓練を受け、南部アフリカで初期のフィールドワークを行ったことは、彼をギャラハーとロビンソンとはまったく異なる軌道に乗せた。この軌道とは、彼が書くことになるブリテン帝国史についての一連の重要な著作と彼が一九八四年にマンチェスター大学出版会に創設し、いまだに影響力があり、活発な帝国主義研究シリーズに結実していった過程である。

二　ブリテン帝国史革命へ

（1）　グラスゴーでの少年期から大学院まで

ケネディはブリテン帝国史のおおまかな流れを、ギャラハーとロビンソンから、ケインとホプキンズを経由して、マッケンジーまで位置づける。筆者とは生年が同じ一九五一年であるためか、日米の環境はかなり異なるものの、研究史の経過やその背景をなしてきた同時代の雰囲気は共有できる。ケネディの位置づけを踏まえて、ここで検討するのは、ギャラハーとロビンソンの磁場から免れた例外的なブリテン帝国史家とされたマッケンジーの仕事である。大学院をカナダで過ごし、アフリカにフィールドワークを行ったことはたしかにブラック・ホールに吸い込まれなかった大きな要因であったが、それだけが彼らの吸引力から免れた理由ではあるまい。そこで、ここでは一九八四年の著書『プロパガンダと帝国』およびその後の「帝国主義研究シリーズ」の創刊に至る過程から始めてみよう。それには、マッケンジー自身が語ってくれた学問的自伝によるのがよかろう。彼はすでにある論集に個人的な学問的経歴や来日時の講演でこれまでの学問的関心の変遷を語っている。(4)ここでは後者を使って始めてみる。

マッケンジーは一九四三年、スコットランドのグラスゴー生まれである。少年期のグラスゴーは帝国の風薫る街だった。それは彼の回りにあったあらゆるもの、すなわち、この街のつくり、建物、彫像、通りの名前、とりわけ経済活動（活況を呈していた造船業、海運会社、機関車製造業、製鉄業）のたいがいが、「帝国」と分かち難く結び付いていたことだった。これら以外にも、たとえば、国家行事や自治体の行事に参加して、街中を行進していた「キルトとタータン柄のズボンで装い、バグパイプの軍楽隊に先導された」スコットランド人兵士を見て帝国を感じなかったことはなかった、と述懐する。

しかしこのグラスゴーの思い出以外にも、彼に影響を与えた少年期の経験があった。一九五五年（というと一二歳ごろか）に、父親（は息子ジョンが生まれる前の一九二〇年代から三〇年代のアフリカで初めての仕事についていた）が公共事業局の現場監督として赴任した。まだ少年だった彼は両親とともにグラスゴーを離れ、当時の北ローデシア植民地、現在のザンビアに移住した。当時はこれがあの比較的短い植民地支配期の最終幕になるとはつゆ知らなかった。実際、彼の最初の野望は植民地の県知事（district commissioner）になることだった。県知事は彼の住んでいた街で一番権威のある人物で、彼は県知事の息子と共に学校に通っていた。

スコットランドに戻り、一九六〇年代初頭にグラスゴー大学に入り、そこの学部生として過ごした。ところが、グラスゴーは帝国と緊密に結びついた都市だったという事実にもかかわらず、大学では帝国史についてはほとんど教えられていなかった。ブリテン史研究は圧倒的にイングランド史を中心に教えられ、そしてまったく国内史の文脈で捉えられており、より広い世界への言及はまれにしかなかった。スコットランド史は独立した学科で教えられていたが、主として、中世史、ヨーロッパの僻地の歴史として教えられ、グローバルな歴史とは関わりのない歴史と見なされていた。それは歴史学の本流からは完全に切り離された、完全な傍流であり、スコットランドの歴史をまったくの別席とかコンパートメントに配置する組織上の措置であった。

グラスゴー大学の学生として分別がつくにつれ、あることがマッケンジーを悩ませるようになった。それは、数多くのブリテン（となっていたもののしばしばイングランドだけであった）の歴史の文献が帝国を無意味なものと見ていたからである。ブリテン史という歴史には大きな沈黙があった。労働者階級はおおかた沈黙していたし、女性も沈黙していた。あらゆるテーマが無視されていたし、奴隷制はそのうちの顕著な一例だった。ブリテン帝国の植民地の歴史および海外への関与の歴史も無視されていた。

また当時のブリテンの歴史とは主に政治史であり、重点は政治エリートと社会エリートの歴史、ヨーロッパにおける大戦争と動乱の歴史に置かれていたので、このような歴史の中では、帝国など出る幕がなかった。当時の指導的だった歴史家たち（A・J・P・テイラーやヒュー・トレヴァー＝ローパー、後にはヘンリー・ペリングなど大部分がオックスフォードとケンブリッジにつながっていた）は、帝国の歴史は無意味であり、帝国は無意識のうちに獲得されたものであり、国内問題には何も影響を与えなかったと考えていた。彼らにとって、帝国とは周辺にある不愉快なもの、歴史的説明がなされないままになっている巨大な国家的過ちに他ならなかった。

マッケンジーのグラスゴーでの学生時代での学問的経験、ここで言及されたスコットランド史の孤立性は言うに及ばず、ブリテン史のイングランド中心主義を支えるかのような根強い国内史志向と帝国との関連の無視は、後にいずれも彼が書き換えることになるので念頭においておこう。もう一つ、後段とのつながりで留意すべきは、オックスフォードとケンブリッジとの距離である。オックスフォードでもケンブリッジでもなくグラスゴーに学んだことがギャラハーとロビンソンの吸引力から免れた点で重要であろう。ただ、在学時にもオックスブリッジにつながる指導的な歴史家たちとは距離をとりながらも、「政治にコミットした帝国史の頂点」が「そこ［オックスフォードとケンブリッジ］」で起こっていたことには言及しておく必要があり、それはサー・レジナルド・クープランド（Sir Reginald Coupland）の仕事として現れ、帝国研究の最初の革命がロナルド・ロビンソンとジャック［ジョン］・ギャラハーの影響力のもとに起こりつつあった」ことは認識していた。

その後グラスゴー大学を卒業した彼は、ヴァンクーヴァーのブリティシュ・コロンビア大学で博士号を取得するために、一九六四年に西カナダに移住した。「そうできたのは幸いであった」。そこで、初めてアフリカ史に遭遇したし、もう一つの旧帝国領だった地域カナダの歴史にもめぐりあい、それを知る経験を得たからである。同時に、社会文化人類学コースも履修した。同地において彼は「自分の将来のキャリアを形作ることになる影響を受け始めた」のである。

博士論文のテーマは「中央アフリカにおける労働力移動と前植民地期の技術と交易」（一九六九年）だった[5]。一九六八年にランカスター大学に職を得た。一九七三年から七四年にかけては、アフリカ人共同体とその環境の間の伝統的な関係を知るために、ローデシア（現在のジンバブエ）でオーラル・リサーチを行った[6]。

（2）『プロパガンダと帝国』の出版から「帝国主義研究シリーズ」へ

南アフリカでの数年間にわたるフィールドワークを基盤とするアフリカ史家としてキャリアを積んでいた時期の後、彼の仕事はアフリカ史から『プロパガンダと帝国』（一九八四年）[7]へと「まったく新しい転回」を遂げた。彼は「自分が本当に書きたいと思う本は、ブリテンの国内史をその帝国から切り離すという従来の見解をくつがえす本、帝国は実際にブリテン文化の中心にあったことを証明する本」だ、と認識するに至った。言い換えると、自分の歴史理解とグラスゴーの街の知識を両立させるような著作だった。彼はグラスゴーで帝国がごく身近に存在すると感じながら育った。つまり、彼の回りには帝国があるという実感があった。これらすべてが『プロパガンダと帝国』の起源となった。

彼は、自分の歴史研究の立ち上げや著作の誕生を理解させる手助けとして、上記以外からの影響にも言及している。まずは「少しだが考古学者としての訓練を受けたという事実」である。これによりあらゆる形態の物質の痕跡から様々な方法で過去を理解していく事実を認識できたし、これがあったために彼は、近代史家たちの問題点が文書館とそこにある文書に完全に取り憑かれていることであると確信した。公的な文書は、通常はエリート、それも決まって男性からなる、一階級の人々によってしか書かれない傾向があり、そういった史料を作り出した集団に偏った歴史を生む。文書館に依拠して、ロビンソン、ギャラハーは、当局者の意図（official mind）を開拓したが、彼はそれ以外にも探求すべき多くの意図（minds）があると感じた。

かくして、当局者の意図を知る以外の史料を活用すべきであるという確信が、彼の中で高まっていった。それは何だったか。新聞、大衆文学、［切手・絵はがきなどの］短い寿命しかない「はかないもの」の収集品、劇場、プログラム、写真、さらには放送、後の映画、テレビなどの新たなメディアといった史料であり、いままでとは違った見解を得るための資史料だった。帝国的な世界観が民衆の意識の中に浸透していった仕方を探求するうちに、重要になっていくのはこれらの史料であって、公文書館の文書ではなかったのである。

史料問題とは別にもう一つの同時代的影響があり、それはフォークランド紛争だった。この紛争は、『プロパガンダと帝国』の執筆に関する調査を行っていた、一九八二年に起こった。彼は突然、まるで一九世紀に引き戻されたかのように感じた。新聞は戦争の記事で一杯になった。大勢の人々が群れをなして海軍艦艇と兵員輸送船団を見に集まった。テレビやその他のメディアは、この期間戦争一色だった。戦争が終わると、艦船と兵士たちの帰還を祝う大がかりなイベントがあった。マーガレット・サッチャーは「ブリテンは偉大さを取り戻した」と演説し「歓喜せよ」と叫んだ。国民あげての熱狂、大衆紙における恐ろしいまでのジンゴーイズム、ショーヴィニズム、政治家たちの勝ち誇った態度は、一九世紀における植民地戦争と合わせ鏡になっているかのようだった。

ここまでが、少年時代にさかのぼり、学部生、院生時代を経て一九八〇年代初頭の『プロパガンダと帝国』の誕生までの自伝的な叙述である。この刊行の成功によって出版社は、このテーマでのシリーズ、すなわち「帝国主義研究シリーズ」を開始した。この「帝国主義研究シリーズ」そのものについてもいくつかの解説があるが、まずは本人のシリーズ開始当時の「信念」を確認しておこう。もっとも重要なのは、彼がこのシリーズのために執筆した宣伝文（「帝国主義は政治、経済、軍事などの現象であるばかりか、知識や文化としての現象でもある」と宣言した、あの宣伝文である）にも記した通り、帝国が従属の民ばかりか、支配する民にも大きな影響を与えたことへの着目である。帝国には常に、遠心的な工程、中心から周辺への権力と影響力の放出と見なされてきたが、彼には、帝国主義は求心的な影響も持つように思われた。言い換えるならば、帝国はあらゆる種類の影響を周辺に及ぼしていたが、同時に中心にも跳ね返していた。

以上の遠心から求心への転回はもっとも影響力を及ぼすことになるが、シリーズ開始時の「信念」としてはこれ以外にも次があった。第一は、歴史は下からの歴史であるべきであり、エリートだけでなく普通の人々にも目を向けるべきという信念。第二は、ジェンダー史がきわめて重要な研究領域になり始めていたとの認識の要請。第三は、いくつもの新たな歴史研究の領域が出現して研究の推進が求められたこと。その中には、移民史、（獣医学を含む）医療史、環境史、人種概念に関する研究、本国及び帝国各地の地域史研究もあった。

これに加えて、脇道にそれて消えてしまった分野からなる多くの研究テーマを取り込むこと。狂気の歴史、性の歴史、芸術、博覧会、少年向け小説やその他の文学、劇場、教育、治安維持、旅、交通手段、空軍、意思疎通の言語、法律、広告その他における帝国主義の表現の歴史。それから、科学史や研究所の歴史、宣教師及び教会の歴史の他にも、帝国主義の比較も研究する必要。これらすべては学際的に研究されるべきで、歴史学は他の学問から多くを学べるし、これによって促される成果が双方に生み出されると思えたテーマであった。

さらに、もう一つの「信念」は、このシリーズは現地民の役割と、一連の経験と現象の中で起きた本国人と現地民との交換に、いつも注意を払うべきというものだった。総じて、このアプローチはラジカルだった。底流にあるイデオロギーから見てラジカルだったばかりか、かつて些細なことと無価値なことと見なされてきたものを歴史学研究の題材として取り上げるという意味でもラジカルであった。とりわけパワー・ポリティクスや戦略的均衡、及び軍事的な紛糾こそ歴史学の仕事としてきわめて重要と考えてきた人々が、これらを些細なこと、無価値なことと見なしてきたからである。

(3) 政治・軍事・外交から社会・文化への帝国史革命

以上、帝国主義研究シリーズの誕生時の信念をマッケンジー自身の語りに沿って見てきたが、二〇二〇年の今日で四〇年近く経過した時点で、ここからは、マッケンジー自身からはいったん離れて、本人以外の視点を入れて、マッケンジー自身の仕事と本シリーズとの評価を見ていこう。

このシリーズ自体の冊数は[8]、驚いたことに予定されている続刊を含めて「二〇〇巻」に達しようとしているという[9]。マッケンジーの来日講演時の「確信」どおり、「このシリーズが二〇〇巻目に到達するまでにかかる時間は、一〇〇巻目に到達した時よりも短くなる」であろうし、この数は「おそらくこれまで英語で書かれた出版物の中でも最も長大なシリーズ物の一つに違いない」。少なくとも、帝国ないし帝国主義という一つのテーマを扱った、一人の編集者による学術的なシリーズ物としてはおそらく記録的であろう。「もともと、せいぜい二〇～三〇巻前後に収まるだろうと思っていたものが、これほどの巻数が出るとは、驚きを禁じ得ません」と言ったように、この継続性と冊数は本人にとっても驚きだった。

この「文化現象としての帝国主義」研究は、端的に「帝国史革命」との評価、マッケンジーはその「指導者」であるとのウェブスターによる評価も得ている。[10] 最新のマッケンジーのための記念論文集を編集したバーチェフスキー[11]は、帝国史において、伝統的に重視されてきた政治、軍事、外交の問題は、社会や文化の諸力の場に重点が移行したという文脈では、この「マッケンジー・モメント」はもはや以前の状態には戻らないという意味で「革命」であった、と評価している。

マッケンジー本人も古い世代とは非常に異なる見方を持った若い世代の研究者たちが育ってきていることから、「彼らは私をある種の穏健な革命を導き、それに貢献した存在と見なしていることに気付き始めたのです」と語っている。これをロビンソンとギャラハーによる「帝国研究の最初の革命」のあとに続いた次なる革命とし、日本での講演タイトルも「ブリテン帝国史革命——マンチェスター大学出版会「帝国主義研究」シリーズ、三〇年間に一一〇冊——」とした。

いかなる意味での「革命」なのか。それは革命という言葉に値するものなのか。「マッケンジー・モメント」という言葉を作ったウォード論文[12]は、とくに帝国主義が本国の文化に及ぼした側面を重視する点でマッケンジーとそのシリーズを「帝国と本国文化」パラダイムと呼んだ。以下、ウォードはこのパラダイムが生まれる過程をやや客観的な視点から述べている。

このパラダイムが生まれる以前の一九四〇年代から六〇年代の脱植民地化の時期には、帝国と本国は切り離され、本国社会は帝国から遮断されたし遮断されているとの考え方が醸成されていた。ところが、七〇年代頃から、しだいに知的状況が変化を遂げて、一九七八年にサイードの『オリエンタリズム』、八三年にベネディクト・アンダーソンの『想像の共同体』、ホブズボームとレンジャー編の『伝統の創造』などが出版され、西洋人の自己意識、国民やナショナリズムが論じられるようになった。この時期には、ブリテン内の北アイルランド紛争の深刻化やスコットランド、ウェールズへの権限委譲の動きなど政治情勢を踏まえた帝国の終焉とブリテン国家の解体を結合させる論考や「イングランド」中心の歴史から四ネーションの歴史研究への移行がみられるようになった。八一年のロンドンの黒人が中心になったブリクストン暴動の勃発は、否が応でも「本国に残存する帝国のプレゼンス」の問題を意識させた。「イングランドらしさ」「ブリテンらしさ」とは何かを問う「アイデンティティー」の研究も促された。

しかしながら、「帝国と本国文化」のパラダイムが生まれた直接的な背景は、何と言っても八二年のフォークランド紛争である。シリーズの最初を飾る八四年のマッケンジー『プロパガンダと帝国』はこの紛争の記憶がまだ失われない中から生まれた。マッケンジー自身も、一九世紀の帝国イデオロギーの「異常なまでの継続」をこの紛争に見たし、民衆の熱狂に貢献する新聞の機能や英雄の作られ方の再現も見た。

このように開始された本シリーズは「文化」に重心を置きつつ、次々と「帝国と本国文化」を研究したものの、数が増えていくと「帝国と本国文化」とは距離があるものも出ており、その後の時点での総括的な整理をむずかしくしている。しかし、そうした総括の試みがないわけではない。たとえば、その数一一〇冊に達していた二〇一三年の時点で、マッケンジーからこのシリーズの総編集者を引き継いだアンドリュー・トムソンが編集した『帝国史を書く』[13]は、一冊丸ごとマッケンジーへのオマージュとも言うべき本であるとともに、彼の著書、編著を含む業績を総括的に論じる章の他に、彼の関心に沿って展開したこのシリーズ全体を、文化、メディア、性、環境、警察、空間、英仏比較などの各論に分けて、各執筆者が担当したものであった（執筆者はアラン・レスター、デーン・ケネディ、ムリナリーニ・シンハなどであり、レスターは二〇二〇年時点で今やトムソンとの二名で同シリーズの共同総編集者となっている）。

ここでもこれに倣った分類を試みると（二〇二〇年ではなく二〇一三年の時点で）、もっとも多い「文化」や「メディア」に分類すべき研究は、まずは、マッケンジー自身の『プロパガンダと帝国』をはじめとしたプロパガンダ研究であり、これに類する、愛国心、教育、小説、少年文学、旅行記、英雄、博覧会、博物館、広告、スポーツ、音楽、絵画、劇場、新聞、などと帝国ないし帝国主義の関係の研究である。ついで、性やこれに関連するジェンダーや人種に分類すべきものは、セクシュアリティ、セックスと政治、ジェンダー、ジェンダーと罪、植民地の男性性、白人性、尚武の民、女性帝国主義などを対象とした本であり、さらに、環境やこれと類似する科学、知識、モノの研究としては、マッケンジー自身の『自然の帝国』や編著の『帝国主義と自然世界』の他に、景観、帝国医学、科学、人類学、地理学、知識人、絹、ジュート、チョコレートなどを扱った研究が挙げられる。また、一見、文化とはなじまないような、警察ならびに軍隊、あるいは法に分類できるのも結構ある。この中には、警察が数点、陸軍、空軍、空の帝国、ヴィクトリア朝の軍隊、帝国市民権、「平等の臣民、平等の権利」などが含まれる。最後に、空間、ひいては地域（ブリテン各地と帝国、帝国の各地、非公式帝国、他の帝国）に関する研究はこのシリーズの中でも、一大領域を占めており、マッケンジー自身の『南アフリカのスコットランド人』といったスコットランドと帝国を扱ったものの他にウェールズと帝国、アイルランドと帝国との関係の歴史、他にバルバドス、キプロスといった帝国各地、中国などの非公式帝国、フランス帝国などの他の帝国との比較、境界、移民、輸送、移動の民などが扱われている。

一応、上記のような分類は可能なもののシリーズの全体を貫く視点や共通点を探したり、総括したりするのはきわめてむずかしい。ただ、このシリーズ全体はマッケンジー自身の『プロパガンダと帝国』の「長期間にわたる続刊」であるというのがもっとも的を射て適切な評価であろう。初期の編著『帝国主義と民衆文化』と『民衆の帝国主義と軍隊』はとりわけ『プロパガンダと帝国』の続刊の性格を帯びているといえよう。(14)

内容による分類ではなく時系列的にはどうなるか。唯一、ウォード論文は、時系列的に論じているので、流れをつかみやすい。このシリーズが当初から五年ほどはフォークランド紛争からの発想を前提にした「世論の操作」、民衆のエネルギーを愛国心に変えていく「社会統制」とか「支配的イデオロギー」を強調していたものの（教育、劇場、少年文学、帝国市場調査局、ボーイスカウト、言語などの研究）、もっと後になってくると、より明確な帝国への熱狂でもその正反対の反発でもなく、普通の本国人＝ブリテン人の帝国の「無意識的な受容」の強調に重心が移っていることを指摘する。

マッケンジー自身も「操作」「支配的イデオロギー」に代わり「意識の植民地化」「内面化された帝国主義」といった帝国と本国の経験のより深い相互関連性（その多くは自己意識的ではなく控えめにしか語られないものの、本国に存在する帝国性におのずと備わっているかのようなものと見なされている）への関心に移っている。これは帝国が本国に与えた影響力をめぐって袋小路に入っているバーナード・ポーターとの論争を回避する道でもある。ブリテン文化における民衆の帝国主義の浸透というマッケンジーの理論は、ポーターの著作『無意識状態の帝国主義者たち』[15]で強い批判にさらされた。その後『帝国・コモンウェルス史ジャーナル』誌上で、両者の間に応酬があった。この論争は同誌上でもっともよく読まれた記事の中でもトップテンに入るという。[16]

ここではこの論争には立ち入らず、日本講演時でのマッケンジーによる反批判のみ数点記しておくと、ポーターは帝国の出来事や民衆の帝国主義を広めていく役を担ったキリスト教会を伝えた新聞を使っていないこと、劇場は帝国に関心がなかったとするがこれは誤解であること、若者の訓練や教育が帝国主義と結び付いていたありさまを見落としていることなどを指摘している。

こうなると、ブリテン国内文化に対する帝国からの影響力をほとんど認めないポーターとの溝はますます埋めがたい。影響力があるとする者と、いやないとする者の間に妥協点は見出せそうもない。そこで、影響力はそもそも意識されないまま、帝国は民衆の日常生活に満ちあふれていたとの見解が浮上する。ブリテン人の大多数は、ほとんどの時代に、帝国の「熱狂的支持者」と熱心な反帝国主義者のどちらでもなかった。にもかかわらず、彼らの日常生活は帝国の存在に満ちていた。これはキャサリン・ホールらが問題とし論集のタイトルともした、知らず知らずして「帝国と親密となる（at home with the empire）」問題への接近である。[17]

（4）『自然の帝国』

シリーズが誕生した背景とシリーズ自体の大まかな内容と流れは上記のようになっているが、ここでは、後段につなげるためにも、具体的に『プロパガンダと帝国』の四年後に出版されたマッケンジーの単著『自然の帝国』を取り上げて、前者の文化（プロパガンダ、メディア）から第二の知識（環境、科学）との関係を見る。文化と知識の関連は、このシリーズに限らず、帝国史研究の展開を考える上で、最重要点の一つだからである。

ここでふたたび日本講演での本人の述懐に立ち戻ると、プロパガンダと民衆文化に関する一連の著作をまとめた後、彼は、アフリカの探検と征服における動物たちの役割という新たな領域へと乗り出し、『自然の帝国』を書き、ついで、編著『帝国主義と自然世界』を出した。まさにこの領域に最初に足を踏み入れた者だったからこそ、こういった人目を引く（セクシーな）タイトルがつけられた、という。環境史への関心は、一九六〇年代から七〇年代初頭のオーラル・ヒストリー運動に携わっていた頃からあった。先に触れたように、一九七三年から七四年にかけては、ジンバブエでオーラル・リサーチを行っている。ジンバブエで年配のアフリカ人たちに会うたびごとに、今までの人生で記憶している環境の変化についていつも尋ねたものだった。彼らはしばしば、森林の消滅や土壌浸食の蔓延、時に栽培作物に対する脅威となったばかりか、飢饉の際には蛋白源ともなってきた様々な種類の動物たちの減少について語った。マッケンジーの環境史は、現実の人々、その人生の物語と生存システム、植民地支配によって作られた大きな変化を研究するものだったのである。

これは、いわゆる帝国脆弱論への反証として意味があった。それは、今ではとくにジョン・ダーウィンやバーナード・ポーターといった歴史家が、ブリテン帝国は「脆弱」で、取り立てて強大というわけではなく、影響力でも残虐性でもローマ帝国といった過去の大帝国には遠く及ばないと主張する傾向のことである。この見解は間違っていると確信した。

マッケンジーにその根拠の一つを提供したのが環境史の分野である。アフリカに関する事例では、一八九〇年代のサー・ハリー・ジョンストン率いるニヤサランド（現マラウィ）の植民地政府は非常に弱体で取るに足らないものだったが、これでもなお現地民の政治体制と彼らが依存していた環境には破滅的な影響を与えた。これによって彼の見解は確認された。他の多くの歴史家たちが頼りにした植民地主義の政治的な部分しか見なければ、非常に偏ってバランスを欠いた見方になるとの見解である。人々が生活し、働き、耕し、食事し、狩猟し、村を作りそして社

うになった。会体制を形成する環境こそ、アフリカ史、アジア史、帝国史のあらゆる側面と同様、研究に値すると、確信するよ

マッケンジーはアフリカに重点をおくが（だからといって本国を軽視しているわけではない）、筆者がこの『自然の帝国』を一読者として注目したのは、アフリカというよりブリテン本国の支配者視点、また本国文化への影響であった。本書の第八、九、一〇章では、帝国（アフリカ、インド）を舞台にしたアフリカ人、インド人の狩猟場へのアクセスの排除が論じられていたが、その前の第一、二章では、ブリテン国内のジェントルマンによる狩猟場からの労働者、民衆のアクセスの排除に触れていた。そこでは、自然界の動物と関わる場面の一つである狩りの二面性、すなわち実用的な「ハンティング（hunting）」と儀礼的な「ハント（Hunt）」と二つのカテゴリーが論じられている。重要なことは、ハンティングではなくハントが帝国文化のプロパガンダを構成していき、狩りへの社会的アクセスの制限と狩りの儀式化という豊かな伝統を知っていた一九世紀ヨーロッパの多くのハンターは、狩りを世界的な支配の象徴的な行動としたことである。帝国の絶頂期、狩りは白人支配の儀式化されたしばしば絢爛たる見世物となった。ヨーロッパの世界的優位性は狩りと射撃の熱狂のピークと合致していた。

狩りの持つ文化的意味は、本国文化にも影響を与えて、広く風景や絵画、建築、インテリアの表象に及んだ。風景は古来の「自然」そのものではなく、狩りと関わって、ジェントルマンによって創られた。建築の一例は、ジェントルマンのハンチング・ロッジで、狩りに身を捧げる者の修道院的な避難所となった。インテリアとしての「トロフィー」（狩りの記念品となる動物の角、頭、革）は、一八世紀には知られていず、ロマン主義期の産物であり、大衆の肝を潰す力として、好んで展示（一八五一年の博覧会でも）された。珍奇な動物の一部や毛皮の収集は、コレクターの欲望を刺激したし、ブリテンの都市のハイストリートに剥製業の店を構えさせた。見栄としての毛皮は、本国にいる個人の虚栄心を満たすにとどまらず、帝国の「見世物」でもあった。

『自然の帝国』とその関連の論集は、環境史、とりわけアフリカとブリテン帝国に関連する環境史の先駆的な著

作の一つと見なされるようにもなった。これらを取り込んだこのシリーズは帝国史の最前線を広げたこともたしかである。ただし、環境史といってももっぱら自然環境を論じるのではなく、こういった狩りの象徴の領域、文化と表象の力を強調する、いわば「文科系」の環境史であり、プロパガンダ研究を色濃く引きずってもいる。

シリーズの当初の傾向が、文化史と環境史に向かったところで、彼の著作とシリーズは「学問的トラブル」に巻き込まれた。「年配の世代の歴史家たち」「ブリテン帝国史の大御所たち」にとって、文化史と環境史は歴史学の仕事にはふさわしくなかった。彼らは容認されていない分野に侵犯している、「真正な」歴史家たるもの、政治、行政、軍事、戦略の分野でしか仕事をしないものだ、と見なした。多くの不愉快な言葉が投げつけられていると感じた。たとえば、文書館で仕事をしなかったから歴史家ではないだとか、挙句の果てには奇怪な見解で若者を堕落させているとまで非難された。「残念ながら、主にオックスブリッジにおける古い世代のイングランドの歴史家たちはそう思っていたようです。幸運なことに、私自身が教鞭を取っていたランカスター大学ではそのようなことはなく、あらゆる励ましをもらいました」と語るあたりは、またしてもオックスブリッジとの距離を意識している。先に触れた自分の仕事がどうやら若い世代の研究者たちに「ある種の穏健な革命」を導き、彼らは自分をその革命に「貢献した存在と見なしていることに気付き始めたのです」と語っているのも、この文脈においてであった。

三　オリエンタリズム

マッケンジーは、もう一つの「トラブル」に巻き込まれることになった。今度は、彼自身もかなりの親近感を感じていた新しくラジカルな集団、すなわちポストコロニアル研究の集団とのトラブルだった。彼らはエドワード・サイードの『オリエンタリズム』へのマッケンジーの批判に対し激怒した。発端は、一九八六年の芸術史学会での基調講演者サイードに対する、会場でのマッケンジーの発言であった。同学会において、サイードはヴェルディのオペラ『アイーダ』を古典的なオリエンタリズム作品と見なし、エジプトに対するヨーロッパの帝国主義の手助けをする目的に用いられたのだとした。マッケンジーにとって、これはたまたまよく知っているオペラだったが、サイードの説明のように認識したことは一度もなかった。

たしかに、このオペラはオリエンタリストによって「捏造された東洋」かもしれないが、ヴェルディ自身は帝国主義者ではなかったどころか、帝国主義の痛烈な批判者で、敗者＝服従の人々であるエチオピア人たちの側に立っていた。最後の埋葬の場面は、愛の勝利、エチオピアの王女に対するエジプトの将軍による禁断の愛ではあるけれどもエジプト人の来世観を通じて勝利を勝ち取った愛を表現したものだった。サイードは間違っていると思い、会場での発言につながった。あくまでこの作品を「オリエンタリズムの言説」の一事例として浮上させるサイードと、歴史的文脈に即して論じるマッケンジーとの相違は当初から見られた。

マッケンジーはこれを契機に、サイードの著書、主として『オリエンタリズム』と『文化と帝国主義』を再検討するに至り、『大英帝国のオリエンタリズム――歴史・理論・諸芸術』を著した[18]。本書は帝国主義研究シリーズには入らなかった。これは彼ではなく出版社が判断したことだという。筆者は訳者として関わったために、彼の著書の中でももっとも丁寧にもっとも回数を重ねて読んだものである。マッケンジー＝サイード論争についても、両者の見解の相違を中心に、訳者あとがきをはじめ、紹介や解説記事等ですでに何度も言及している[19]。

そこで、ここでは日本講演の中で、サイードの著作に歴史学的な方法とは相容れない多くのことがあることを簡潔にまとめた数点を述べれば十分であろう。まず、サイードが著作の中で社会階級には一切言及していなかったことはきわめて問題で驚きだった。次に、サイードの著作の中では市場の動きについて触れていなかったことが気になった。第三に、歴史学における基礎的な必須事項である時系列について、サイードは自身が研究した現象についての時系列的な変遷についての理解はまったくなく、一九世紀初頭の状況と態度が、以後の時代にだいぶ異なり、二〇世紀にはさらに変化が生じたとの事実も一切認識していないように思われた。第四に、ダーウィンの進化論に代表されるような科学的思想の作用、あるいは人種観が常に変転を遂げていたという事実を理解していなかった。こうした、階級、市場、時系列的変遷、および思想構築における科学的影響といった歴史的要因は、歴史家にとってそのいかなる研究にも重要とすべきものである。いずれにせよ、音楽、絵画、デザインその他の諸芸術を学ぶ者として、文学作品にしか基づいていないサイードの理論は成立しないと思うに至った。

今日の時点でこのマッケンジー＝サイード論争を私たちはどう捉えたらよいのか。論争といってもマッケンジー側から一方的に仕掛けたもので、サイードの信奉者からの反発はみられたもののサイード自身からの直接的な返答はなかった。そのためにこの二人による直接的な対話の実現として、マッケンジーがニューヨークまで会いに行く企画が第三者によって設けられたが、サイード側がおそらく健康上の理由から断ったために実現しなかった、とマッケンジーが書いている[20]。しかし、直接対話が実現したとしても、歩み寄りがあったとは思えない。サイードの言説理論とあくまで歴史学の立場にあるマッケンジーではどうしても埋めがたい溝があるからである。言説と実証主義では妥協の余地はなさそうである。サイードとの論争が歴史家に残したものは、もちろん、言説ではなくあくまで実証的なアプローチであった[21]。

そこでこの溝を認めた上で、何か歩み寄る要因を探る方がよいかもしれない。周知のように、サイードのオリエンタリズム論は、グラムシのヘゲモニー論、フーコーの言説理論を合わせたもので、監獄や告解室といった小さな場所を舞台にしたフーコーの微小な権力分析を帝国の文脈に置き換えた国際版ともいわれる。グラムシとフーコーからの影響力はプロパガンダの研究をしていたマッケンジーにも明らかであり、これは『自然の帝国』に現れている。ここでは、科学・知識と帝国の権力・ヘゲモニーの関係への関心が示され、自然世界の秩序化（知識）と帝国主義（権力）を結合させて論じられてもいる。自身も述べるように、新しくラジカルな集団、すなわちポストコロニアルには、当初からかなりの親近感を感じていた。

また、マッケンジーは、サイードの分析には異を唱えたものの、彼の文化的関心、学者としてのマナーの良さ、国際的理解の努力は、称賛すべきものであり、ニューライトによる学問・研究への国家権力への介入に対する厳しい批評に多くのブリテンの教育・研究者とともに賛同すると表明していた[22]。当初からこういった発言をしており、日本講演でも、明確にしておきたいのは、「この論争を通じて私はサイードその人、みずからを生まれながらの学者と呼び、いつも中東政治に関わりを持とうとし、生涯の大半を合衆国で過ごしたにもかかわらず、その中東政策を批判し続けたパレスチナ人をつねに尊敬していたということです」と述べている。

それどころか著書発刊二年前の一九九三年時点の論文でも「サイードの中心的なメッセージは失われてはならない」と発言しており、当初から必ずしも反サイードでなかったことがわかる。もっと重要なのはこれに続く以下の発言である。「帝国主義は、サイードの示唆以上に異なる方法と複雑な関係を持ちながら、過去二百年以上にわたって西洋文化の基軸となる要素であった。……知識と文化の関係はさらに探求されなければならない[23]」。ここで言う「知識と文化の関係」のさらなる探求はサイードと同一課題であるし、「サイードの示唆以上に異なる方法と複雑な関係を持つ」帝国主義とは何かが重要となる。マッケンジーは、サイードのオリエンタリズム論にみられる、二項対立的で一枚岩的な構造論の克服をめざした。単純な二項対立論ではなく、もっと錯綜して複雑としか言いようのない帝国主義の解明である。

マッケンジーの弟子の一人リオナーディが指摘するように、マッケンジーの仕事は帝国の文脈における支配と従属の「二項対立的、構造的、道徳論的分析を回避」しようとする決意から生まれた。そして、これが、この数十年間にマッケンジーが浴びた批判と称賛の発生源ともなった。しかし、こういった帝国権力のありきたりの構造に反論するマッケンジーの議論は、被植民者の主体性（agency）のみならず、植民地主義の裂け目、曖昧性、矛盾といったものをしだいに探求するようになっていく植民地研究の方向性を予知していた[24]、というのが彼女の見解である。

もう一人の帝国史家でポストコロニアルとも近いフレデリック・クーパーも言うように、「植民者と被植民者、西洋と非西洋、支配と抵抗といった二項対立（binaries）は、権力の問題を開始するには便利な道具になるものの、権力の行使の正確な方法を探求したり、権力の関与、競合、屈折、横領の方法を探求したりするには足かせとなって終わる」[25]。これも権力関係は単純に「二項対立」ではなく、もっと複雑なものと捉える見解であろう。マッケンジーは、帝国の支配＝被支配関係は必ずしも一貫性はなく矛盾したり、曖昧さがあったり、屈折したりの複雑性を見極めること、被植民者の方にも「犠牲性」の契機ばかり見ないでその主体性を見出すことを求めた、とも言える。以下ではこの中からとくに「被植民者の犠牲性」の問題を取り上げて、後段とつなげていく。

四　ブリテン帝国史への四ネーションアプローチ

「被植民者の犠牲性」というのなら、本来ならば、ブリテン帝国の犠牲になった海外植民地の被植民者を扱うべきであるが、ここではそれも十分意識しつつ、ブリテン本国イングランドの犠牲になったとされる国内植民地の「被植民者の犠牲性」を重点的にみる。国内植民地に限っても、支配＝被支配関係の複雑性、被植民者の主体性の論点との絡みは十分見られるからである。

国内植民地とされるアイルランド、スコットランド、ウェールズのすべてを「ケルト辺境」と規定して、これらの地域の「犠牲性（victimhood）」を強調したいわゆる「犠牲性の歴史学」の代表作は一九七五年に出版されたマイケル・ヘクターの「国内植民地主義」論である[26]。世界システム論のウォーラーステインの影響を受けた歴史社会学者であるヘクターは、イングランド人が海外への野心に乗り出す前に（あるいはこれと同時に）、「ケルト辺境」のブリテン諸島の人々を搾取し従属させたとの考えに基づいて、ブリテン国家統合史を叙述した。アイルランド飢饉移民、スコットランド高地掃討移民などの移民研究もしばしば「犠牲複合（victim complex）」を対象とした。

こういったケルトの犠牲の歴史学の背景の一つには、スコットランド、北アイルランド、ウェールズにおける重工業の決定的な衰退、その結果としての失業とそれに伴う社会不安、環境の悪化といった一九六〇年代、七〇年代の現象があり、犠牲性の歴史学もその産物であったことはたしかである。しかし、数十年もかかった経済的立て直しが軌道に乗り、ロンドンの縛りから解放されたスコットランド・ナショナリズムとウェールズ・ナショナリズムの興隆、アイルランドのEU加盟などに合わせたように、研究状況も一変した。

こうした状況をひそかに準備していたとも思われるのは、ヘクターと同じ年の一九七五年に発表されていたポーコックの著名な論文「ブリテン史」(27)である。これは、これまでのブリテン史研究においてあまりにも強かったイングランド中心主義を批判し、イングランド以外のアイルランド、スコットランド、ウェールズをも取り込んで、ブリテン史を書き直していくという志向を持っていた。ポーコックの提起を受けて、新たな研究が開発されていき、それはいつのまにか「新しいブリテン史」と呼ばれるようになった。

一方、ブリテン帝国史においても、ケルトの民の犠牲性の歴史学は見直しを迫られた。アイルランド人とスコットランド人は強制移民であるとともに、帝国の機会を利用した選択移民でもあったこと、アイルランド人はブリテン帝国支配の残虐性や暴力にもっぱら屈従したのではなく、帝国のビジネスにも深く積極的に関わったこと、スコットランドの場合でも、帝国はスコットランドを隷属させる資源どころか、スコットランド人がイングランド人との関係において、独自性を主張できる手段を実際に提供したことなどから、今日では、アイルランドもスコットランドももはや帝国の犠牲者とばかりは叙述されなくなっている。

こういった文脈からマッケンジーの「ブリテン帝国史への四ネーションアプローチ」が登場してきた(28)。最近このマッケンジー講演とその翌年の公刊(29)にさかのぼるという。その発想源の一つにポーコックの「ブリテン史」があったことは言うまでもないが、その他にも帝国史、イングランド、アイルランド、スコットランド、ウェールズの地域史、それぞれの移民史、思想史、文化史などの蓄積もあった。

ポーコックの「ブリテン史」が「ブリテン諸島史への四ネーションアプローチ」の提唱だったとしたら、これは

「ブリテン帝国史への四ネーションアプローチ」である。ポーコックがイングランド中心主義を批判し、イングランド以外のアイルランド、スコットランド、ウェールズを取り込んで、四ネーション間の交流の探求を主張したのと同様に、マッケンジーも、イングランド中心主義（というよりその無自覚性）を批判し、スコットランド、アイルランド、ウェールズ、さらにはイングランドと帝国とそれぞれの関係を加えて、合わせて四つのネーションから帝国史を探究する方法論を打ち出した。

この概念の中心テーゼは三点ほどあり、一つは海外帝国のあり方が国内の四ネーションから発現される民族、宗教、教育、文化の広範にわたる伝統の結果として発展したことを明らかにすることで、これは「四ネーションと帝国アプローチの拡大版マニフェスト」ともいうべき著書『南アフリカにおけるスコットランド人』で展開された議論である。二つ目は、これとは反対方向の、帝国が四ネーションの方に影響を与え、再形成すらする能力をよりよく理解する新しく洗練された方法になるかどうかである。三つ目は、「ブリテン」問題と記述されるものと緊密に関連する。一例は「ブリテン人のナショナル・アイデンティティー」をめぐるもので、「ブリテン帝国は、ブリテン人のナショナル・アイデンティティーの創造にとって中心的だったと想定されているが、これとはきわめて異なる機能を果たしたかもしれない。……それがあったために連合王国内のサブ・ナショナリズムの残存と繁栄を可能としたのである」とマッケンジーは一九九八年の論文で語ったように[30]、ブリテン人のアイデンティティーは成立するかどうか、もう一つは「サブ・ナショナリズム」、すなわちスコットランド、アイルランド、ウェールズの各々のアイデンティティーは残存、繁栄するかどうかの議論につながる[31]。

こうしたマッケンジーの提起を受けて「帝国」と「イングランド、スコットランド、アイルランド、ウェールズの四ネーション」のおのおのとの関わりを課題とする研究が発展した。もっとも顕著な進展があったのは、やはりスコットランドと帝国に関わるもので、一団の研究は、帝国におけるスコットランドの役割の理解を完全に変えてしまったばかりか、移民史などはスコットランド史にあったその内部と外部の間の境界といったものも消滅させてしまった[32]。

アイルランドの帝国への関わりも「スコットランド帝国」に類似した「アイルランド帝国」というタイトルを付けた帝国主義研究シリーズの一冊として存在したし、オックスフォードブリテン帝国史講座のコンパニオンシリーズの一冊にもなった[33]。クロスビーの『アイルランドの帝国ネットワーク――移民、社会的コミュニケーション、一九世紀インドにおける交換』は、アイルランドとインドとの関係を「四ネーションと帝国アジェンダ」に直接的に依拠して論じた成果である[34]。

かくして、かつてもっぱら植民地、被植民者としての側面ばかり強調されていたアイルランドやアイルランド人も帝国を舞台にした植民者としての側面も確認され、今では「亜本国」としてのダブリンとか「被植民者にして植民者」としての役割とかの検証が当然視されている。

「スコットランドの帝国」や「アイルランド帝国」の研究に比較すると決定的に欠如していた「ウェールズ帝国（Welsh Empire）」研究も近年になっていくつかの成果も出現して急速に追いついてきてもいる。「四ネーションと帝国アジェンダ」はこうしたウェールズを扱う「帝国主義研究シリーズ」の重要な一冊を生み出した。この編者や著書が言うように「ウェールズは小国でそもそも帝国に関わってこなかったから史料自体がない」のではなく「帝国への関わりを示す史料はあるものの歴史家の方が研究してこなかった」のである。ウェールズ人によるインド布教史の研究も出た[35]。これらは、アイルランド人、スコットランド人に劣らず、ウェールズ人も「被植民者にして植民者」であり、ウェールズももはやもっぱらイングランドの国内植民地ではなく、帝国と関わった「帝国的サウス・ウェールズ（Imperial South Wales）」と見なすべきであるとの主張である。

四ネーションの最後イングランドと帝国はどうか。「ウェールズ帝国」があまりにも研究がなかったために無視されていたとしたら、「イングランド帝国（English Empire）」の方はあまりに研究が多すぎてしっかり認識されなかった、と言える。イングランドと帝国の関係はどこにでもありふれているとの「偏在性」があるにもかかわらず明確には認識されていないのでかなりの「曖昧性」がつきまとっていた。イングランドとブリテンは限りなく同一視されていたし、ケルト辺境とは異なり、強いイングランドは帰属意識とするアイコンを敢えて持たなくともよかった。しかし、マッケンジーが言うように、イングランドとその帝国の関係こそ、「ブリテン帝国史への四ネーションアプローチ」の成否の鍵を握っている。

これに関連する「帝国のイングランド性」の特徴を探求する課題としては、宗教や移民などの他に、イングランド的な教育制度、スポーツなどが挙げられ、English Empireらしさのある一例として、キャナダインが『オーナメンタリズム』で分析した帝国に輸出されたヒエラルキー、君主制、叙勲制度などへの注目が促された。[36]その後の研究も「海外のイングランド性」や「イングランド人移民」が出現した。[37]

筆者自身がEnglish Empireの構想として関心を寄せているのは、中世から近代を経て、今日のグローバリゼーションまで続く「英語帝国主義（English language imperialism）」の歴史である。『言語帝国主義』の著者フィリプソンは、イングランド語（English）が、中世から近世にかけてまずブリテン本国を征服し、近代になるとブリテン国内ばかりかブリテン帝国をカチュルのいう「一次的」円（アメリカ、カナダ、オーストラリアなどの「白人移民植民地」）、「二次的」円（インド、アフリカなどの「征服した帝国」）、「拡大二次的」円（日本を含む「非公式帝国」）と順序に制覇していった過程を追った。[38]

筆者はこれを踏まえつつも、ウェールズ、スコットランド、アイルランドへの英語帝国主義、帝国獲得後のインド、アフリカへの英語帝国主義は一九世紀以降も並行していた（中世から近世にかけてはケルト辺境、近代になってからはインドへ「移行」したというのではなく）と捉えて、ブリテン史とブリテン帝国史を併せた枠組みで「イングランド帝国」のコンセプトを使いつつ、中世から今日まで見通そうとした。[39]

以上より、ブリテン帝国の支配者であり、帝国各地への植民者であるはずのブリテン人自体がイングランド、スコットランド、アイルランド、ウェールズの属性に分けられたり、あるいは重なったりして錯綜化して複雑になっている。要するに、植民者は想定されていたほど一枚岩ではけっしてなかった。「四ネーションモデルは疑いなく植民者を複雑にすることを助けた。このモデルの、そしてマッケンジーのもっとも実質的で重要な学問的達成の一つはここにある」とはマキロップ論文の結語である[40]。

ここからの問題は、ブリテン史の地域研究ではスコットランドを扱い、それとブリテン帝国との関係をテーマにしていたマッケンジーを、ブリテン諸島史とブリテン帝国史の研究の中のどこに位置づけるかである。

バーチェフスキー論文[41]は、通常の理解ではポストコロニアルが担うとされる「新しい帝国史」であるかどうかの目印は、その核心に、植民地「辺境」の文化とブリテン本国の文化との間の相互関係を認識していることとした上で、「新しい帝国史」にマッケンジーも入れている。マッケンジーの仕事は植民地と本国との相互関係の認識を前面に押し出したし、それが革命的であったとともに歴史学の広範な傾向とも合致していたためもあってインパクトがあった、との理由である。マッケンジー＝サイード論争でのポストコロニアル批判を知るものには、違和感があるものの、マッケンジーを「新しい帝国史」の一員に入れるのはスティーブン・ハウ編の読本やセベ論文[42]と同じ扱いである。

バーチェフスキーは、マッケンジーを「新しい帝国史」に含めた上で、ポーコックが開発していたもう一つの「新しいブリテン史」との交錯についても指摘する。「新しいブリテン史」のもっとも実り多い分野はスコットランド史関係、それもブリテン帝国に建設におけるスコットランド人の役割への注目である。ここで浮上するのがマッケンジーの帝国とスコットランドの両方にわたる仕事である。こうした「新しい帝国史」と「新しいブリテン史」の合流は偶然ではなく、一九九〇年代のブリテン史の前線に同時に躍り出ていた二つの歴史研究の潮流の合流と考えられる。ポーコックはすでに、ブリテン諸島の四つのネーションの歴史をブリテン帝国の歴史と結びつけて論じていた。ただ「新しい帝国史」の興隆は「新しいブリテン史」の延長線上にあったとは言えず、それはグローバル化や国民国家の中心性が低下したことなどの諸力による。しかしながら、異なる背景から出現したものの、いったん学問的なシーンに登場してみると、この両者はたちまち収斂していった。「新しい帝国史」と「新しいブリテン史」は収斂して、ジェームズ・トムソンの言う「本国と周辺を同じ分析の枠組み」に収めることになった[43]。言い換えると、これはまさにポーコックが要求しマッケンジーが成し遂げたものであった。すなわち、そうした過程で、それはこの「周辺」と「本国」の二つのカテゴリーがつねにいかに流動的だったかを示しつつ、「周辺」を「本国」の一部とすることだった。「新しい帝国史」と「新しいブリテン史」は、ともに境界をぼかそうとする望み、かつて明確なものと考えられていた領域がいかに相互に混じり合っていたか、を示そうとする望みを共有していたのである。

かくして私たちはいまやブリテン諸島の諸ネーションを分かつ境界も、植民地辺境を本国と分かつ境界も不変とは見なせないとのブリテン史の考え方に到達している。ここでも、マッケンジーの仕事は、ブリテン帝国の建設におけるスコットランドとスコットランド人の役割に注目させることによって大いなる重要性を持つに至ったのである。マッケンジーは、帝国は、その住民が共通の事業に従事する圏域を提供することによって、いかにしてこの王国が真に連合した王国になれた舞台であったか、を示した。マッケンジーの仕事において、「新しい帝国史」と「新しいブリテン史」はこうして収斂する。

しかしながら、同時に彼はイングランドと他のブリテン諸島の他のネーション（スコットランド、アイルランド、ウェールズ）との間につねにあった勢力不均衡を、諸ネーションのアイデンティティーのありかも含めて認識していた。要するに、彼が構築したのは、ブリテン諸島の四つのネーションすべてが帝国のプロジェクトに関わっていたが、なお各々の独自性とネーション間の権力格差を相互に認識し得るような方法をもたらしうるブリテン史の枠組みだった[44]。

最後に一言すればこの「四ネーション」理論は、マッケンジーが提起した他の論点と比較すると、今のところ大きな批判がなく論争もない。これは、その有効性が広く認められているからと言っていいだろう。また、ブレグジット以降の目下の情勢を踏まえ、歴史的考察にもヒントを与える。二〇一六年のブリテンのEU離脱投票において、国家全体で離脱票が過半数を占めたのに、スコットランドでは六二％の住民が残留を支持した。これはまず、スコットランドの伝統的なヨーロッパとのつながりを考慮に入れる必要がある。スコットランドは、イングランドとは異なるつながり方をしてきた。ついで、ヨーロッパとのつながり（EU＝ヨーロッパ連合）の他に、スコットランドは一七〇七年以後イングランドと連合し、ブリテンとして帝国にも乗り出しことも考慮しなければならない。マッケンジーが時評で述べたように、これらヨーロッパ、イングランド、帝国という三つとの関係はいずれもスコットランド・ネーションという考え方を保持し高揚させもした。したがって、スコットランドがヨーロッパ以外にもブリテン帝国およびブリテン国家との連合の問題に歴史的にいかに対処してきたかを併せて考えることは、二〇一六年でのスコットランドのEU残留支持票の多さを考えるもう一つの脈絡を与える。(45) これが、このモデルが今日の「連合王国」の性質が注目されている状況下で注目されている理由である。

五　ヨーロッパ諸国への適用、および比較帝国史

「新しい帝国史」であれ「新しいブリテン史」であれ、ブリテン史、すなわち「帝国を含むブリテンという地域」の歴史研究に他ならなかった。だが、マッケンジーの近年の地域的な関心としては、もはや地域をブリテンに限定しないで、そこを超えようとしている。

ごく最近、二〇一九年に刊行されたバーチェフスキー編著の記念論文集は、二〇一三年刊行のトムソン編のマッケンジーへのオマージュの続刊ともいうべきもので、わずか六年後にこのように立て続けにこの種の論集が出るとは、今では希有なことであろう。このマッケンジーの記念論文集の編集を担当し、すでに見ているその巻頭論文でこの論文集の構成を説明しているバーチェフスキーによると、その第一部は、「帝国の文化的インパクト」と題して、

帝国の本国へのインパクト、あるいはその反対の本国文化の植民地へのインパクトの検証、第二部は、「四ネーション史」とのタイトルで、今ではこのように「四ネーション史」と呼ぶ方がむしろ普通となった「新しいブリテン史」への貢献の検証と拡大、第三部は、「グローバルで国家横断的な（transnational）パースペクティブ」とまとめて、「分析の中心単位」としての本国ブリテンの使用を断ち切り、「帝国を動かした多くの国家横断的な現象」のよりよき理解を得るための、より新しいグローバルで国境横断的なアプローチの検討となっている。

第三部に入っているのは事例研究の他に、総括的なセベ論文があり、そのタイトルは「国境なきマッケンジー信奉者――概念、発想、方法のワンセットはいかにしてグローバル化したか」となっている。「マッケンジー信奉者（MacKenzie-ites）」とは論争相手のポーターの命名で、マッケンジーの教義に付き従う研究者たちを揶揄する意図が込められているが、セベは「マッケンジー史学」とか「マッケンジー学派」くらいの意味に転用している。この論文の狙いは、マッケンジーの仕事がブリテン以外の他のヨーロッパの帝国の研究者にいかなる影響を与えたか、とくにヨーロッパ各国の本国文化の遺産を探求する上でいかなる着想を与えたか、を検討することである。要するに、いまやマッケンジーの仕事はドーバー海峡を越えてヨーロッパ大陸に波及することになった。

ただし、以前からドーバー海峡は越えていた。サイードに反発したオリエンタリズム論の原著タイトルはOrientalism: History, Theory and the Artsであったが、その邦訳書タイトルは『大英帝国のオリエンタリズム――歴史・理論・諸芸術』とした。これは誤解を招きかねないタイトルで「大英帝国だけのオリエンタリズム」論ではなく、フランスやドイツの絵画、音楽も含むので「ヨーロッパのオリエンタリズム」論であり、マッケンジーは、ブリテンに限らずヨーロッパ全域にわたる関心を持っていたと言える。

セベによると、とりわけ、マッケンジーの研究の四つの側面が、ヨーロッパを中心とした世界中の研究者から着目された。第一に「民衆の帝国主義」という概念、第二に、文化的政治的な「プロパガンダ」の複数の次元を浮上させる多様な史料を統合する歴史研究、第三に、帝国の過程を理解するための自然環境の重要性、第四に、広範な注目を集めた、他の研究者、たとえばサイードやポーターらとのたゆまぬ対話などである。これは、マッケンジーが担ったブリテン史における「文化論的転回」と「帝国論的転回」をヨーロッパに輸出し、彼の概念や史料統合がとくにフランスをはじめとした西ヨーロッパにおける帝国の事例研究への方法と仮説にいかに適用できるかどうかの問題である。(46)

ただこの問題を考えるには、ヨーロッパにはブリテン以上の障害があった。植民地を持っていることがヨーロッパ本国の聴衆にとって何か意義のある発展であるとの考え方自体が、長いこと、歴史家にとって疎遠な問題だったことである。植民地のテーマはあまり威信のない周辺にいる歴史家に委ねられた。「植民地」史家、「帝国」史家は、ヨーロッパで優位を占めていた「国民史の大きな物語（national grand narratives）」の片隅にしか生息するしかなかったのである。(47)

マッケンジーの概念や史料発掘方法は、国民国家の枠組みがきわめて支配的なヨーロッパ諸国の歴史家たちにも、こうした障害を乗り越える契機を与えた。彼の焦点はブリテン帝国のみだったにもかかわらず、『プロパガンダと帝国』とその続刊で開発した知的枠組みはグローバルな規模で受け入れられ、ヨーロッパの旧帝国の研究者の多くが非ブリテンの脈絡で「民衆の帝国主義」の概念を検証した。これまで無視されてきた証拠が発掘されていくと、ますますはっきりしたものになっていくのは、とくに一九世紀末のいわゆる新帝国主義の時代がヨーロッパ中の国民国家の発展と重なっていたために、植民地の経験がナショナル・アイデンティティーの形成に貢献したことである。かくして、適用対象国の範囲も、フランス、ベルギーばかりか、スペイン、ポルトガル、さらにはオランダ、ドイツにも広がった。

マッケンジーの枠組みをヨーロッパの歴史家が自国に応用するのではなく、マッケンジー自身も「帝国と本国文化」の問題はヨーロッパの他の国々にあるとしてそれと比較する「比較帝国史」にも乗り出した。実はかねて関心を持っていたというこの問題にマッケンジーは論集『ヨーロッパの諸帝国と民衆』ではじめて「民衆の帝国主義」

という概念を比較の枠組みで使用し、ブリテンの他、フランス、ベルギー、オランダ、ドイツ、イタリアの六カ国での事例研究を組織した。この巻は、ブリテン帝国の分析のために開発された枠組みのいくつかの適用可能性を非ブリテンのヨーロッパの脈絡で明らかにし、同時にヨーロッパ中の「帝国の精神」を考えるための前例のない比較の枠組みを提供した。その後、スペイン、ポルトガルにも比較の対象が広がった(48)。

六　『帝国百科事典』と『建築物から見たブリテン帝国』

最後に、これまでの仕事を総括して、かつ未来も志向すると思われる最新の二冊を挙げておこう。一冊目はグローバル志向の果てに何を探求するか、に関わる。ヨーロッパの諸帝国を見渡したあと、マッケンジーはどこに向かうのであろうか。本国ばかりか植民地の方も、出発点からアフリカを中心としたブリテン帝国への広大な視野も持ち合わせている。未踏の行き着く先があるとしたら、あとは今まで視界に入らなかった地域への飽くなきグローバルな探求である。これに答えるものは、『帝国百科事典』(49)である。これはマッケンジーを総編集者とし、編集助手にナイジェル・ダルツィール、他にも編集協力者二名を加えて、編纂された四巻本である。歴史上の帝国と名のつく存在であれば、すべての項目を拾い上げ、網羅しようとした文字通り、帝国の百科事典である。帝国を地域的にグローバルに探求しただけではない。時代が古代や中世にも及ぶことから時間幅もきわめて長期的にとっている。これは今日の歴史学が要請する新しい「長期持続」による気候変動、不平等、国際統治の課題(50)に答えようとする試みの一つであろう。いまやグローバルなだけでは不十分で、それに加えて長期間の視野が必要である。

二冊目は「建築物」を扱った最新の著(51)である。オリエンタリズム建築としての建築物はオリエンタリズム論にあった。これは、その延長線上にあるばかりか、「帝国主義のプロパガンダの視覚形態と視覚以外の形態、軍隊の文化的表出、オリエンタリズムを諸芸術と関連させていく方法をめぐる、私の過去の研究と刊行物が深く埋め込まれた本」と本人が言うように、これまでの仕事が埋め込まれた本、言い換えれば、これまでの仕事のほとんどすべてを注ぎ込んだものである。マッケンジーがこれまで実践した文化論的転回と帝国論的転回を反映させているといってもよい。ただし、過去の研究を総ざらいすることとともに、これからの課題も提示しているようにも見える。本書は、五大陸すべてに作られた様々な植民地にあるブリテン帝国全体を見渡して、そこに建てられた建築物（政治や軍事、宗教や文化などすべてに関わる建築物）を材料としている。環境には自然環境と構築環境があり、環境史を進めるには、自然環境とともに建築物や建築物のある都市空間のような構築環境（built environment）に注視すべきではないか。帝国の建築物は、西洋式の建築や都市開発の方法をグローバル化しつつ、帝国支配を確立させる方法を示してはいまいか。植民地の経済的野心、植民者の社会的要求に合わせようとする方法を見せてくれているのではないか。本書ではこのような課題をみずからこなし、これからの研究者にも提示しているのである。

注

（1）　Dane Kennedy, 'The Imperial History Wars,' The Journal of British Studies, 54, no.1 (January 2015), pp. 5-22. 後に以下に所収。本章では以下を使用。Dane Kennedy, *The Imperial History Wars: Debating the British Empire*, London: Bloomsbury Academic, 2018, p. 133-134.

（2）　著書は Peter J. Cain and Anthony G. Hopkins, *British Imperialism: Innovation and Expansion, 1688-1914; Crisis and Deconstruction, 1914-1990*, London: Longman, 1993（邦訳、『ジェントルマン資本主義の帝国』I、竹内幸雄・秋田茂訳、同上II、木畑洋一・旦祐介訳、IおよびIIとも、一九九七年、名古屋大学出版会）。ケネディによる、こうしたケインとホプキンズへの評価は筆者なども同一である。平田雅博『イギリス帝国と世界システム』晃洋書房、二〇〇〇年、第二章、第一節、参照。

（3）　ここでとりあえず主要な著書を挙げておくと以下である。出版地、出版社はすべて Manchester: Manchester University Press である。John M. MacKenzie, *Propaganda and Empire: The Manipulation of British Public Opinion, 1880-1960*, 1984; *The Empire of Nature: Hunting, Conservation, and British Imperialism*, 1988; *The Scots in South Africa: Ethnicity, Identity, Gender and Race, 1772-1914* (with Nigel R. Dalziel), 2007; *Museums and Empire: Natural History, Human Cultures and Colonial Identities*, 2009. 主たる編著は以下である。*Imperialism and Popular Culture*, 1986; *Imperialism and the Natural*

World, 1990; *Popular Imperialism and the Military: 1850–1950*, 1992; *European Empires and the People: Popular Responses to Imperialism in France, Britain, the Netherlands, Belgium, Germany and Italy*, 2011. その他の著書、編著は以下を参照。http://www.dalmackie.com/;https://ci.nii.ac.jp/author/DA00361552?p=1

（4） John M. MacKenzie, 'Analysing 'Echoes of Empire' in Contemporary Context: The Personal Odyssey of an Imperial Historian (1970s–present),' in Kalypso Nicolaïdis, Berny Sèbe and Gabrielle Maas, eds., *Echoes of Empire: Memory, Identity and Colonial Legacies*, London: I.B. Tauris, 2015. ジョン・M・マッケンジー「ブリテン帝国史革命——マンチェスター大学出版会「帝国主義研究」シリーズ、三〇年間に一一〇冊」、平田雅博・細口泰宏訳、『青山史学』第三三号、青山学院大学文学部史学研究室、二〇一五年。

（5） John M. Mackenzie, *African Labour in South Central Africa,1890–1914, and Nineteenth Century Colonial Theory*, University of British Columbia,1969.

（6） https://en.wikipedia.org/wiki/John_M._MacKenzie#Books; Berny Sèbe, 'MacKenzie–ites Without Borders: Or How a Set of Consepts, Ideas, and Methods Went Global' in Stephanie Barczewski and Martin Farr, eds., *The MacKenzie Moment and Imperial History: Essays in Honour of John M. MacKenzie*, Cham: Palgrave Macmillan, 2019, pp. 386–387.

（7） ここで本書 *Propaganda and Empire* を構成する章のタイトルのみ確認しておくと、第一章　帝国プロパガンダの媒体となるもの、第二章　帝国の劇場、第三章　映画、ラジオと帝国、第四章　帝国博覧会、第五章　帝国研究所、第六章　帝国プロパガンダ協会と帝国研究、第七章　帝国主義と教科書、第八章　帝国主義と少年文学、第九章　帝国プロパガンダと課外活動、となっている。

（8） Studies in Imperialism Series, Manchester: Manchester University Press,1984– は以下でリストアップされた二〇一三年の時点で一〇九冊に達していた。Andrew Thompson,ed., *Writing Imperial Histories*, Studies in Imperialism Series,Manchester: Manchester University Press, 2013, pp.vii–xi.　二〇二〇年時点で総リストの作成の試みはないので、とりあえず一九九件アップされている以下を参照。https://ci.nii.ac.jp/ncid/BA04290573?p=9#ref　また以下の出版社 HP では入手可能な一五〇点がリストアップされている。https://manchesteruniversitypress.co.uk/series/studies-in-imperialism/?page_number=1

（9） Stuart Ward, 'Foreword: The Moving Frontier of MacKenzie's Empire', in Barczewski and Farr, eds., op.cit., p. 10.

（10） Anthony Webster, *The Debate on the Rise of the British Empire*, Manchester: Manchester University Press, 2006, p. 180.

（11） Stephanie Barczewski, 'Introduction: The 'MacKenzian Moment' Past and Present', in Barczewski and Farr, eds., op.cit., p. 4.

（12） Stuart Ward, 'The MacKenziean Moment in Retrospect (or How One Hundred Volumes Bloomed)', in Andrew Thompson, ed., op. cit.

(13) Andrew Thompson, ed., op. cit.

(14) Sèbe, op. cit., p. 387. ちなみに筆者にとって本シリーズの中であれこれと印象深い読後感が残るものは数冊あったものの、読書ノートを作成し論文まで書いたのは Ronald Hyam, *Empire and Sexuality: The British Experience*, 1990 [邦訳、ハイアム著『セクシュアリティの帝国――近代イギリスの性と社会』本田毅彦訳、柏書房、一九九八年。シリーズ中邦訳があるのは今のところ本巻のみである] と *The Empire of Nature* である（それぞれ「帝国とセクシュアリティ」『愛媛大学法文学部論集文学科編』第二四号、一九九一年、「帝国文化としての狩り――マッケンジー『自然の帝国』から」『愛媛大学法文学部論集文学科編』第三一号、一九九六年、として発表し、加筆削除の上、平田雅博『イギリス帝国と世界システム』晃洋書房、二〇〇〇年、第八章「セクシュアリティと狩り」に所収）。

(15) Bernard Porter, *The Absent-Minded Imperialists: Empire, Society, and Culture in Britain*, Oxford: Oxford University Press, 2004.

(16) Bernard Porter, 'Further Thoughts on Imperial Absent-Mindedness', *Journal of Imperial and Commonwealth History*, 36 (2008); John M. MacKenzie, 'Comfort' and Conviction: A Responce to Bernard Porter', *Journal of Imperial and Commonwealth History*, 36 (2008); Sèbe, p. 397.

(17) Catherine Hall and Sonya O. Rose, eds., *At Home with the Empire: Metropolitan Culture and the Imperial World*, Cambridge: Cambridge University Press, 2006.

(18) John M. Mackenzie, *Orientalism: History, Theory and the Arts*, Manchester: Manchester University Press, 1995 [邦訳、マッケンジー『大英帝国のオリエンタリズム――歴史・理論・諸芸術』平田雅博訳、ミネルヴァ書房、二〇〇一年]。

(19) 早くには以下がある。平田雅博「いま なぜ「帝国意識」か――帝国意識と近年の帝国主義研究」、以下に所収。北川勝彦・平田雅博編『帝国意識の解剖学』世界思想社、一九九九年。平田雅博「ポストモダンとイギリス帝国史」『人民の歴史学』一四八号、東京歴史科学協議会、二〇〇一年。

(20) John M. Mackenzie, 'Afterword', in Andrew Thompson, ed., op. cit., p. 274 n.7.

(21) Sèbe, p. 396.

(22) マッケンジー、前掲邦訳書、一二頁。

(23) John M. MacKenzie, 'Occidentalism: Counterpoint and Counter-Polemic,' *Journal of Historical Geography*, 19.3 (1993), p. 343.

(24) Cherry Leonardi, 'The Power of Culture and the Cultures of Power: John MacKenzie and the Study of Imperialism,' in

Andrew Thompson,ed. op.cit., p. 61.

（25） Frederick Cooper, 'Empire Multiplied: A Review Essay,' *Comparative Studies in Society and History*, 46: 2（2004）, p. 269, n.33.

（26） Michael Hechter, Internal *Colonialism: The Celtic Fringe in British National Development, 1536–1966*, Berkeley: University of California Press, 1975.

（27） John G. A. Pocock, 'British History: A Plea for a New Subject,' 1973/1974, in John G. A. Pocock, *The Discovery of Islands: Essays in British History*, Cambridge: Cambridge University Press, 2005［邦訳、J.G.A. ポーコック「ブリテン史――新たな主題に向けた訴え」、所収、ポーコック『島々の発見――「新しいブリテン史」と政治思想』（犬塚元監訳、安藤裕介・石川敬史・片山文雄・古城毅・中村逸春訳、名古屋大学出版会、二〇一三年］.

（28） John M. MacKenzie, 'Irish, Scottish, Welsh and English Worlds? The Historiography of a Four Nations Approach to the History of the British Empire', in Catherine Hall and Keith McClelland eds., *Race, Nation and Empire: Making Histories, 1750 to the Present*, Manchester: Manchester University Press, 2010. この二年前に若干の差異がある論文が以下に掲載されているが、ここでは前者を使用。John M. MacKenzie, 'Irish, Scottish, Welsh and English Worlds? The Historiography of a Four Nations Approach to the History of the British Empire', *History Compass* 6（2008）. さらには以下の講演訳も使用。ジョン・M・マッケンジー「四つのネーション――イングランド、アイルランド、スコットランド、ウェールズとブリテン帝国」、平田雅博訳、青山学院大学文学部『紀要』第五六号、二〇一五年。また以下も参照。平田雅博「ブリテン帝国史への四ネーションアプローチ――研究視角と研究動向」青山学院大学文学部『紀要』第五五号、二〇一四年。

（29） John M. Mackenzie, 'On Scotland and the Empire,' *International History Review* 15（1993）; Andrew Mackillop, 'What Has the Fore Nations and Empire Model Achieved?', in Barczewski and Farr, eds., op.cit., p. 270.

（30） John M. MacKenzie, 'Empire and National Identities: The Case of Scotland', *Transactions of the Royal Historical Society*, 6th ser., 8, 1998, p. 231.

（31） Mackillop, pp. 271–272.

（32） Michael Fry, *The Scottish Empire*, East Linton: Tuckwell, 2001; Thomas M. Devine, *Scotland's Empire, 1600–1815*, London: Allen Lane, 2003; John M. MacKenzie and T. M. Devine, *Scotland and the British Empire, The Oxford History of the British Empire*, Companion Series, Oxford: Oxford University Press, 2011; Bryan S. Glass, *The Scottish Nation at Empire's End*, London: Palgrave Macmilan, 2014. また、極東の果てまでやってきたスコットランド人グラバーについての以下の来日時の長崎講演の訳も参照。ジョン・マッケンジー「二都物語――長崎とアバディーン：海外のスコットランド人――トマス・ブレーク・

グラバーの背景および中国と日本の条約港」平田雅博・信澤淳・大野道衛訳、『史友』第四七号、二〇一五年。

（33）Keith Jeffery, ed., *'An Irish Empire'?: Aspects of Ireland and the British Empire*, Studies in Imperialism Series, Manchester: Manchester University Press, 1996; Kevin Kenny, ed., *Ireland and the British Empire*, *The Oxford History of the British Empire*, Companion Series, Oxford: Oxford University Press, 2004.

（34）Barry Crosbie, *Irish Imperial Networks: Migration, Social Communication and Exchange in Nineteenth-Century India*, Cambridge: Cambridge University Press, 2012.

（35）Neil Evans, 'Writing Wales into the Empire: Rhetoric, Fragments-And Beyond?', in Huw V. Bowen, ed., *Wales and the British Overseas Empire: Interactions and Influences, 1650-1830*, Studies in Imperialism Series, Manchester: Manchester University Press, 2011; Huw V. Bowen, 'Introduction', in Huw V. Bowen, ed., op.cit.; Andrew J. May, *Welsh Missionaries and British Imperialism: The Empire of Clouds in North-East India*, Studies in Imperialism Series, Manchester: Manchester University Press, 2012.

（36）David Cannadine, *Ornamentalism: How British Saw Their Empire*, London: Allen Lane The Penguin Press, 2001〔邦訳、D. キャナダイン著『虚飾の帝国――オリエンタリズムからオーナメンタリズムへ』平田雅博、細川道久訳、日本経済評論社、二〇〇四年〕.

（37）Mackillop, op.cit., pp. 279-280.

（38）Robert Phillipson, *Linguistic Imperialism*, Oxford：Oxford University Press, 1992〔邦訳、ロバート・フィリプソン著『言語帝国主義――英語支配と英語教育』、平田雅博・信澤淳・原聖・浜井祐三子・細川道久・石部尚登訳、三元社、二〇一三年〕.

（39）平田雅博『英語の帝国――ある島国の言語の一五〇〇年史』講談社〔講談社選書メチエ〕、二〇一六年。

（40）Mackillop, op.cit., p. 283.

（41）Barczewski, 'Introduction,' p. 4.

（42）Stephen Howe, ed., *The New Imperial Histories Reader*, London: Routledge, 2010; Sèbe, op.cit., p. 388.

（43）James Thompson, 'Modern Britain and the New Imperial History', *History Compass* 5 (2007), p. 455.

（44）Barczewski, 'Introduction,' pp. 8-10.

（45）John M. MacKenzie, 'Brexit: The View from Scotland', The Round Table: *The Commonwealth Journal of International Affairs* 105 (2016); Mackillop,op.cit., p. 283.

（46）Sèbe, op.cit., p. 391.

（47） Sèbe, op.cit., p. 385.

（48） Sèbe, op.cit., p. 398, 399–400.

（49） *The Encyclopedia of Empire*, editor-in-chief, John M. MacKenzie; assistant editor, Nigel R. Dalziel; associate editors, Michael W. Charney, Nicholas Doumanis, 4 Vols, Malden, MA: Wiley Blackwell, 2016.

（50） Jo Guldi and David Armitage, *The History Manifesto*, Cambridge: Cambridge University Press, 2014［ジョー・グルディ、D.アーミテイジ著『これが歴史だ!―二一世紀の歴史学宣言』、平田雅博・細川道久訳、刀水書房、二〇一七年］.

（51） John M. MacKenzie, *The British Empire through Buildings: Structure, Function and Meaning*, Manchester: Manchester University Press, 2020.

第Ⅱ部

グローバル・ヒストリーに向けて

第四章　グローバル・ヒストリーの冒険

一　ウォーラーステイン

（1）　世界システム論(1)

〔背景と主張点〕　アメリカの社会学者ウォーラーステイン（Immanuel Wallerstein）が唱えた世界史の見方。近代世界が経済的には単一の分業体制に組み込まれており、諸国の経済はこの世界システムの構成要素としてしか機能しえないとみる。この議論の出現の背景となったのは、ラテンアメリカを中心とした「従属理論」、マルクスの「アジア的生産様式」論争、「封建制から資本主義への移行」論争、フランスのアナール学派が勝利した「全体史」をめぐる論争といった、一九七〇年までに行われた四つの論争である。

すべての国家や地域が、封建制から資本主義へと移行すると想定する国別の単線的発展段階論＝分析の枠組みとしての「発展主義」的見解とは異なり、近代世界が大規模な分業システムとして成立している以上、そこにはすべての国家が一つとなったコースしかなく、その中で押し合いへし合いし競合するしかなかった、とみる。

システムの内部は、中核的産品を支配的に生産している「中核」諸国と周辺的産品の生産が支配的な「周辺」諸国からなる。中核も周辺も固定的ではなく、たえず変化するが、中核諸国の中でも、とくに経済力を強めて、システム全体のヘゲモニーを握る国が出現する。歴史上は、一七世紀のオランダ、一九世紀のブリテン、二〇世紀のアメリカ合衆国の三つがそれに当たる。中核—周辺関係は、不等価交換による経済的余剰の搾取、政治的支配を伴う植民地主義があり、この関係は、近代資本主義世界の根幹をなす構造であるため、つねに再生産され、解消されることはない。一九世紀末の帝国主義を「資本主義の最高段階」とみるレーニンの帝国主義論も「発展主義」の典型例であり、植民地主義は一九世紀末に限られた現象ではなく、五世紀間で繰り返されたサイクルとみる。

〔メリットと批判〕　世界システム分析のメリットはこうした植民地主義の総体的な再検討ばかりか、一国史観で検討されることの多かったフランス革命や産業革命（に限らず他の諸革命）にも適用されて再検討されている。従来は「封建的反動」としてしかみられなかった一六世紀の東ヨーロッパの再版農奴制や例外的な現象と判断された南北アメリカにおける奴隷制も、近代資本主義の労働形態として、同一次元で捉えることが可能となった。また「家計世帯」といったごく小さな単位も世界システム分析の対象となる。

主な批判点としては、ヨーロッパ中心主義的傾向に対するアジア史の対置（フランク）、近代以前の世界システムの存在の指摘（アブー＝ルゴド）、歴史を担う主体の不在の指摘（正統的マルクス主義など）がある。最後の批判点に対しては、諸主体を拘束している牢獄＝近代世界システムの分析は諸主体を解放することにつながると反論する。近代世界システムの終焉を見通す以上、近代世界システムを機能的に構築してきた諸社会科学を批判して、世界システム分析を対置させた知の再編成が構想されている。

（2）ウォーラーステイン『近代世界システム』Ⅲ⑵

本書はウォーラーステインの主著『近代世界システム』の第三巻目の邦訳である。分析の対象となっているものは「中核」では英仏の「産業革命」とフランス革命、「半周辺」・「周辺」では、アメリカ合衆国やラテンアメリカの独立、および、「周辺」への組み込みの事例として、ロシア、トルコ、インド、西アフリカである。

「産業革命」を論じるにしても、「一国史」的な立場からブリテンの「優位」を示す絶対的な特徴を求めるような従来の方法を採らない。ブリテンがいかに他国を引き離したかではなく、なぜ「世界経済」がこの時期に発展し、経済活動が特定の国に集中したか、こそが問題である。重要なのは「世界経済」の枠組みの中で相対的になされうる「位置づけ」である。時間の経過に沿って発展していくのは、「世界経済」そのものであって、その内部の副次的な単位、たとえば国などではない、というのがウォーラーステインの立場である。「フランス革命」が重要なのは、フランスがブリテンに後れをとったことで必要に迫られた「世界経済」におけるヘゲモニー国家の地位をめぐる争いだったからである。またそれは世界システム史上の最初の本格的な反システム（反資本主義）運動である。かくしてこの時代を検討するキーワード（どころか歴史の発展全体を説明するキーワードでもある）であり続けた「工業とブルジョワ」の比重はすっかり軽くなっている。

世界システム論からの再解釈は、アメリカ合衆国とラテンアメリカの独立はもちろん、ハイチ革命は、近代世界システム史上最初の黒人共和国を生み出した革命であり、トゥパク・アマルの反乱も、原初的抵抗ではなく、先住民たちが「世界経済」に巻き込まれたことによって起こった反乱として解釈されている。これらはもっぱら「国民経済」やもっとローカルな枠組みで論じられていたものが、「世界システム」という一つの生き物の中の構成物と再評価され、われわれは思考の枠組みの破砕ないし視点の反転を余儀なくされる。

この三巻目でもっとも興味深いのは「周辺」の世界システムへの「組み込み」、ある生産過程が世界システムの分業体制を構成する商品連鎖の一環として不可欠になる過程、の具体的な分析である。注目すべきは外延部・組み込み・辺境の順で進行するモデルの他に、「商品連鎖」という概念である。これは一見「流通主義」的概念ながら、一着の衣料という商品を生産するにも布地、糸、機械、労働力が必要で、これらのそれぞれも生産されねばならず、さらにその生産に使われるそれぞれの要素もそれぞれ生産されなければならないという風に「生産」に目配りしている。リアルな「世界経済」の構想にとり議論の価値がある。

(3)　ウォーラーステイン『近代世界システム』Ⅳ③

本書はウォーラーステイン『近代世界システム』の第四巻目の邦訳である。これと合わせて、これまでの三巻の邦訳も、名古屋大学出版会から同時に出版された。新たな第一巻(岩波書店から公刊されていた旧第一巻では省略された引用文が増補された)の新たな序にはこれまでの批判に対する著者からの回答も掲載されている。

また、これまで全巻を訳し続けてきた川北稔による訳者解説では、世界システム論が紹介された後の日本での受容と反発の検討、とりわけ、世界システム論がアジア史を軽視しているとの批判は誤解であるとの反論がなされている。

近代世界システムが誕生した「長い一六世紀」から説いた第一巻、一七世紀の「オランダの覇権」などを扱った第二巻、一八世紀の「英仏抗争」などを叙述した第三巻を引き継ぎ、一七八九年から一八七三年ないし一九一四年までを対象とする、この第四巻の主題は、フランス革命が全体としての近代世界システムに与えた文化的影響、ジオカルチャーである。ジオカルチャーとは、この世界システムの全域でひろく受け入れられ、フランス革命以後に、社会的活動を制約することになる一連の思想、価値観、規範などである。

フランス革命の結果、保守主義、自由主義、急進主義という近代の三つのイデオロギーが生まれた。ついで、そこから、世界システムのジオカルチャーを基盤にして、中道自由主義が他の二つのイデオロギーを「飼い慣らし」、一九世紀が進行するとともに、勝利していくというのが本巻全体の議論である。

具体的には、(一)世界経済の中核地域であるブリテンとフランスの自由主義国家の創設、(二)自由主義国家の市民による「反システム運動」、(三)まったく新たな知的分野である社会科学としての自由主義が論じられている。(一)では、通常のブリテンの産業革命などから始まる一国主義的な説明はとらず、世界システムに通底するジオカルチャーから、英仏の「自由貿易帝国」の形成の叙述が印象に残るし、(二)では、「反システム運動」の概念がここではじめて登場し、フランス革命以後、すべての市民を包摂するのではなく、受動的市民と能動的市民との区別から一部（労働者、女性、黒人など）を排除したという論点から「反システム運動」が叙述され、（三）では、科学的歴史学と経済学、社会学、政治学の社会科学の誕生が描かれ、残余の世界を扱う人類学と東洋学も触れられる。ここでは歴史家も、自由主義国家の建設、国民の創出のために、歴史的過去の記憶を発見したり、創り出したりする役割を与えられた、というわけである。

この巻では、中道自由主義というイデオロギーの勝利の過程にほぼ絞りきっている。当初の計画に合った、一九世紀の世界システムへのアジアなど周辺の組み込みを第五巻以降に先延ばしまでしてこれを中心に書かざるを得なかった理由は何だったのか、と思わざるを得ない。従来の思想やイデオロギーの分析はブリテン思想史や日本思想史のようにかっちりと国民や国家の枠組みで行われており、いかにも一国史的であり、ウォーラーステインのこういった「世界システム分析」とはもっとも遠い位置にあるからかもしれない。

しかし、最近は思想史の側からも、アーミテイジなどにより、思想史の一国主義的な枠組みを乗り越える「国際論的転回」が提唱されている。たとえば、アメリカの独立宣言はアメリカを創った文書として研究されてきたことは間違いないが、これはいわば内向きの姿勢で、この文書は独立した国家が発した独立宣言にことごとく影響を与えた外向きの文書でもあった（D・アーミテイジ『独立宣言の世界史』ミネルヴァ書房、二〇一二年）。

問題はフランス革命とアメリカ独立革命の評価の違いかもしれない。「フランス革命は、政治変革の正当性と主権在民の概念を正当化したものと私は見なす」というのであれば、同じ概念を正当化したアメリカの独立宣言も同様に扱われてしかるべきだが、ハンナ・アーレント『革命について』と同様、世界史に与えた独立宣言の影響力をめぐるウォーラーステインの評価は、フランス革命よりはるかに低い。

いずれにせよ、この巻で先延ばしにされた問題は、これから予定されている第五巻や第六巻で書かれはしようものの、一九三〇年生まれの著者ウォーラーステインも今年［二〇一四年］で八四歳、続刊のために健康と健筆を祈るばかりである［二〇一九年に亡くなっている］。

二　世界システム論から見た帝国主義

（1）一九世紀末の植民地化をめぐって

一九世紀末の植民地化をいかにとらえるかについても、伝統的な見方に対する世界システム論の批判がある。この批判は大きく分けて二つほどあり、一つは一国史（ナショナル・ヒストリー）に対してグローバルな視野を対置させること、もう一つは、考察時期を一九世紀末に限定する短期的な視野に対し一六世紀から現在までを収める長期的な視野を対置させることである。ここでは、この空間的論点と時間的論点の二点を中心に見てみよう。(4)

一九世紀末の植民地化については、伝統的にレーニンの帝国主義論と結びつけて論じられることが多かった。レーニンは、帝国主義とは資本主義の独占的段階である、と短い定義をしてさらにこれを敷衍した。帝国主義とは、独占と金融資本との支配が成立し、資本輸出が顕著な意義を獲得し、国際トラストによる世界の分割が始まり、最大の資本主義国による地球上の全領土の分割が完了した、というような発展段階における資本主義である。資本主義が一九世紀末にまったく新しく様変わりして帝国主義になったというレーニンの理論は、「段階論」と称されてその後のすべての帝国主義研究に影響を及ぼした。

それはシャノンも認めるように、世界システム論にも知的な影響を与えてきた。世界システム論者は、資本主義的な中核と周辺の間の関係を中核と周辺の両者に属する諸国家における諸条件を理解する基本となると見る。そして、彼らは、この関係は搾取的であり、中核国家が経済的に成功をおさめる点で重要であるという意見ではレーニンに同意する。

しかし、帝国主義と周辺の搾取が一九世紀の資本主義の特定の段階の特徴をなしていると見ることには同意しない。世界システム論者は、周辺の搾取を数世紀もの長い歴史を通じた資本主義の中心的な特徴と見て、一九世紀末の植民地化は、近代全体にわたる長期的趨勢のパターンの一側面にすぎないとみる[5]。

（2）「自由貿易帝国主義論」の限界から新たなパラダイムへ

世界システム論にこういった帝国主義論の分野で長期的な視野を与えたのは、ギャラハーとロビンソンの「自由貿易帝国主義論」である[6]。

彼らは、一九世紀末の「帝国主義の時代」以前の一九世紀中期の自由貿易主義までさかのぼり、一九世紀の帝国主義的な政策の持続性を主張して、一九世紀末に限った「帝国主義の時代」という概念に挑戦した。「帝国主義の時代」以外に論争を拡大したことは、世界システム論への道を開拓し、世界システムの起源および現代へと時期的な関心を拡大することを可能とした。世界システム論では、帝国主義は「世界経済」における支配関係として一六世紀までさかのぼるので、一九世紀中期ばかりか、それ以前の一六世紀まで考察対象とする時期を延ばせる。しかも、世界システムの起源まで拡張できるならば、現代に至るまでの時期にも、すなわち「帝国主義の時代」の「前に」と同じように「帝国主義の時代」の「後に」も拡張できる。ウォーラーステインは「ホブスンとレーニンのパラダイム」（レーニンに着想と情報を提供したホブソンを含めたパラダイム）から抜け出すのに、「帝国主義の時代」以外に視野を拡大したギャラハーとロビンソンにしたがったのである。

しかし、ウォーラーステインらにとって、ギャラハーとロビンソンの利用価値はここまでであった。なぜなら、彼らは、「ホブスンとレーニンのパラダイム」から抜け出すのに役立つが、新しい理論を示してはくれないからである。ウォーラーステインらの目的は、このパラダイム＝古典的な帝国主義論の克服であり、ギャラハーとロビンソンはそのために利用されたにすぎない。

ギャラハーとロビンソンを超えようとすることで、世界システム分析と古典的なマルクス主義的帝国主義論との間の重要な差異が浮上してきた。その一つは、レーニンによる段階性を強調する時期的変化（段階）の理論に対する、世界システム分析による長期的な循環的変化の提示である。

世界システム論の用語では、この「ホブスンとレーニンのパラダイム」は「発展主義」の誤りの典型的な例である。なぜなら、それは国家を変化の単位とみなし、それらが通過する段階を見いだそうとするからである。

これに対し、世界システム分析ではもはや国家を分析の単位とはせず、「発展」が意味を持つのはシステム全体を対象にした場合である。また、一九世紀末に限定せず、長期的な観点に立つ世界システム論は、公式の帝国主義が四〇〇年以上にわたって世界経済の主要な側面として存在したことを示す。その証拠は、特権会社の活動、周辺における新たな市場の追及、周辺の安価な労働力の追及である。ウォーラーステインは市場だけでは中核の数世紀にわたる帝国主義を説明できず、安価な労働力の追求がよりよい説明であることを示唆している(7)。これは強調点を交換から生産に移すものである。

新たな地域を「周辺」に編入することは最低の労働コストに基づいた新しい生産過程と関連する。したがって「公式の帝国主義」である帝国の膨張は、一六世紀のスペインの植民地における最初の金塊生産から第二次世界大戦後のナミビアにおけるウラニウムの生産に至るまで、何よりも新たな経済的生産地帯を作り出す政治的な方法であり、分業の拡大である(8)。

以上より、古典的帝国主義論と世界システム分析の差異が浮上する。一つは、一方はやはり一国の経済発展を枠組みとするが、他方は一国を超えた世界システム全体を枠組みとしていることである。もう一つは、一方は一九世紀末に集中するが、他方は一九世紀末に限らずおおむね一六世紀から現在までの長期的な観点にたっていることである。こうした差異を踏まえて、ウォーラーステインとテイラーは、古典的帝国主義論に代わるパラダイムを示唆する。帝国主義は資本主義の一段階ではない。それは単に資本主義の根本的な矛盾の一つから由来する、より強い国家（一般には中核国家）のより弱い国家（一般的には周辺もしくは半周辺国家）に対する諸活動を指すにすぎない。すなわち、それは特定の国家構造を越えたより広い枠組をもった経済的分業の存在である。その諸活動や存在のあり方は時に応じて、公式的であったり非公式的であったりする。

こう考えるならば、直接的支配としての「公式の帝国主義」＝「植民地主義」と「非公式の帝国主義」を、帝国主義の形態において循環的に交替するものと見なすことができる。ホブスンとレーニンが見たものは、資本主義の過程の新しい段階ではなく、むしろ循環的現象の一つであった。

（3）「公式の帝国主義」の二つの「循環」

それでは、この「公式の帝国主義」と「非公式の帝国主義」の循環的な交替とは何か。ウォーラーステインが率いる研究集団の成果の一つは、この循環的な傾向を明らかにしたことにある。

まず「公式の帝国主義」から見ていこう。数世紀にわたる「公式の帝国主義」＝「植民地主義」を計量化するにはコンスタントな計量単位がほとんどない。植民地総督の着任と離任のデータから長期的趨勢の中でこの世に存在したおよそすべての植民地の数を数えることはその数少ない試みである。

長期的趨勢の中で、全植民地主義の運動は、この植民地の世界合計数の方を変遷が示す通り、二つの「循環」しかない。最初の循環は一五世紀に始まり、一七七〇年に植民地数が一四七個に達してピークを迎える。減少は、両アメリカ大陸の独立期直後から始まり、一八二五年の八一個までおちこむ。第二の循環の増大は、一八二六年に始まり、一九二三年に植民地数が一六七個でピークに達する。その後減少し、データの尽きる一九六九年まで五八個までになる。また、第二の循環に至って、振幅及び頻度数がともに増大している(9)。

こういった植民地数の増減を動かすものは何であろうか。植民地主義は、世界システムの「中核―周辺」間関係の一つである。「中核―周辺」間関係の変遷を理解する鍵は、「中核」自体の中にある、くり返してあらわれる変化にある。ある時、「中核」はいくつかの完全に平等な国家からなり、またある時、「中核」には単一の有力国しかなく「中核」と単一国家は、限りなく同じものになろうとする。一九世紀中葉のブリテンや一九四五～一九七三年のアメリカの出現が後者の例である。

しかし、「中核」内の一国の覇権による均質的な性格は、たちまち追い上げる競争者の興隆とともに解体する。もっとも重要なことは、このくりかえし形態転換を遂げる「中核」の運動は、植民地主義のくりかえしあらわれる膨張と縮小に一致するということである。

「中核」の権力がいくつかの国家に分散している時（多中心的中核、一六〜一九世紀はじめ、一九世紀末より第二次世界大戦まで）、植民地主義は膨張する。「中核」をある覇権国家が支配する時（単一中心的中核、一九世紀中葉、第二次世界大戦後）、植民地主義は縮小する。このように、「中核」における形態転換と植民地主義のような「中核―周辺」間関係の変化との間には因果の連関が認められる(10)。

これをもって世界システム論者たちは何を批判しようとしているのか。その意図は、帝国主義論における「ホブソンとレーニンのパラダイム」の支配性への批判に向けられている。このパラダイムがあまりに支配的であるため、多くの議論は第二の循環の「帝国主義の時代」に集中してきた。

これに対して、彼らは長期的な視野で第一の波と第二の波を一挙に収めること、すなわち、アメリカを中心とした帝国主義の局面である第一の循環とアジア・アフリカを中心とした帝国主義の局面である第二の循環という地理的に著しく異なる二つの帝国主義の局面を一緒に考えることによって、後者の第二の循環を特権化しないことをめざす。

これは、地理的な空間の問題ばかりか、時間的ないし段階論的な問題にもあてはまり、こちらの方が重要である。このように長期的な植民活動を第一の循環から第二の循環へと経過する過程と見なすことによって、もっぱら第二の循環からのみ帝国主義を論議してきた傾向は見直されることが要求されている。

一六世紀からの循環性が確認される以上、一九世紀に限った議論で、この世紀をめぐる帝国主義の非連続性と連続性の議論は、その対立はあまり意味をなさなくなり、その合体が意図されている。言いかえれば、一九世紀の段階性をめぐる古典的帝国主義論と自由貿易帝国主義論の相違点は、もっと長期的な観点をとる世界システム論によって乗り越えられようとしている。

(4)「非公式の帝国主義」の巧妙性

「公式の帝国主義」＝「植民地主義」の他に、循環的に交替するもう一つの帝国主義の形態である「非公式の帝国主義」はどうだろうか。直接的支配＝公式の帝国主義が終わったからといって、周辺の経済的な搾取が終わるわけではない。もっと巧妙な支配である「非公式の帝国主義」に代わっただけである。すでに歴史的役割を終えようとしている「公式の帝国主義」に代わり、この「非公式の帝国主義」の解明こそ今後の課題ともいえる。

世界システム論での「非公式の帝国主義」論は、自由貿易帝国主義論から出てきた「非公式帝国」とは異なる。自由貿易帝国主義論では法律的な帝国である「公式帝国」以外の経済的政治的文化的「非公式帝国」という意味合いもあるが、「公式帝国」以外に広がる「非公式帝国」という地理的な概念をさす場合もある。

これにたいし、世界システム論では単なる地理的な概念ではなく、「公式の帝国主義」以外の中核と周辺の構造を維持するメカニズムを指す。「非公式の帝国主義」は中核と周辺の間の純粋に経済的な関係とは考えられず、「公式の帝国主義」よりもはるかに複雑な政治戦略である。

自由貿易は正統的な経済学にとっては、すべての国にとって最良の利害調和的な政策だったはずだが、周辺諸国にとっては、国民経済を開放しても何ら利益が得られないことがただちにわかった。ここでは自由貿易こそ中核の政治的戦略に他ならなかった、という自由貿易のもつイデオロギー性が明らかとなった。これが自由貿易帝国主義論による自由貿易のもつ帝国主義的属性の発見である。

ブリテンの自由貿易帝国主義の発見者であるばかりか、世界システム論の理解者だったともいえる「半周辺」の経済学者であるフリードリッヒ・リストが唱道するドイツの政治戦略は「保護貿易」であった。さらにラテンアメリカなどの「周辺」では自由貿易を好む自由主義地主と現地の生産の保護を主張する製造業者に別れており、中核と結託する輸出入セクターが地元の製造業者やナショナリズムを従属させているかぎり、彼らこそ「非公式の帝国主義」を支える周辺の「協調者」に他ならない。

三　ベイリン『アトランティック・ヒストリー』(11)

本書『アトランティック・ヒストリー』に接し、単なる偶然か、世代的に、というべきか、私は学部、大学院と「大西洋史」関連の授業を聞いていたことがわかった。学部生のころ傍聴していたフランス革命史の講義には、パーマー、ゴドショの「大西洋革命論」が大きな柱となっていた。はじめて聞く話だったが、一国史に限らない大西洋レベルの枠組みでフランス革命を考えていく大きな視野に共感した。本書では、この「大西洋革命論」の検討にやや頁数を費やして、背景や論争を紹介している。フランス革命史家やマルクス主義者（おそらく一国史的な発展段階論にこだわっていたためか）には不評だったが、一八世紀後半の大西洋世界を一つの共同体として描き出す彼らの仮説は、しだいに内実と確証を深めていったと評価している。

大学院初年度のゼミのテキストはブローデルの『地中海』であった。その冒頭部には、地理的歴史というのか、今で言う「環境史」の走りというのか、アルプス造山運動から貨幣としての氷まであり、あまりに雄大な叙述と微に入り細を穿つような細部の叙述が混じり合う内容に圧倒された。

本書のタイトルは『地中海』を彷彿とさせ、読んで真っ先に連想し思い出したのも『地中海』であった。本書の評価では、『地中海』は総合を指向するというよりも分解を旨とする作品、世界の構成要素をまとめ上げるのではなく、三つの時間の次元に腑分けするもので、性格は超歴史的で、その構造も歴史的というより、本質的に認識論的であり、執筆動機も「詩的なもの」であり、地中海世界へのブローデル自身の愛着と個人的関わりだった、というものである。要するに、本書は『地中海』の模倣ではないと言う。

本書でいう「大西洋史」の概念は、帝国の公的な構造に集中する各国の帝国史の寄せ集めでも、物語の生々しい叙述にしか関心がない探検記とかの寄せ集めでもない。「大西洋史」は、人々の生活、社会やその組織、持続的な文化的衝突に関心をいだくからである。

「大西洋としての一体化」がはっきり姿をあらわしたのは戦後のヨーロッパを巻き込んだアメリカの政治状況の中である。学問的関心を作り出す政治環境の検討が重要と考えているからであろうか、この「大西洋史」を生み出した政治状況にはかなりの頁数を割いている。この外部の力と、学問の持つ内的推進力と相まみえたのが上記の「大西洋革命論」であった。その後、戦後の二、三〇年、おおむね一九七〇年代までの大西洋史の成果である、奴隷貿易史、移民などの人口史、ラテンアメリカの社会史、大西洋全般の経済史、政治史、思想史（とくにポーコック）などの諸相が列挙されている。

ここから二部（邦訳書では一部）に移り、近世を初期、発展の中期、および最終局面とほぼ三つに時系列的に分けて、大西洋史の最新の成果（七〇年代までの成果を引き継ぎながらもおそらく多くは批判して出てきたもの）を展開していく。

これらのめざましい成果のうち、各国史を足し合わせるだけではなく、それらすべてが共有するもの、あるいはそれらすべてを包摂するものとは何か、という関心からは、経済史関係（モノ、カネ、ヒトの動態）は当然として、その他に、私がとくに関心をもったのは、情報のネットワーク、とりわけ宗教、思想である。著者が名だたる思想史家のゆえか、思想史関係のところには何か活気がみられる。啓蒙思想、共和主義、急進主義などの思想の大西洋レベルでの「驚異的な」ほどの共有はもちろんだが、たとえば、アイルランド征服は、新世界の征服活動の英雄譚の「抄訳」を読んでいた者たちによってなされたし、モアの『ユートピア』に基づいて理想の先住民村を創設しようとしたように、テキストが共有され、たえず参照されていた。新大陸の知識人や政治家ばかりか、ヨーロッパの知識人も大西洋主義者であった。たとえば、全大西洋世界からの情報を思索の糧としていたというヒュームなども日本の思想史研究では大西洋の枠組みで取り上げられてきたとは言い難いだけに、興味深い。

もう一つ目下の関心から興味を持ったのはミクロの地域の問題である。あまり外部とは関係を持たず、閉鎖的とされる「きわめてローカルな次元である地域」の発展も、大西洋史に取り込まれた以上、大西洋史という枠組みとの関連を考えざるを得ない。たとえば、よく知られ、大西洋全体と結びつきやすいブリストルとかはわかりやすいとして、問題は孤立した小さな地域である。本書で登場するピレネー山脈の奥深いバスクの村々、スコットランドの孤立した集落も、大西洋ネットワークに巻き込まれたばかりか、反作用として彼らの生まれ故郷にもインパクトを与えることになった点で、大西洋史のレベルの問題となる。経済的あるいは宗教的な閉塞状況の打開策がなかった、孤立した村や宗派ほど、移民などで新世界に活路を見出した例も紹介されている。

以上、大西洋革命論、ブローデル、思想史、地域等々、そうとは気づかずに接してきた議論は「大西洋史」の諸問題と直接間接に関わっていたどころか、その概念史、方法論、実践は今回初めて知るものも多く、私には奇妙な再会にして収穫であった。

実は、筆者がその後、手を染めることになった「在英黒人史」では、大西洋史という言葉こそ無知だったため使えなかったものの、実際には素朴な形で実践していた。なぜなら、奴隷貿易で連れてこられた黒人がアメリカ独立革命でブリテン側で闘い、独立後はロンドンに流れて、さらにアフリカ西海岸シエラレオネに送還されたという話など、アフリカ、アメリカ（カリブ海、北米、南米）、ヨーロッパ（英仏など）の文字通りの「大西洋史」を視野に入れなければ、とうてい成り立ちそうもないからである。

『黒い大西洋（ブラック・アトランティック）』の著者ギルロイによると、「ブラック・アトランティック」とは、国民国家という構造とエスニシティやナショナルな特殊性がもつ強制力の両方を超越しようとする願望であり、大西洋を一つのまとまった分析単位、明白にトランスナショナルで間文化的なパースペクティヴを作ることである。(12) 黒人文化や黒人史は、国民史の寄せ集めではないそれ以上の枠組みでの分析を「どうしても」望んでいる。

地域的に大西洋史にはどこまで入るのかについては、「アフリカ」が入っていないとの指摘があり、これは黒人史の観点からは同感できる。地域をめぐり、大西洋史は各種のグローバル史との対話が可能と思われるが、世界システム論とは対話可能であろうか。

たとえば、大西洋史は海からつながりを見るメリットはあるものの世界システム論でいう「中核」は稀薄であり、いわばへそがない。さらに「周辺」の方はどうか。たとえば、一七世紀中頃の世界システムの「周辺」には、ラテンアメリカ、東ヨーロッパ、西アフリカが入っている。本書にはピョートル大帝下の「ロシア」への言及が一箇所あるが、大西洋史の枠組みでは「東ヨーロッパ」が入ってこない。周辺への組みこみの基準は、世界システム論では日常品の交換であり、このために「アジア」は入ってこない。「大西洋史」にアジアが出てこないのは単に「大西洋」ではないためか、あるいはネットワークという漠然とした組み入れの目安はあるものの組み入れの基準が設定されていないためか。

もう一つ大西洋史の時期をめぐる問題がある。アメリカ独立革命や南米各国の独立による大西洋としての一体性の希薄化により、大西洋史は諸革命後で終結するという。地中海史であれば、「一七世紀の危機」後は地中海が「どぶ川」になり、その意義がはなはだしく低下したことも認められようが、「大西洋の一体化」は黒人史の移民問題などからは近世以後の今日まで継続し「黒い大西洋」はいまだ終わらない。これは本書のいう大西洋史とは「白い大西洋」にすぎなかったことを意味するのか。あるいは、一九世紀における大西洋史の終結は、一九世紀には各国が大西洋に限らず、グローバルに覇権を争った帝国主義＝領土の分割の時代、すなわち「世界」と「陸」が優位となり、「大西洋」に限定する理由や「海」から見るメリットがなくなることを意味するのか。

訳文は読みやすく、訳者あとがきも大西洋史に関する内外の研究状況を知らせてくれてありがたい。ただ、一読者としていえば、原書と訳書で一部（史学史や概念）と二部（実践や成果）の構成の順番を入れ替えたのはどうだろうか。たしかに、二部の面白い成果を先に示して、一部のむずかしそうな話に移る方が今の学生さんにはとりつきやすいが、二部は一部を踏まえたところもあるために（訳者あとがきが紹介するように、二部は、一部の外部の政治性を否定し、内的論理を強調している、と指摘する評者もいる）、原書の順番のままでもよかった気もする。ただし、これは私のような古くて堅い人間が順番をかえて読めばよく、本書の価値を低めるものではない。

四　アーミテイジの思想史研究

（1）大西洋史をめぐる三つのコンセプト[13]

ベイリンによる大西洋史の概念の強い影響を受けたのがデイヴィッド・アーミテイジである。ベイリンが自分のアイデアを発表した「大西洋セミナー」（このセミナーはさながら「歴史学の革新に豊作をもたらす促成栽培温室」のようだったとのことである）にアーミテイジもペーパーを出したり、二〇〇五年まで出席したりしており、ベイリンのビジョンが拡大かつ深化するのをリングサイド席にて目の当たりにしていた。[14] 恥ずかしながら筆者は、アーミテイジの *The Ideological Origins of the British Empire*[15] を訳した一人だったがこのタイトルがベイリンの大著 *The Ideological Origins of the American Revolution*[16] の「本歌取り」だったとも知らなかった。

そのアーミテイジは『ブリテン領大西洋史』と題する論集を編纂し、その序章「大西洋史の三つの概念」[17] をみずから執筆した。この序章は「私たちのすべては今や大西洋史家である」との文言を冒頭においたために、後に頻繁に引用されることになる。そこでは「大西洋史」を構築していく三つのコンセプトを提唱している。一つは、サーカム大西洋史（Circum-Atlantic history）で、大西洋のトランスナショナルヒストリーを意味し、敢えて訳すとなると、「環大西洋史」となろうか、大西洋を全体のまとまりと設定して、その枠組み内の「関係」を問うことをめざす。二つ目は、トランスアトランティックヒストリー（Trans-Atlantic history）で、大西洋のインターナショナルヒストリーを意味し、これも敢えて訳すとなると、和田光弘[18]に倣い、「貫大西洋史」あるいは「間大西洋史」となろうか、大西洋沿岸各地間の「比較」を重視する。三つ目は、シス大西洋史（Cis-Atlantic history）で、大西洋の脈絡の中での国民史（national history）ないし地域史（regional history）を意味し、敢えて訳せばこれも和田の一案に言う「此岸大西洋史」となろうが、ここでは「シス大西洋史」としておこう。

これらの三つの大西洋史のコンセプトは相互排除的というより相互強化的である。三つは相携えながら、大西洋世界の三つの次元の歴史の可能性を提供する。「環大西洋史」は多様な「シス大西洋史」の成果に依存し、「シス大西洋史」間の比較を創り出す。「貫大西洋史」は、「環大西洋史」の存在により「シス大西洋史」をつなぎ合わせる。「シス大西洋史」も「貫大西洋史」の比較に糧を与える。これら一組となった三つの相互関連する歴史は、いまのところ「大西洋史」が三つのコンセプトをもつ唯一の大洋の歴史であることを示す。なぜなら、それはトランスナショナル、インターナショナル、ナショナルと、どのレベルでも同時に解釈しうる唯一の歴史かもしれないからである。

アーミテイジは、これら三つのアプローチの相互強化性を前提に、一つずつ論じながら、とくに第三のコンセプトである「シス大西洋史」に注目している。その理由の一つは、これが、ナショナル、リージョナル、ローカルの各レベルの歴史を、大西洋史が提供する広範なパースペクティブの中に統合する方法としてもっとも有益になりうるからである。これは、筆者の平田が近年継続的に考察している帝国史と国内史の接点、帝国史と地域史の関係の問題にとって、示唆するところがあると考えた。そこで以下では、まずアーミテイジの「シス大西洋史」論を要約して、次にコメントを試みよう。

まず「シス大西洋史」の研究対象は、大西洋世界の中でユニークな地位を占める特定の場所である。このユニーク性とは、大西洋の広大な網の目（これは連関および比較から生まれる）とローカルな特殊性との相互関係の結果生じるものと定義される。語源的には、cis-atlanticも一八世紀末の産物であり、ジェファーソンはこの言葉を「大西洋のこちら側（on this side of the Atlantic）」という意味で用いており、「ヨーロッパのあちら側の世界（trans-Atlantic world of Europe)」とは区別している。これはジェファーソンが「cis-atlantic のことには、断じてヨーロッパの干渉を許さないのが合衆国の利益となる」と一八二三年にジェームズ・モンローに伝えたときに、政治的な意味が増幅された。この言葉はこちらとあちら、此岸と彼岸の「差異のしるし」であるとともに、大西洋との関連から定義される、アメリカからの新たな観点のあかしでもあった。

さらに、アーミテイジは、ここで提案するより拡大された広義の「シス大西洋史」とは、広範な大西洋との関連における特定の場所――ネーション、国家（ステート）、地域（リージョン）、はては特定の組織（インスティテュート）にいたる――の歴史をさすと、この論文での「シス大西洋史」を定義している。「シス大西洋史」の焦点は、大西洋自体ではなく、特定の地域が大西洋との関連から定義されるありよう、大西洋との関連性によって特定の地域にもたらされる特定のインパクトにあてられる。

「シス大西洋史」がもっとも実りある成果を生み出すのは、このローカルなレベルで、大西洋との関連からもっとも形態転換を遂げた場所に適用されたときである。このローカルな場所の実例として、都市、地峡、諸島が挙げられている。まず都市に関しては、こういった文脈での最大の記念碑的作品は、スペインの一都市である「セビリャ」から大西洋世界全体に対象を広げて叙述された、ピエール・ショーニュらの『セビリャと大西洋』である。また、イングランドの都市「ブリストル」の経済は、一五世紀のワイン貿易への依存から一七世紀に大西洋の主要産品への集中に転換した。これは東から西への、またヨーロッパから両アメリカ大陸へのラジカルな方向転換だったばかりか、社会秩序、文化的空間の配置、権力の分配における大変動だった。ヨーロッパとアフリカ、カリブ海の諸都市、北アフリカの東海岸の居住地には、似たような足跡をたどれる類似した形態転換があったはずである。

地峡の一例としては、パナマのダリエン地峡があり、ここは大西洋世界の中の「交差点（crossing points）」であり、ヨーロッパ諸帝国間の敵対関係が増大し、現地民クナ族の忠誠心を獲得する諸帝国間の競争を、当のクナ族のローカルな政体が利用するにつれて、新たな意義を獲得した。ローカルな居住人口が外部者（ヨーロッパ人に限らない）と遭遇ないし衝突したところではどこでも、交渉と競争の「中間地帯（middle grounds）」が、大西洋システム内の関連の深化がなければ存在し得なかったようなかたちを帯びて、形成される。諸島の一例は、一八世紀の多様な嗜好に直接対応したワインを作ったマデイラ諸島のワイン生産者に見られる。これは新たな需要に応じて新たな経済が形成された事例であった。

しかし、アーミテイジにとって、「シス大西洋史」のもっとも大きな可能性は、上記の都市、地峡、諸島というより、大西洋に面したネーションや国家の歴史にある。その事例である近世期の三王国アイルランド、スコットランド、イングランドの各歴史について、まず、アイルランド史は、「シス大西洋史」というコンセプトがなかった一九三〇年代から、西側への膨張という脈絡で捉えられ、叙述されていた。最近のアイルランド史の叙述はブリテン複合国家内のアイルランドの位置と同時代の他のヨーロッパの帝国や複合国家における地域（たとえばボヘミアのような）の状況との類似性を強調している。アイルランドは国家形成などの点で汎ヨーロッパ的なありようの一部であるが、同時に「旧世界と新世界の両方の特徴を持った大西洋政体」と定義される、他の「ブリテン領大西洋植民地」と共有する経験を持つ。

スコットランドはいまやイングランドの「文化的田舎」というより「大西洋的ネーション」として現れている。それは、スコットランドが、北ヨーロッパとの移民と通商という選択肢と西側への企画によって提供される新たな機会を天秤にかけて行動していたからである。一七世紀初頭からスコットランド住民は両アメリカ大陸に「ニュースコットランド」を間欠的に求めた。一八世紀末までに、スコットランド高地人ですら大西洋世界の政治経済に巻き込まれた。兵士としてスコットランド高地人がブリテンの帝国軍に「輸出」され、スコットランド高地が「帝国に包含された以後に出現した経済の一つ」となったからである。

イングランド人はアイルランド人、スコットランド人と比較しても、初期から熱心な大西洋主義者だが、三王国の中では「シス大西洋史」的な研究がもっとも進んでいない。これはイングランド内の近世性の特徴の多くがイングランド内の過程と大西洋世界の過程をつないだだけに奇妙なことである。つないだ一例は、移民である。国内移民と海外移民の連続性をめぐる歴史像はいまやはっきりしている。大西洋への移民は、一七世紀のロンドン、ブリストルのような主要な港湾を通じて行われたために、大西洋世界への移民（次には大西洋内での移民も）をイングランド自体の動態性の拡大とみることも可能となる。同じように、大西洋経済の創出は、新たな海外市場を発見する問題ばかりか、国内経済を大西洋規模の交換にしだいに巻き込んでいくことを意味した。これは一八世紀の商業革命以前からそうだった。このような大西洋貿易に巻き込まれる次元の問題は、町、村、はては世帯にいたるもっとも詳細なレベルで研究される必要がある。同様なことは、政治分析にもあてはまり、イングランド国家は、イングランド自体の支配権の強化とイングランドを超えた領域への権限の拡大を通じて、近世期に、この二つの種類の空間を植民地化した。ローカルエリートを取り込み、象徴的に権威を主張する必要が双方の舞台における共通の問題であった。

筆者が「シス大西洋史」というコンセプトに注目した第一の理由は、以上の事例に現れているように、「シス大西洋史」は、これまで長いこと分け隔てられてきた歴史学の分離、たとえば「国内史と対外史（internal and external）」、「国内史と外国史（domestic and foreign）」、「国家史と帝国史（national and imperial）」といったように頑固に存在した分離を克服するかも知れないからであった。

アーミテイジの本論文では、ブリテンの国家形成と帝国形成の連続性の問題を超えて、ヨーロッパレベルでの「ヨーロッパ内の国家形成とヨーロッパ外の帝国形成の連続性」が指摘されている。問題の一つとなるのは、ヨーロッパの各国史でいう「近世（early modern）」とブリテン領アメリカでもスペイン領アメリカでも帝国史における「植民地期（colonial）」が時期区分を示す点で共通点が多いにもかかわらず、これまでの一国史と帝国史を無関係のものとしてきた「正史的な叙述」ではこの「近世」と「植民地期」はそれぞれの歴史叙述にとって互換できず「非互換的」な用語とされていることである。アーミテイジによると、こういった一国史と帝国史の用語の非互換性のために、ヨーロッパ内の国家形成とヨーロッパ外の帝国形成の連続性が見えなくなっていた。

こういうブリテンからヨーロッパへの視野拡大も大西洋史、とりわけ「シス大西洋史」の成果を踏まえてもたらされた、と言える。「シス大西洋史」は、もっとも拡大した領域としてのブリテン帝国全体、およびブリテン国内領域へのもっとも細かな観点の両方を包含しなければならない。この二つのそれぞれの研究を共通の大西洋経験と見ることによって、従来よりも説得的な説明を提供できる。これが、「シス大西洋史」を踏まえて、国内史と帝国史の両方を包含した、これからのブリテン史の課題である。「シス大西洋史」は、ブリテン史にとどまらず、ヨーロッパが持つ諸帝国を含むレベルでも大西洋の運動が与えるローカルな地域への影響力を研究することにより、これまで分離されてきたヨーロッパ内の国家形成とヨーロッパ外の帝国形成をまとめてみることに挑戦している。

こういった相互強化性、包含性を支えるのは「シス大西洋史」のもつ遠隔地や深部や細部へのあくなき探究性である。いったい大西洋史はどこまで到達できるのか、行けるのか。言い換えれば、大西洋史が扱う範囲はどこまでなのか。アーミテイジはこれに答える箇所で、次のように述べている。「環大西洋史」が行けるのは、大西洋が洗う岸辺までであり、そこから内陸には立ち入れない。大西洋の循環システムを離れるやいなや、一連の「シス大西洋史」に入る。「貫大西洋史」は「シス大西洋史」をまとめて比較の単位を構成する。比較の可能性は多様だが、あれとこれを比較する数は限られており無制限ではない。「シス大西洋」こそ最大に拡大される領域を持ち、大西洋システム内で循環するモノ、思想、ヒトが浸透する限り、大西洋岸の諸大陸の内陸部まで深く入り込んでいく。こうなれば、海ではなく陸に囲まれた地域からなる「シス大西洋史」も可能となる。前掲のベイリンの訳書に登場するピレネー山脈の奥深いバスクの村々、スコットランドの孤立した集落も「シス大西洋史」に入ってくるのはこのためである。

このように、いかに遠くとも、大西洋と関係を持つ限り、また「町、村、世帯」といくら小さくとも、対象となりうることを主張する点で、「シス大西洋史」は注目されるが、これとは正反対にもっともグローバルな歴史は構想できるのだろうか。「大西洋史」は三つのコンセプトをもち、トランスナショナル、インターナショナル、ナショナルとどのレベルでも仕事ができる、いまのところ［二〇〇九年時点で］唯一の「大洋の歴史」である。しかし、ブローデルの『地中海史』は別にして、「大西洋史」以外のたとえば「太平洋史」とか「インド洋史」とかは「大西洋史」以上に「正典」などは見あたらず研究方法も不備である。したがって、異なる大洋史間のグローバルな比較はまだ研究されていない。しかし、これは大西洋史を超えたグローバル史を構想する未来の課題の一つである。[19]

（2）『帝国の誕生』から『独立宣言の世界史』へ[20]

アーミテイジは大西洋史の論集より以前の前掲の『帝国の誕生』で、一九世紀における「国民主義的歴史（nationalist history）」の興隆は、外交史であれ帝国史であれ「国家を越えた歴史（extra-national history）」の創出と時を同じくしていたにもかかわらず、つい最近まで、これらの歴史の境界が相互不浸透のままであったことをシーリーまでさかのぼり論じた。その上で、ブリテンの三王国アイルランド、スコットランド、イングランドとブリテン帝国を関連させた歴史叙述を試みた。

ブリテン帝国の誕生には当初からスコットランド、ウェールズとの関連があった。一五七七年に「この並ぶものなきブリテン帝国」として「ブリテン帝国」と言う言葉を初めて使った人は、ロンドンのウェールズ人であった博識家のジョン・ディーだった。アーミテイジは「帝国」という言葉そのものは、ジョン・ディーによる「ブリテン帝国」以前の一五四〇年代にイングランド・スコットランド間関係を背景として、ブリテンの内部で最初に使われたことも立証した。すなわち、この時期に、イングランドとスコットランドの双方にいた初期プロパガンディストは、主権をあらわす言葉としてともに「グレート・ブリテンの帝国」という言葉を用いた。双方とも、こういった主権の下に従属していると相手側の「植民地」になってしまうと恐れた。この恐れを鎮めるために、プロパガンディストたちはイングランドとスコットランドの王国は「グレート・ブリテンの帝国」の名の下に統合されるべきだ、と提案したのである。この「グレート・ブリテンの帝国」自体がイングランドとスコットランドとのブリテン内での主導権争いの産物だった。

アーミテイジがスコットランドなどブリテン内から「帝国」を論じるのは、これまで分離されてきたブリテン国家の形成とブリテン帝国の膨張のそれぞれの歴史を一つに統合してみるためであり、この点で、ジョン・マッケンジーらと志向を共有している。ブリテン内での「グレート・ブリテンの帝国」の言葉の使用はイングランドの大西洋を越えた最初の植民航海に二世代間（約六〇年以上）先駆けていたとの指摘も、国家形成の歴史から帝国建設の歴史への連続性を示す一例として挙げられている。[21]

著書『帝国の誕生』では、近世期を帝国膨張の近代期から区別するために、「帝国主義」という言葉の使用は周到に避けられている。その理由は、近世期には、国家形成と帝国建設とは明確に区別できないことをはっきりさせ、両者の連続性に注目したかったためである。ヨーロッパ近世国家は、のちに諸帝国を構築するのと同じ方法で、すなわち、征服、植民、文化的同化によって建設されたにもかかわらず、この事実は長いこと無視されていた。ヨーロッパの海外帝国はことごとく、様々な方法で国内での諸活動から帝国の事業を隔離しようとしていたからである。

問題は、これがあとあとまで帝国の歴史が書かれる方法にも影響を及ぼす結果となったことである。ブリテンの場合、こういった国内史と帝国史の分離に対するもっとも著名な批判者は、ケンブリッジ大学歴史学欽定教授のJ・R・シーリーであり、一八八一年に、自国民について「私たちは、あたかも無意識状態の中で、世界の半分を征服し、植民してきたようなものです[22]」と述べた。

これはシーリーと言えばただちに想起される著名な言葉であるが、アーミテイジは、こういった分離批判として捉えている。このシーリーが突きつけた挑戦に、歴史家がはじめて決然と立ち向かうようになれたのは、ブリテン帝国が終末を迎えたあと、二〇世紀末になってからである、と述べ、自身の著書はこれを担うものとしている。

しかし、「無意識状態の状態の中で、世界の半分を征服し」た、との後に続く「征服や植民が私たちの想像力に影響を及ぼしたり、私たちの思考様式を変化させたりしたことはまったく承認しませんでした」とのシーリーの言葉は「事態を捉えそこなっている」として、アーミテイジが登場させるのは意外なことにドイツという外部の観察者ヘーゲルである。ヘーゲルのベルリンの学生を相手にした『歴史哲学講義』では「民族（nation, Volk）とは民族のおこなったことの全体です。イングランド人ならだれでも、自分たちこそ大洋を航海し、世界貿易を手中にし、東インドとその富を所有し、議会や陪審裁判所をひらいたのだ、というでしょう」と述べられていた。これに、プロテスタンティズムも加えると「長い一八世紀の帝国構想をこれほど的確に捉えているものもない」し、一八世紀ブリテンの「想像力」と「思考様式」における帝国の存在に関する診断はヘーゲルが正しく、シーリーが間違っていた。[23]

アーミテイジの「ブリテン帝国のイデオロギー的起源」の分析はこれに沿う構成で、ブリテン帝国は何より宗教改革後の帝国でプロテスタンティズムの帝国だったこと、とくに所有権の正当化が志向されたこと、陸上帝国と言うより海上帝国だったことからオランダのグロティウスの「海洋自由論」に対するセルデンの「海洋閉鎖論」などに触れ、議会や裁判所をひらいた「自由」を与えた「自由と帝国」を両立させた帝国だったことを古代ローマからマキァヴェッリまで見渡し後で、ブリテンのハリントンに至る系譜を論じた。

見られる通りこの著書は、ジャンルで言えば「思想史」であり、ケンブリッジ大学に提出した博士論文の一部をもとにしている。あるインタビューで語るように英語英文学、とくにシェイクスピアやミルトンを研究していたアーミテイジは博士課程の途中で博論のテーマを英文学から歴史学に変更した。アーミテイジが見つけたテーマは「共和主義と帝国」である。この専攻変更には直接「奔走」してくれたクェンティン・スキナーやプリンストン大学への留学の際にアドヴァイスをくれたジョン・エリオットなどそうそうたる歴史家が関わっていた。[24]

歴史学のジャンルとしては思想史であるが、空間的地域的にはいかなる立場をとるか。先のインタビューでのインタビューアは、上記の論集や著書もあることから「一九九三年～二〇〇四年はあなたの研究経歴の中での「大西洋史家（論者）」と見なすべき一〇年か」と問いかけた。この問いに対する答えは、諸でもあり否でもあるとして、以下のように述べた。この期間に出版した仕事の多くは大西洋に焦点をあてていたという意味では諸ではあるが、自分の国際／グローバル・ヒストリーへの転換が一九九九年から二〇〇〇年までにすでに始まっていたという意味では否である。グローバル・ヒストリーへの照準は、この時期のハーヴァード大学での研究プロジェクトで確固たるものとなっていた。「私は大西洋史家に加えて国際史家、そしてますますグローバル・ヒストリアンにもなりつつあったのです。この時期を契機にして、こうした転換が確実なものとなったのです[25]」。

この研究プロジェクトから出現したのが、次の成果である『独立宣言の世界史』であった[26]。ブリテン帝国から離脱するためのアメリカ独立宣言は何よりもアメリカ人を創った「内向けの」文書として分析されてきたが、アーミテイジはその後のアメリカ以外の数々の独立宣言に直接間接に影響を与えた「外向けの」文書として再検討した。この文書の第二段落（「自明の真理」や「譲り渡すことができない権利」が述べられた）の重要性を低めたのは、ここはグローバルな脈絡から見ると、最初と最後の段落（人民の権利や「自由で独立した諸国家」に触れた）よりもはるかに重要ではなかったからである。独立宣言の国際的役割はもともと当の独立宣言でも強調されているものだったが、これまでのネーションや国家への内向きの関心のためにそれほど気づかれずにいた。いまや、アメリカ人も自国の歴史をいつまでも内向きの国民国家の物語としてではなく、そのフル・ストーリー――大洋的、半球的、グローバル的のいずれであれ、広範な世界と関連させた、アメリカの多様性――を語らなければならない、というのがアーミテイジのメッセージであった。

具体的なグローバルな考察としては、独立宣言が世界各地に与えたインパクトの意味について思想史的な検討がなされている。独立宣言は、一九世紀の前半、第一次世界大戦の直後、第二次世界大戦の直後、そして、一九九〇～一九九三年の四つの時期に集中的になされたが、これらはいずれも諸「帝国」（ソ連やユーゴスラヴィアも「帝国」に含めれば）の解体と一致している。いったん独立宣言という文書の「ジャンル」が成立してしまうと、この短く刺激的な文書に埋め込まれた、これまでの広い世界の思想的痕跡を意味する「一粒の砂の世界」（ウィリアム・ブレイク）はたやすく国境を越えていった。

地理的な視野はヨーロッパ、カリブ海、ラテンアメリカ、アフリカの各地からなる「大西洋史」を超えて、中東、アジア（イスラエル、ベトナムなど）など文字通りの「グローバル」な視野に及んでいる。独立宣言は百以上の世界の独立宣言に影響を与えたというから当然と言うべきか。「グローバル・ヒストリー」といえば、もっぱら経済史、国際政治史の分野で論じられてきたが、この本は「思想史」から「グローバル・ヒストリー」への注目を喚起している。

（3）『思想のグローバル・ヒストリー』から『〈内戦〉の世界史』へ[27]

アーミテイジは自分の三冊の著書を緩やかな三部作と呼んでいる。そのうち、上記のように、第一作の『帝国の誕生』は、帝国史研究に欠如していた思想やイデオロギーの次元に切り込んで、ブリテン帝国の起源まで追究した。第二作の『独立宣言の世界史』は、ブリテン帝国から離脱したアメリカの独立宣言を内向きの文書ではなく広く世界に向けた外向きの文書として分析した。

この三部作の最後となる第三作『思想のグローバル・ヒストリー』[28]は、以上の二作を受けて、グローバル化の時代におけるグローバル・ヒストリーを叙述する姿勢や方法を提示しているものと言えよう。一部の「歴史学的基礎」では、思想史における国際論的転回、グローバリゼーションの前史、世界史における帝国と海洋、が論じられている。この第一章のタイトルともなっている「思想史における国際論的転回」は本書の内容を簡潔に表すとも思われる。これだけ各種の「転回」を耳にすると、これも屋上屋を架すの感を与えるが、歴史学自体が国民国家の要請から生まれた以上、national historyの枠組を乗り越えるのはただでさえ困難であり、これにinternational turnせよ、というのは、もっとも根本的なturnをつきつけているかもしれない。それも、もっとも強固なnational historyを堅持している思想史に迫っているのである。

二部の「一七世紀における基礎」では、ホッブズ、ロックが論じられ、三部では、「一八世紀における基礎」として、議会と国際法、バークと国家理性、ベンサム、第四部では「基礎の上に構築する」として、一七七六年以後の国家形成の具体例で、独立宣言と国際法、独立宣言の世界的流布（第二作の『独立宣言の世界史』はもともとここにあったこの一章分を本の形として独立させたものだった）が論じられている。独立宣言と同様、これらの思想家たちもどちらかといえば、内向き、一国史の枠組で論じられてきたようにも思えるが、これらもグローバルな観点から読み替えようとしている。ただし、それは安易な方法論議で終わるものではなく、思想史家として、一次史料までさかのぼる徹底したものである。

これらの諸論文のうち、筆者がはじめて知ったのは、本書の第七章として収められた「ジョン・ロック、帝国の思想家?」であった。当初、自由主義の思想家たちを次々と帝国の思想家に読み替えていくポストコロニアルの問題提起に触発されて、その一貫として手に取ったものであったが、この論文の徹底した史料の博捜性に接すると、ポストコロニアルは問題意識こそ鋭いものの肝腎の裏付けに乏しいのではないかと思うに至った。旧来の一国史の枠組に戻るわけでもなく、ポストコロニアルに組みするわけでもない「国際論的転回」である。

「思想史の国際論的転回」は、帝国史も越えていくさらに徹底したグローバル・ヒストリーを提唱するものである。世界の多くで歴史家たちは、歴史という職業に従事する生涯の大半を通じて、方法論上の一国主義（ナショナリズム）に拘束されている。ブリテン帝国史家ですら、ブリテンという一国史を前提にして、国民史の外向的な延長としての帝国を研究しているにすぎない。ここから彼は、国民的な（ナショナル）観点から定義された諸国家と国家に拘束された諸国民（ネーション）の歴史を越えるか凌ごうとする「国際論的転回」への見通しを表明している。ネーションを越えるにはネーションから始めるしかない。思想史における一国主義はおそらく歴史学の分野でもっとも目に付く（つまり各国ごとの思想史はあるものの国境をまたいだ思想史は考えにくい）が、一国主義の乗り越えと「思想史の国際論的転回」を実践する最善策は、これまた思想史の歴史の検証から始めるしかないとして、アーミテイジは思想史はもともとグローバルな視野とコスモポリタンなルーツを持っていたことを跡づけている。

三部作の後に『〈内戦〉の世界史』が出版された。[29] 三部作や共著との関連から本書『〈内戦〉の世界史』の特徴にいくつか触れてみよう。『帝国の誕生』や『独立宣言の世界史』では「複合国家」や「国家建設」を論じていたが、本書は一転して「国家解体」論に転じた。その契機は昨今の中東などの内戦にあふれた世界情勢である。

また、三部作と『〈内戦〉の世界史』の間には共著『これが歴史だ！――二一世紀の歴史学宣言』[30] が出版されている。この原著は、*New Statesman* 誌の二〇一四年度「ブック・オブ・ザ・イヤー」に選ばれ、二〇一八年には *Chronicle of Higher Education* 紙の「過去二〇年間でもっとも影響力があった本」の一冊にも選ばれた。そこでは、短期的なタイムスパンではなく長期的な展望こそ本来の歴史学である、と宣言し、気候変動、不平等、グローバル統治などの歴史をブローデルのいう「長期持続（longue durée）」すなわち長期的な視点から考える思考の復活を提唱した。これを受けて、本書『〈内戦〉の世界史』の執筆動機となったのも、従来の「内戦」研究には膨大な研究蓄積があったにしても、多くは短期でかつ地域に限定された研究であり、長い時間幅による歴史研究がないことを発見したことであった。長い期間の歴史研究の実践例として内戦を取り上げたとも言える。

前著を踏まえたもう一つの姿勢は、文字通りのグローバルな視野である。内戦を古代の地中海から初期近代のヨーロッパ、さらには現代世界へと時代を経ていくとともに、視野も拡大していく「グローバル・ヒストリー」として見ていく歴史叙述の成果の一つともなっている。長期的に時代を超えていくのはグローバルに国を越えていくことよりもむずかしい試みかも知れない。ましてや長期的にしてかつグローバルな試みは前例がなかろう。それを内戦をテーマにして成し遂げようとしている。

本書も歴史学のジャンルとしては思想史に入るといえよう。思想史といえば、どうしても国や時代をしっかり定めて研究する「ナショナル・ヒストリー」のイメージがある。しかし、著者は『独立宣言の世界史』で、数次にわたって「帝国」から独立する都度に、アメリカ独立宣言を模した独立宣言がアメリカ以外の世界中の人々に担われて広がったことを示したように、思想こそグローバル・ヒストリーの素材となりうるのである。

原著の副題history in ideasを直訳すると「思想における歴史」であり、それは長い伝統のある思想史＝すなわち「思想の歴史（history of ideas）」とは区別されたものである。従来の「思想史」が「自然」といった大きな概念をそれを使う人々から遊離させて扱ってきたとしたら、「思想における歴史」とは思想をその担い手から切り離さず、思想が置かれた脈絡を重視する繊細で複雑な「新しい思想史」である。

『思想のグローバル・ヒストリー』では、これと同様なことを、かつての洗練されていなかった歴史縦断的な（トランスヒストリカル）思想の歴史の危険を回避して、より方法論的に踏み込んだ、思想における時間縦断的な（トランステンポラル）歴史に置き換える、と表現している。トランスヒストリカルとは歴史的状況の文脈や制約を持たないことを意味し、これと対照的にトランステンポラルとは思想が歴史を持っていることを意味し、思想は異なる時代に異なる形態で現れるが、長期持続の中で再構築され、歴史のテーマとして研究が可能となるものである。内戦はこうしたトランステンポラルの事例の一つである。

五　ベイリのグローバル・ヒストリー研究[31]

（1）『近代世界の誕生』まで

本書『近代世界の誕生』の著者ベイリ（Christopher Alan Bayly）は、逝去時の追悼記事等によると、一九四五年、イングランドのタンブリッジウェルズ生まれで、オックスフォード大学卒業後、七〇年に博士の学位を取得した。その前年の六九年にケンブリッジ大学に講師として赴任しており、九二年から二〇一三年まで教授（正式にはVere Harmsworth Professor of Imperial and Naval History at the University of Cambridge）として勤務した。ケンブリッジでは他に南アジア研究センター長、セントキャサリン・カレッジ長も務めた。一四年にアメリカのシカゴ大学に南アジア研究の教授（初代のSwami Vivekananda Professor in South Asian Studies）として移り、七〇歳の誕生日を一カ月後に控えた翌年一五年の五月に同地で亡くなった。一九九〇年のブリティッシュ・アカデミーのフェローへの選出、各種学術賞の受賞（二〇〇四年のWolfson History Oeuvre Prizeや死後の一六年のToynbee Prize）の他、〇七年にはナイト爵を叙せられている。

多数の業績のうち、単著としては、初期のインド史の単著としては、以下がある。*The Local Roots of Indian Politics: Allahabad, 1880-1920*, Oxford: Clarendon Press,1975; *Rulers, Townsmen, and Bazaars: North Indian Society in the Age of British Expansion, 1770-1870*, Cambridge: Cambridge University Press,1983.

次いで、ブリテン＝インド思想史の三部作といわれるものは以下である。*Indian Society and the Making of the British Empire*, Cambridge: University Press,1988; *Empire and Information: Intelligence Gathering and Social Communication in India, 1780-1870*, Cambridge: Cambridge University Press, 1996; *Recovering Liberties: Indian Thought in the Age of Liberalism and Empire*, Cambridge: Cambridge University Press, 2012.

インドからさらに広げてグローバルな視点をとった点で本書の「前作」というべき位置を占めるのは以下である。*Imperial Meridian: the British Empire and the World, 1780-1830*, London: Longman, 1989. そしてこの前作の「第二次ブリテン帝国」論を受けて、さらに第一次世界大戦まで考察時期を広げたのが本書*The Birth of the Modern World*である。本書には以下のように独訳と仏訳が出ている。*Die Geburt der modernen Welt: eine Globalgeschichte 1780-1914*, Frankfurt: Campus, 2006; *La naissance du monde moderne*, Ivry-sur-Seine: Éditions de l'Atelier, 2007. 特筆すべきは仏訳版に、当時九〇歳近かったエリック・ホブズボームが序文を寄稿していることである。

「長い一九世紀」論の本書を踏まえて、二〇世紀を扱う続編（生前に執筆を完了していたという）*Remaking the Modern World 1900-2015: Global Connections and Comparisons*, Medford, Mass.: Wiley-Blackwellが二〇一八年

九月に刊行された。編者としてのスーザン・ベイリ夫人とクリストファー・クラークによる「クリストファー・ベイリと『近代世界の誕生』」と題された序文が付けられている。

共著、編著等の数も二桁にのぼり、本書とも関連の深い著作も多い。なお、編著の *Atlas of the British Empire*, Facts on File, New York: Infobase Publishing, 1989は『イギリス帝国歴史地図』（中村英勝、石井摩耶子、藤井信行訳、東京書籍、一九九四年）として邦訳されている。

以上のベイリの全仕事を長期的な帝国史研究に位置づけるとどうなるか。ブリテン帝国史研究の長期的なサーベイを試みたケネディの南アジアの地域研究者としてのベイリ評価は以下である。ギャラハー（ベイリの指導教官であった）とロビンソン、ケインとホプキンズ、マッケンジーと流れてきたその研究史の中でも、もっとも顕著なことは、ブリテンの帝国の過去についてのもっとも新鮮でもっとも革新的な仕事の多くが、ブリテン帝国史の内部からではなくそれ以外の外部の学問分野から来たことである。外部の学問分野の一つは、「地域研究（area study）」である。帝国史（少なくとも本国に重点をおく研究者が理解する帝国史）に対して、きわめて破壊的だったのはアフリカ、南アジア、カリブ海、その他のこうした「地域研究」の専門家による多様な追求だった。彼ら地域研究の専門家は「全体としての帝国について考える新しい枠組み」を実際に作りだしつつあり、これを雄弁に示すのはベイリやパーソンズ（Timothy Parsons）その他の仕事である。[32] もともと南アジアの地域研究者であったベイリは、ケネディによると、このように従来の帝国史に対して「全体としての帝国について考える新しい枠組み」を提供する研究者の一人である。「全体としての帝国史」とは何か。それはおそらく帝国史を突き抜けたグローバル・ヒストリーかもしれない。さらに「新しい枠組み」とは何か。その一つが本書『近代世界の誕生』ではないか。以下ではこうした問いを念頭に進めていきたい。

(2) ホールの評価

本書をめぐっては、「真にグローバルな歴史」(ジョン・ブリュア)、「世界の各地域間の距離をなくすほどに統合した傑作」(ニーアル・ファーガソン)といったペーパーバック版表紙に添えられた書評群の様々な文言の通り、本書はグローバル・ヒストリーの「グル」と言われるベイリによる、一九世紀のグローバル・ヒストリーの決定版との評価が高い。とはいえ、グローバル・ヒストリーといってもすでに膨大な研究書が出版されており、これをめぐる議論も百出している。その中で、このベイリ版グローバル・ヒストリーの特徴は何であろうか。

これを確認するために、ここでは表紙には掲載されていない一つで、やや批判的な書評を書いたキャサリン・ホールの評価から見ていこう(33)。ホールは帝国論的転回を実践した「新しい帝国史」の一翼たるポストコロニアル研究者の一人であり、ブリテン帝国＝「善行の帝国」論者ファーガソンとは対極にある歴史家である。ホールは本書の内容紹介の後に、本書は「近代世界のグローバルな性格と、ナショナル・ヒストリーを脱中心化し大きな枠組みで考える(think big)必要性を効果的に証明する素晴らしく野心的な書物である」と高く評価している。これまで地域史や一国史においてばらばらに扱われてきた歴史的な趨勢をまとめて分析する姿勢、世界中の政治的社会的変化の相互依存性や相互関連性の強調、現代のグローバリゼーション論への干渉といった数々のメリットのうち、とりわけ、ホールが評価するのは、「近代世界の形成」の核心にある関連性と相互依存性を読み込もうとする試みである。これは、資本主義と搾取の論理が展開するドラマを見せてくれた、長い一九世紀をめぐるホブズボームの『革命の時代』『資本の時代』『帝国の時代』『産業と帝国』からなる「偉大な四部作」を退場させ、代わりにポスト・マルクス主義の時代のための新たな説明を提供するものである、と。

ホールによると、本書の内容は、本書が含まれる叢書の総編集者ムーアが冒頭に寄せた次のような文言に示されている。本書は強く恵まれた人々が弱く恵まれない人々に一方的に何かしたというのではなく、「世界の大半の人々が参加し、その大半が貢献した一連の転換として叙述したこと……それも彼らは単に他者の成功の種とか犠牲者とかとしてではなく、積極的に、自立的に、創造的に参加し貢献した」ことを叙述したことは「ベイリの大きな業績である(34)」。ここで強調されているのは、諸階級、諸帝国の敵対的な二分法ではなく相互作用と関連の過程である。マルクス主義歴史家とポストコロニアル批評家たちは、ベイリの書き直された物語のなかでは間違っていたことになる。したがって、ベイリはマルクス主義的な因果関係の理論とポストコロニアルの文化論的転回（それが「大きな物語」の退場に与えた衝撃と微視的歴史への転回）の両方を拒否する、というのがホールの評価である。

ついで、本書から学ぶべきもの、本書を賞賛すべきことは多いとして、さらに続ける。ベイリのグローバル・ヒストリーの知識は妬ましいほどである。専門とするインド史や南アジア史はもとより、それ以外の広範囲にわたる読書、ヨーロッパと北アメリカの広く知られた歴史に加えて、中国史、日本史、イラン史、オスマン帝国史にわたる理解は、圧倒的である。世界史を知ろうと知るまいと（それどころか世界史を実践していようと実践していまいと！）「いまやすべての歴史家は世界史家である」、それに私たちは世界史を再発明するのではなく、それを脱中心化させる必要があるのだ、との彼の主張は大いに歓迎する。人々やものごとの絶え間ない交通によって生み出される折衷ないし融合の形態の理解への関与も歓迎すべきものである。

しかし、歓迎一色ではなく、最後のあたりで、この書評は批判に転じる。ベイリはこの過程で、ポストコロニアル理論家を何度も軽蔑し、理論に対しては懐疑的態度をとっている。これだけの交雑や融合への関心がありながら、なぜベイリは、この数十年間にポストコロニアル理論の影響を受けた研究者によって生み出された、こうした問題を議論する一団の作品から距離をおき、反発しようとしているのか。「ポストコロニアル論的転回」とされるもの、「西洋」の歴史ばかりか「西洋以外（ザ・レスト）」の歴史にとっての植民地主義、諸帝国、人種的差異の重要性の認識は、この数十年間に人文社会科学の諸学問分野を通じて大きな影響力を持ってきた。ベイリはサバルタンの声の性質についての文献を無視しているが、その声はそれほど直に聞こえるものか。ポストコロニアル研究者たちは、これまでとは違う読み方や聞き方、かつては聞こえなかった声の聞き方を私たちに教えてきた。結論のところでベイリは「自然の現象であれ人間の現象であれ、あらゆる現象を説明する重要な方法としての歴史の発見は、一九世紀のもっとも革命的な変化であった[35]」と述べている。彼のこの指摘は核心をついているが、こうした歴史の諸定義に立ち入って検証し、その諸範疇を批判的に評価することが適切ではなかろうか。そして、これこそ、ミシェル＝ロルフ・トルイヨからディペッシュ・チャクラバーティの試みに至るまでの、ポストコロニアルの批評家と歴史家が切り開いた仕事なのである[36]と述べて、締めくくっている。

(3)　チャクラバーティの評価

多くを歓迎すべきと評価しながら、ポストコロニアルに対する態度は歓迎しないというのがホールのスタンスである。その根拠となっているのは、ベイリのポストコロニアルへの嫌悪の存在である。はたしてベイリはポストコロニアルに嫌悪感を抱いていたのか。これを確認するためには、ホールが最後で取り上げているチャクラバーティによるもう一つのベイリ評価の検討が必要となる。これは本書への書評と言うより、ベイリ死去の際に寄せられた追悼文[37]であるが、ベイリの著作の全体を見た上で、本書の内容につなげていく点でも有効である。

チャクラバーティはベイリとの生涯にわたる長い交流史から開始している。当初、ベイリの初期のインド史研究にあった、インド人は植民地支配の制度的基盤の構築に積極的に関わり、その過程の「担い手」だったとの主張は、サバルタン研究の一翼も担っていたチャクラバーティにはとうていついて行けなかった。ところが、この両人は後年になってから「友人」になったばかりか共同研究者（論文の共同執筆者、学会の共催者等々、シカゴ大学に招いたのも彼だった）にもなった。この友情のルーツは、チャクラバーティが解釈するベイリの歴史認識および晩年の十数年間の作品における「転回」の両方にあった。長年にわたる読者としてチャクラバーティが気づいたベイリの歴史認識の特徴は三つあり、ベイリはこの三つの観点からあらゆるものを見ようとしていた歴史家であった。

第一はローカルなものへの着眼である。ただしローカルなものに着眼したがローカリズム（地方的な偏狭）には応じなかった。当初からローカルなものへの着眼があり、その後も継続してインドのアラハバードへの執着があったためにむしろ、ローカルなもの、地域的なもの、必要であればグローバルなものとの関連性を強調できた。本書もローカル・ヒストリーを前提にしたグローバル・ヒストリーであり、ローカルなものがグローバルなものに飲み込まれるだけの過程を記す単純なグローバル・ヒストリーではない。逆にローカルなものがグローバルなものを解体することもある。要するに、ローカルなものとグローバルなものとの「共食い」（アルジュン・アパデュライ）にたえず注目している。

第二に、ものごとの関連に着目するとむしろ差異が浮かび上がることに気づいていた、きわめて敏感な歴史家だった。これは以前からそうだったが、とくに本書の姿勢に見られる。本書は関連や統一の広まりを指摘するだけのグローバル・ヒストリーではなく、つねに関連や統一の中の差異や複雑性の高まりを指摘している。しかもグローバル化の進行による統一と差異の指摘は、国家や国民、資本主義のありようばかりか、衣服、時間管理、言語、命名、食などの「身体的実践」の領域にも及んでいる。

第三に、歴史を長い眼で見る視点である。ベイリは長期間の中でものごとを見ることを常に主張した歴史家であった。この長期的視点は、一九八三年の傑作、九六年の政治思想史の著書、二〇一二年の生前最後となる著書にもあった。本書『近代世界の誕生』は空間を文字通りグルーバルに広げて叙述した歴史書だが、空間の広がりは時間の長さを犠牲にしたものではない。本書が対象とするのはフランス革命から第一次世界大戦前夜までの約一四〇年間だが、それ以前からの数百年から数千年に至るまでの前史が問題ごとに触れられている。この中でももっとも効果的なのは産業革命以前の「勤勉革命」論、古い思想の持続力を強調する思想史、非ヨーロッパも取り込む科学史である。これらはヨーロッパ中心主義を克服するのにも重要となる。

この三点以外にチャクラバーティがベイリと友人となったもう一つの理由は、晩年の十数年間の著作におけるポストコロニアルへの「転回」である。ベイリは当初こそポストコロニアルに対しては誤解や留保を示していたが、本書『近代世界の誕生』にいたりこれには「寛容」となって理解を示した。通常の歴史家はもとより有力なグローバル・ヒストリーの歴史家も、しっかりした史料に基づいた、経済、政治、軍事こそ研究すべきであるとして、ポストコロニアル（これと類似するポストモダン）の潮流には冷淡である。チャクラバーティが知る歴史家のたいがいも、ポストモダニストは「事実と呼ばれるものはないと触れ回る痴れ者集団」と考えている。したがって、彼らが「ポストモダン」と見なす学者への態度は軽蔑的である。ベイリも「ポストモダン」と見なす思想の流行には強い反感を抱いていた。これはチャクラバーティばかりではなく、ケネディも指摘している。ケネディによると、ポストコロニアル理論の影響力は『オックスフォード講座ブリテン帝国史』の第三、四巻には認められないものの第五巻「ヒストリオグラフィ」に寄せられた論文のいくつかに認められる。ただし、そのうち二本（マーシャル、ソーントン）は無視し、三本（ホプキンズ、ベイリ、ウィンクス）は無視までいかなくとも「非難」している。この時点（一九九九年）で「非難」していた一人が、ベイリだったのである[38]。

ところが、ベイリはかつて非難し反感を抱いていたものの、まもなくポストモダンに対してけっして「軽蔑的」ではなくなった。その理由は本書の冒頭で述べられている、とチャクラバーティは言う。ここでベイリは、いわゆるポストモダン的見解の存在によって「世界史叙述の基本的な前提」が「きびしく」批判されたことを認めているのである。その根拠は、こうした「世界史叙述」は「人間の経験を均質化」し、「権力なき人々」の歴史を「なかったことにしている」ことである。これを示すさらなる本書の文言は「何が起きたのか」についての問いが「だれが言ったのか」と「それは何を意味したのか」という問いによって挑戦を受ける時、歴史をめぐる論議はつねに盛り上がった」「この種の論争はすこぶる生産的となりうる」と書いている箇所である[39]。この「だれが」とか「意味」とかの挑戦的な言葉はポストコロニアルから発せられたものであることは明確である。

(4) グローバル・ヒストリーとポストコロニアル

ここで私たちは、二人のポストコロニアル研究者による異なるベイリ評価を確認できる。「帝国論的転回」者の旗手にしてポストコロニアルの代表者でもあるホールは、ベイリはポストコロニアルを軽蔑していたと述べた。一方、ケネディの評価では「近年のポストコロニアル研究者集団内でもっとも影響力のある発言者」(40)としての「ポストコロニアル歴史家」のチャクラバーティは、ポストコロニアルにはけっして軽蔑的ではなかったという。

ホールがベイリは「ポストコロニアル理論家に何度も軽蔑の態度をとり、理論に対する懐疑的な姿勢を誇っている」とする根拠は、彼らが「論難」をなし「ジャーゴン」を弄し、彼らが強調する敵対関係や力学からなる特別なセット――人種化された差異――を携えているから、と述べるが、いずれも引用頁がなく追検証は容易にできない。そこで、検索をかけみると「論難」= polemic はヒットせず、おそらく polemicist かと思われ、これは原書の p. 377、訳書の下巻五〇九頁にある。ただし原語は postcolonial polemicist でありこれは、Said の形容詞なので「論客」と訳している。「難癖」をつけるなどの意味はなかろう。「ジャーゴン」= jargon も原書の p. 6、訳書の上巻九頁にあるが「訳の分からない言葉」をもてあそぶというより「他の職業集団には意味が伝わらない言葉」ないし「専門用語」であろう。ベイリは理論や「仰々しい言葉」を避けようとしているとのことも軽蔑の論拠にしているが、これが使われている箇所（原書 p. 72; 訳書の上巻九三頁）を見ると、理論や「仰々しい言葉」を避けようとしているベイリではなく「イギリスの歴史家」についてのことであり、いずれもポストコロニアルへの軽蔑の根拠にはならない。

一方、ベイリの長い読者であった、いわば歴史書を読むポストコロニアル研究者たるチャクラバーティによるベイリの「転回」の根拠ははっきりして説得的である。若きベイリは一九八八年にサバルタン研究を否定的に見ていたが、二〇〇四年の本書において、八八年よりもアプローチにおいてはるかに対話的（したがって歴史への異なるアプローチに耳を傾ける多元論者）となった。彼の仕事はここで「転回」を遂げた。この転回は自分たち二人の相互の知的な寛容さのための地盤を築きあげた。チャクラバーティの方でもサバルタン研究の不十分さとして受け止めたものからの乖離もあった。ベイリの著作におけるこの「転回」を述べるよう要請されたならば、それは歴史における思想やイデオロギー（歴史家の思想やイデオロギーも含めて）の役割に対する「寛容さ（openness）」が増したことと述べるだろう。この根拠としているのは本書の以下の箇所である。

とはいえ、勤勉革命の重要性を強調しても（本書はそうするが）、歴史の因果関係における優先性を別種の経済的原動力に与えるということには必ずしもならない。というのも勤勉革命は、単に物質的な力の配分におけるやみくもな変化ではなかったからである。それは、今日の専門用語（jargon）を使うのであれば、「言説」における革命であった。人々の欲望の範囲こそが変化した。なぜならすでに支配者集団の理想と生活様式をめぐる情報は迅速に流通していたからである。(41)

jargon（ジャーゴン）と言う言葉が出てくる箇所でもあるので、ホールの評価との違いも分かるところである。「「言説」における革命」を認め、その具体例として人々の欲望の変化、情報の流通を挙げているからには、このjargonをポストコロニアルへの軽蔑の証しとみるには無理があろう。

チャクラバーティはベイリの「転回」についてさらに展開している。この転回が余すところなく見られたのは二〇〇七年の講演をもとにした生前最後の著書『自由の回復』（二〇一二年）である。ここでベイリは一九世紀から二〇世紀初頭のインド知識人や公人の「思想、プロジェクト、感性」の世界を掘り下げて研究した。ポストコロニアル批評の分析の核心にきわめて近い問題である、「翻訳」の問題が今や彼の深い関心となっていた。これを示す一節は、以下の通りである。「ジョン・スチュアート・ミルとその後継者たちの古典的世代のブリテンの公人が使用した自由主義の概念は、言語的にも概念的にも南アジア社会には直接翻訳されない。……にもかかわらずインドにおける自由思想の影響力はどれほど強調してもし過ぎることはない」。(42)

ポストコロニアルの核心的な問題である「翻訳」の問題に深い関心を寄せたと、ポストコロニアル研究集団の中でもっとも影響力のある歴史家チャクラバーティが述べている点が興味深い。翻訳は言語を異にする文化間の理解と誤解、多くは優位とされる言語が劣位とされる言語に翻訳される際の理解と誤解が交錯する問題で、たしかにポストコロニアル研究の核心にあり、それもポストコロニアルですらしっかりと研究されていない問題である。「しっかりと」というのは「理論的に、かつ実証的に」と言う意味である。

以上、ベイリに関して、ホールとチャクラバーティの見解の相違を見てきた。ホールはベイリは「文化論的転回」「ポストコロニアル論的転回」は遂げていないと見たが、チャクラバーティは遂げていると見なした。これはホールが見抜けなかったというより、ベイリの「転回」が曖昧ではっきりしておらず微妙すぎたからであろう。しかし、両者には共通点もありこちらの方がここでは重要となる。一つは、両者が認めるベイリの飽くなきグローバル・ヒストリーへの探究心である。ホールは歓迎すべきことの一つとして各国史の広範な読書と、それによる世界史の「脱中心化」を挙げている。チャクラバーティもベイリが求めたことは世界史についての飽くなき探究心であり、ますます新しい実証研究に向かう探究心を持ち続けることだったと言えよう。これはけっして狭量な実証主義、微に入り細を穿つ、いわゆる「クソ実証」ではない。そうではなく、ベイリが避けたのは、あまりに一般化しすぎる議論、言い換えると世界じゅうの差異のすべてを解く単一の「鍵」があると主張するイデオロギーだった。歴史の「小さな声」はベイリの大きな物語の中に居場所を確保できた。こうしたローカルなものの経験やそれがいかに実践されたかは、世界のすべてをある原理によって説明されてはならない。その原理とは日常生活を認識しようとせず、分析者の理論上の世界にしか姿を現さないもので、実証的には検証できない統一的で構造的な原理である。チャクラバーティが賞賛するに至ったのはベイリの著作にあるこの「小さな声」を掬い上げようとする「民主主義的な精神」である。

このローカルなものへのこだわりについては、グローバル・ヒストリーの実践となると尻込みする通常の歴史家に対して、ベイリ自身があるインタビューに答えた回答がある。各自の方法を大事にする歴史家はいつも視野が狭くなる傾向があり、いくら流行とはいえグローバル・ヒストリーには大きな抵抗があることも知っている。こうした歴史家の習い性を熟知する自分の立場は、うまくなされたグローバル・ヒストリーがあれば、いままで見えなかった世界のものごとの関連を説明したり貴重な比較ができたりするようになるということである。自分自身、グローバル・ヒストリーを書くと同時にいつも地方史家でもあった。したがってグローバル・ヒストリアンとの自称にはためらいがある。グローバル・ヒストリーの実践は都市史、地方史、地域史、一国史をなくすことではない。これらの方法は重要な議論や発見を生み出し続けるし、同時に使うことができるのだ、と。(43)

もう一つの二人の評価の共通点はグローバル・ヒストリーとポストコロニアルとの関連の指摘である。ホールはベイリがポストコロニアルを軽蔑しているとの批判の途上で「おそらく私たちはグローバル・ヒストリーとポストコロニアル・ヒストリーを同じ枠組みの中においてみようとしなければならない」と指摘ないし提案している。これは、ベイリがポストコロニアル・ヒストリーを同じ枠組みにおこうとはしていないとの批判として述べられているが、ベイリはすでにポストコロニアルへ「転回」していたとする、チャクラバーティによるベイリ評価の方が適切とするならば、この「同じ枠組みにおく」ことは、むしろ今後の方向性として推奨すべきものとなる。

さらなる共通点は、世界史の「脱中心化」の指摘である。従来のグローバル・ヒストリーはヨーロッパ中心的だと批判されると今度は中国とかインド、はたまた日本などアジアを中心にしたグローバル・ヒストリーが提起された。ところがこれもアジア中心的との批判がなされた。ヨーロッパであれアジアであれ、どこかの地域を中心とする限り、「中心主義」と批判されるのは理の当然である。これらに対して本書が提唱するのは「結合と相互連関からなる多中心的なグローバル・ヒストリー」である。もはやどこかを中心とするものではない。世界史の脱中心化の行く末は多中心的なグローバル・ヒストリーである。これを実践する際に出現する弱点の指摘（起源や権力の問題が希薄になること）もただちに怠らない。(44)

そしてこうした「多中心的なグローバル・ヒストリー」を支えるのは、マルクス主義や世界システム論といった、ややもするとヨーロッパ中心主義に陥りやすい理論ではなく、まずは広範な他の国の歴史の読書、自分のフィールドとか専門とするローカル史のますます新しい実証研究である。次に支えるのは、ポストコロニアルの問題意識である。サバルタンの声はベイリが想定するようにそれほど直接的に聞こえるものではない、聞こえたり聞こえなかったりともっと入り組んでいる、とのホールの指摘は当たっていよう。ただ本当に聞こえたかどうかは不明ながら、ともかく「小さな声」に居場所を与えたとするチャクラバーティの見解も当たっている。本書では、ポストコロニアルの問題提起を踏まえたような貧民、女性、先住民、歴史なき人々、国家なき社会に住む人々といった非ヨーロッパの人々、欧米社会内での従属集団も「近代世界の誕生」に積極的に参加させている点が大きな業績ともいえよう。ここから見ると、本書におけるポストコロニアルへの「転回」こそ、ベイリのグローバル・ヒストリーのもっとも大きな特徴かもしれない。

グローバル・ヒストリーはナショナル・ヒストリーとの関係、とくにナショナル・ヒストリー批判として論じられることが多かった。これと比較すれば、グローバル・ヒストリーとポストコロニアル・ヒストリーとの関係はほとんど論じられなかった。ベイリの書評を書いた二人の評者はこの関係を考えていく契機を与えてくれる。両者も引用していないがまさに「問題二　グローバル・ヒストリーとポストモダニズム」と題する一節には、「断片」の歴史すら含めた「すべての歴史は、潜在的には普遍的な歴史でありえる」と明示して、「断片」の歴史を剔抉したポストモダニズム（ポストコロニアルとほぼ同義のものとして扱っている）と普遍的な歴史をめざすグローバル・ヒストリーとの両立性を指摘する。同じ節にある以下の箇所でも同じ趣旨のことを述べているので、これらを記して締めくくろう。「歴史なき人々の経験を描くのと同様に、支配者集団とその支援者の資源と戦略、相互の軋轢を世界史レベルで考えるのは依然として重要である」「本書は、社会的断片あるいは権力を奪われた人々の研究と近代を構築した広範な過程の研究との間に何らかの種類の矛盾が存在するとの見解を排するものである」[45]。

六　ロス『洋服を着る近代』(46)

本書『洋服を着る近代』は、Robert. J. Ross, *Clothing: a Global History; or the Imperialists' New Clothes*, Cambridge: Polity Press, 2008の全訳である。タイトルをそのまま訳せば、『衣服――グローバル・ヒストリー、あるいは帝国主義者の新たな装い』となる。アンデルセンの有名な童話『裸の王様』の英語タイトルは、Emperor's New Clothesであり、直訳すれば、『皇帝の新たな装い』となる。本書のタイトルはおそらくこれにかけている。内容などからこの邦訳書では『洋服を着る近代――帝国の思惑と民族の選択』とした。

著者本人のHP（http://www.hum.leiden.edu/history/staff/rossrj.html#contact）によると、著者は一九四九年のロンドン生まれで、一九七四年にケンブリッジで博士号を取得し、一九七六年以降、オランダのライデン大学に勤務し、現在は同大学歴史研究所教授である。専門領域は、植民地期の南アフリカ史、とくにケープ植民地の奴隷制、宗教、経済、統治である。主著は以下の通りである。

Cape of Torments: Slavery and Resistance in South Africa, London: Routledge and Kegan Paul, 1983.

Beyond the Pale: Essays on the History of Colonial South Africa, Hanover and London: Wesleyan University Press/University Press of New England, 1993.

Status and Respectability at the Cape of Good Hope: A Tragedy of Manners, Cambridge: Cambridge University Press, 1999.

他に以下のように『ケンブリッジ南アフリカ史』の編者を務めている。

R. J. Ross, C. A. Hamilton & B. K. Mbenga, eds., *Cambridge History of South Africa*, Volume I. Cambridge: Cambridge University Press, 2010.

また南アフリカ史の概説書 *A Concise History of South Africa*, Cambridge: Cambridge University Press, 1999には、「ケンブリッジ版世界各国史」の一冊として以下の邦訳書がある。ロバート・ロス『南アフリカの歴史』石鎚優訳、創土社、二〇〇九年。これらを含む網羅的な業績表も上記のHPに掲載されている。

以上のようなこれまでの業績からすれば、衣服のグローバルな歴史を扱った本書は、大きく逸脱しているようにも思える。だが、著者がことわっているように、本書は被服学や服飾史の専門家によるものではないが、被植民者がどのようにヨーロッパ文化を受容してきたかを考えてきた著者の研究の延長線上にある。

本書における著者の問いは、冒頭で印象的に述べられている通り、エリートであれ民衆であれ、いかにして世界の人々の衣服は歴史的に均質化を遂げたか、なぜ世界中の人々が同じような衣服を着るに至ったのか、である。これに対する回答は、一言でいえば、グローバリゼーションであり、衣服のグローバルな一様化は、この四〇〇年間におこっていたヨーロッパの産業革命と技術力の向上、およびそれを推進力としたアジア、アフリカへの帝国主義、文化的優越性のおしつけの結果である。キリスト教の布教者は、裸体の野蛮人に着衣をすすめて慎み深さを教えたし、ヨーロッパ以外の人々も近代化を受け入れた証しに伝統的な土着の衣服から西洋の衣服に着がえた。むろん、この過程もすんなりいったわけではなく、着衣自体に抵抗した人々がいたし、インドのガンディーのように、いったん洋服に着替えたものの反発して、伝統的な衣服に回帰した人もいた。衣服のグローバル化を阻止するものとして今でもジェンダーと宗教（とりわけイスラーム）がある。

衣服を完成させるまでの工程のうち、糸を作る工程、糸から布を織る工程は製糸業、紡績業、織物業としてこれまでの産業革命史や経済史でも中心的な分野として盛んに研究されてきた。イングランドなどの経済史や産業革命史研究ではかつて綿業史は花形だったために、衣服といえば経済史の分野として知られているものだった。本書は、これまでの経済史では手薄かった布から衣服になる最後の工程と衣服自体のグローバルな流通にとくに着目し、これと、記号や象徴としての衣服、すなわち文化史や社会史の側面と絡ませた。「政治的な行為としての衣服」を着る（脱ぐ）こと、階級、身分、素性などの社会的差異を誇示（隠蔽）する意図、人類学や記号論など新たな文化理論の知見など多様な視点から衣服が論じられている。

本書の推薦文を裏カバーに寄せているケンブリッジ大学名誉教授のピーター・バークは本書を「世界の情報を網羅し、魅力的な事例が豊富で、理論と比較を使いこなし、経済・政治・社会・文化の視点でアプローチした総合のモデルとなる作品」と紹介している。たしかにこれほど「総合」的な歴史書もそれほどない。

これに付け加えるならば、西欧内部における衣服は比較的知られていても、衣服が海外とりわけ植民地などの非西欧に流布した歴史はインドなど一部をのぞけばそれほど知られていない。本書の特色は、非西欧地域、とりわけこれまで何も知らされなかったアフリカにおける衣服の西欧化の流れ（と西欧化への抵抗）が、メリハリを付けて叙述されている点であろう。本書はクリスチャン・ディオールのニュールックにも関心を寄せているが、南アフリカのヘレロ人のドレスにより多くのページを割いている。

もう一つの特色は、衣服の歴史も国民や地域に固有の衣服が多かったところから、強固なナショナル・ヒストリー（一国史）の枠組にとどまっていることが多かったが、本書はこの枠組をとっぱらってグローバル・ヒストリーを試みていることである。

訳者が本書に関心を示したのも衣服からではなくこのグローバル・ヒストリーからの視点があるからであった。デイヴィッド・アーミテイジとジョイス・チャップリン（Joyce E. Chaplin, *Round about the Earth: Circumnavigation from Magellan to Orbit*, New York: Simon & Schuster, 2012の著者で、*Food in Time and Place: the American Historical Association Companion to Food History*, Oakland, Calif.: University of California Press, 2014の編者の一人）のハーヴァード大学教授夫妻との東

京の美術館のカフェでの雑談の折、「グローバル・ヒストリーの推薦本は何でしょうか」と尋ねたことがある。二人ともグローバル・ヒストリーの実践者なので失礼かとも思ったが、快く答えてくれた。推薦本の一冊として二人とも挙げたのはベイリの『近代世界の誕生』であった。これは訳者もかねて感銘を受けていた本だったので共鳴するところがあった。この後、翻訳することになり訳者の一人ともなった。

ベイリの言うグローバル・ヒストリーは、よくある金融などがグローバルに広がる歴史とは異なり、衣、食、病、言語といった「身体の慣習（bodily practice）」に着目してそれらのグローバルな展開を見る歴史の試みだった。グローバル・ヒストリーの課題としては、はじめからグローバルな動きをするモノやカネも重要であるが、グローバルな展開が一見したところ見えにくいミクロなもの、ローカルなものをその場に閉じ込めないでグローバルに考えてみる課題もあろう。グローバル・ヒストリーの試みの成否もローカルなものをどれだけグローバルに見ることができるかに関わっているとも言える。身体に関わるテーマのうち、食や病は研究が進んでいるにしても、肌に密着して身体にも近く、めまぐるしく変化し、しかも場所ごとに異なるきわめてナショナルでローカルな衣服をグローバルに考えてみる歴史は、それほど試みられていなかった。

「衣服のグローバル・ヒストリー」をタイトルに掲げる本書もベイリの仕事に着目し、「最良の基本文献」として挙げている。本書はミクロな衣服とマクロな帝国主義の関係を検証する仕事であり、もう一人の本書の推薦者であるボストン大学のジョン・マッケイは「衣服と帝国主義の関係の検証を通じて、ロバート・ロスは野心的な仕事を成し遂げた」と評価した。

七　思想のグローバル・ヒストリーに向けて

以上、筆者が依頼された、事典項目、文献紹介、書評、学会パネル報告、訳者後書き、などの元原稿に加筆削除をしつつ、グローバル・ヒストリーの可能性についてまとめた。原著の副題がずばり「グローバル・ヒストリー」と名付けられた書物を少なくとも二冊（アーミティジとロス）訳したし、「グローバル・コネクション」との文言が入っていた書物（ベイリ）を一冊訳した。他にも、ウォーラーステインの世界システム論、ベイリンの大西洋史といった、グローバルといった言葉の明示はなくとも内容がグローバル・ヒストリーそのものかそれに近いものがあった。

現代のグローバリゼーションの指標として、多国籍企業の台頭、ソ連崩壊後の一九九〇年代の冷戦終結後の自由貿易圏の拡大、国際決済のオンライン化、新自由主義といったどれをとっても、まずは金融、それからモノや人の移動など、グローバリゼーションは何といっても経済の現象であった。

現代のグローバリゼーションは未曾有のものとされ、過去と比較するものも見当たらないとされたためにグローバリゼーションの前史の研究には当初から困難がつきまとっていたが、歴史家たちは、こうしたグローバリゼーション現象を背景とした新たな世界史の構築に挑戦した。グローバル・ヒストリーも新たな世界史の見方の一つである。当然ながら、現代を反映して、グローバル・ヒストリーの試みも当初はヒト、モノ、カネといった視点から、すなわちもっぱら経済の視点から論じられた。

やがて経済以外を扱うグローバル・ヒストリーの試みも次々と現れた。経済しか扱ってはいけないものとする歴史家と経済以外も扱ってもよいとする歴史家間の論争も湧き上がった。それはまだに続いてはいるものの、ここで見たのは経済以外を扱うグローバル・ヒストリーの試みである。経済以外といえば、ただちに政治、外交、軍事が想定され現にこれらの政治要因をあつかうグローバル・ヒストリーも存在するが。ここで主として取り上げるのは思想や文化である。

思想や文化は考慮に値するかという問題もあるが、ここでも取り上げた世界システム論のウォーラーステインは、主著『近代世界システム』の結局最後となった四巻目を「中道自由主義というイデオロギーの勝利の過程」に集中したのはなぜだろうか。他のテーマ、たとえば、当初の計画に沿えばアジアなど周辺の組み込みを論じたはずである。第五巻以降は果たせないまま亡くなったことを思えば、ほぼ中核にしぼり「中道自由主義」思想の考察に限ったのは、これをよほど重要視した証左に他ならない。

大西洋史のベイリンの思想史研究も、新大陸の知識人や政治家は、ヨーロッパの知識人と啓蒙思想、共和主義、急進主義などの思想を大西洋レベルで「驚異的な」ほど共有していたことを指摘した。大西洋の枠組みでの思想史研究は、もちろん先行のポーコックから受け継がれた発想であり課題でもあるが、この後にスキナーを通じて、若きアーミテイジにも受け継がれた。アーミテイジはベイリンから大西洋史（海洋史）と思想史を受け継ぎ、『帝国の誕生』や『独立宣言の世界史』という著作をなした。アーミテイジは三作目の『思想のグローバル・ヒストリー』の第一章「思想史の国際論的転回」で「思想史は生まれながらにして国際的だった」「ナショナリズムに対する抵抗が内在していた」と思想史といえば、反射的にナショナル・ヒストリーの代表例としてしか知らない日本の読者には驚くような指摘をした(47)。

アーミテイジの『〈内戦〉の世界史』はベイリに捧げられた。ベイリは遺著で、グローバル・ヒストリーと世界史の違いについて注記したところで、以下のように述べている。「世界（ワールド）」と「グローバル」の意味の違いに関する語義的な議論をしてみてもそれほどのメリットはない。本書では「世界史」は世界の大事件や主潮流の相互交流（ないし交流の欠落）の研究と受け取り、「グローバル・ヒストリー」とは、「特定のローカリティ、ネーション、地域」以外を由来とする思想や実践を機敏に使用し活用する方法であると示唆する。たとえば、この方法はこのような思想はある特定の社会でいかに転換したかといった研究に適用されるが、広範な世界との地理的な関わりは必ずしも持たない(48)。

ベイリの場合もグローバル・ヒストリーの材料はどうやら思想であり、それも必ずしもグローバルな関わりを持たない特定の社会での思想史研究となる。ローカルな場でのグローバル・ヒストリーである。また、ここで言われる「特定のローカリティ、ネーション、地域」以外を由来とする思想や実践とは、ベイリが『近代世界の誕生』で扱った自由主義、合理主義、社会主義、科学理論などの実践、宗教やあるいは序章で示唆している衣服、時間管理、言語、命名、食などの「身体的実践」の課題であろう。ベイリの課題を引き受けたロスの『洋服を着る近代』は、この「身体的実践」の一事例としての「衣服のグローバル・ヒストリー」である。かくして、本章を通じて、ウォーラーステイン、ベイリン、アーミテイジ、ベイリ、ロスをつなぐ一つの共通項としてのグローバル・ヒストリーにおける思想や実践の重要性が浮かび上がるのである。

八　「私たちのすべてが今やグローバル・ヒストリー史家か」

グローバル・ヒストリーにはもっともなじまないと思われた思想や衣服や食といった日常的できわめてローカルな実践を扱うグローバル・ヒストリー史家が続々と現れると、「私たちのすべてが今やグローバル・ヒストリー史家か」という問いが立てられそうである。この問いを投げかけられたアーミテイジは以下のように答えている。私たちのすべてがグローバル・ヒストリーをやっているという意味では、もちろん否である。たしかに、インターネットのおかげですべての歴史家には今やグローバルな視聴者がいるという意味ではグローバル・ヒストリー史家ではある。ただ、ここで強い意味で、私たちのすべては今やグローバル・ヒストリー史家にならなくてはいけないと言おう。こうした言い方はトラブルにも巻き込まれるが、それでもあえて言えば、「私の意図するところは、もしもあなたがトランスナショナル、インターナショナル、グローバルな研究プロジェクトに参加していないとすると、なぜそうはしないのか説明してみなくてはならないということである」。今やこれを成し遂げる材料は豊富にある。ナショナル・ヒストリオグラフィーは終わったのである、と。

アーミテイジはさらに以下のようにたたみかける。ごく最近まで、すなわち一〇年前〔二〇一二年時点〕かそこらまで、ナショナル・ヒストリオグラフィーをしていなかったら、きまってなぜそうしないのかと聞かれたものだ。

いまや立場が逆になった。私たちは今やナショナル・ヒストリー史家に問いたい。あなたは半球、アメリカ帝国といった、より広範な世界とアメリカとの関係の歴史、アメリカ移民や思想のトランスナショナルな流通の歴史を排除したアメリカ史をなぜ研究しているのか、と。今や私たちは、ナショナル・ヒストリー史家を守勢に立たせ、なぜ特定のローカル、地域、ナショナルといった枠組みを選択しているかを説明させる時なのである。

いささか攻撃的になるものの、こうした小規模な単位で研究する者が、「歴史学という専門職からくる惰性ではなく」、なぜそうした選択をしているのかを自ら説明するのはより成果を生むと思う。歴史家が、ある都市や地域、国民国家を研究対象として絞り込むのは世の常であり続けたが、「歴史研究の経路依存性ではなく」、明確になぜそうした選択をするのかについてはもっと反省的であるべきである。(49)

非グローバル・ヒストリー史家に対するこのアーミテイジの姿勢は、先のホールの評価にあった、ベイリの「世界史を知ろうと知るまいと（それどころか世界史を実践していようと実践していまいと！）「いまやすべての歴史家は世界史家である」」との少し「甘い」言葉と比較すると、かなり厳しい。ベイリはそれほど自らを追い込まなくとも今の枠組みのままで世界史家になれるとするのに対して、アーミテイジは歴史家とその仕事固有の「惰性」と「経路依存性」（このpass dependencyとは「過去の歴史が将来を決める」こととのことで、(50)これを歴史家にあてはめるといつまでも過去の研究の枠組みにこだわりグローバル・ヒストリー史家にはなれない人々となる）を排除しない限りグローバル・ヒストリー史家になることは困難とも主張している。

この違いはどう見たらよいのか。両者とも、歴史家が「グローバル論的転回」も「国際論的転回」もなかなかできないまま、従来の狭い国なり地域なりの狭い範囲に拘泥する歴史家の習い性をよく知っている。ただ、両者の研究歴からみて、地域研究から帝国史やグローバル・ヒストリーもやることになったベイリと当初から国際史に関与していたアーミテイジでは、転回の度合い、ないし転回への距離が違っていた。これが、歴史家の「惰性」や「経路依存性」には厳しいアーミテイジと、ローカル・ヒストリー史家のままでもグローバル・ヒストリー史家にもなれるとの「甘い」姿勢のベイリとの違いをあらわしているようにもみえる。ベイリの方が年齢が上で経験年数も多い分、いまさら変わりようもない歴史家には「諦念」(「絶望感」までいかないが)しているようにもみえる。

注

(1) 本節は以下の項目執筆を使用。平田雅博「世界システム論」、木村茂光監修、歴史科学協議会編『戦後歴史学用語辞典』、東京堂出版、二〇一二年、三四一頁。本項目執筆のための参考文献は、同上書、四五六〜四五七頁に、以下の通り挙げておいた。ジャネット・L・アブー＝ルゴド『ヨーロッパ覇権以前』佐藤次高・斯波義信・高山博・三浦徹訳、岩波書店、二〇〇一年。I・ウォーラーステイン『近代世界システム――農業資本主義と「ヨーロッパ世界経済」の成立』川北稔訳、岩波書店、I〜II、一九八一年。ウォーラーステイン『近代世界システム　一六〇〇〜一七五〇――重商主義と「ヨーロッパ世界経済」の凝集』川北稔訳、名古屋大学出版会、一九九三年。ウォーラーステイン『近代世界システム　一七三〇〜一八四〇s――大西洋革命の時代』川北稔訳、名古屋大学出版会、一九九七年。ウォーラーステイン『史的システムとしての資本主義』川北稔訳、岩波書店、新版、一九九七年。ウォーラーステイン『脱＝社会科学――一九世紀パラダイムの限界』本多健吉、高橋章監訳、藤原書店、一九九三年。ウォーラーステイン『新しい学――二一世紀の脱＝社会科学』山下範久訳、藤原書店、二〇〇一年。ウォーラーステイン『入門世界システム分析』山下範久訳、藤原書店、二〇〇六年。川北稔編『知の教科書　ウォーラーステイン』講談社、二〇〇一年。P・J・テイラー『世界システムの政治地理』高木彰彦訳、大明堂、上・下巻、一九九一年。平田雅博『イギリス帝国と世界システム』晃洋書房、二〇〇〇年。A・G・フランク『リオリエント――アジアの時代のグローバル・エコノミー』山下範久訳、藤原書店、二〇〇〇年。

(2) 本節は以下を使用。平田雅博「史料・文献紹介、I・ウォーラーステイン『近代世界システム　一七三〇〜一八四〇s――大西洋革命の時代』、川北稔訳、名古屋大学出版会、一九九七年」『歴史学研究』第七一〇号、一九九八年五月、三三頁。

(3) 本節は以下を使用。平田雅博「史料・文献紹介、I・ウォーラーステイン『近代世界システム　IV――中道自由主義の勝利一七八九〜一九一四』川北稔訳、名古屋大学出版会、二〇一三年」『歴史学研究』第九二八号、二〇一五年二月、五九頁。

(4) 本節はこの二つの論点に関して、一部以下と重なる部分がある。平田雅博『イギリス帝国と世界システム』晃洋書房、二〇〇〇年、第三章。平田雅博「世界システムと帝国主義論」、川北稔編『知の教科書・ウォーラーステイン』、講談社、二〇〇一年。

(5) Thomas R. Shannon, *An Introduction to the World-System Perspective*, Boulder, CO: Westview Press, 1989,2nd ed.,1996, p. 13.

（6）ギャラハー、ロビンソン「自由貿易帝国主義」、G・ネーデル他編『帝国主義と植民地主義』川上肇他訳、御茶の水書房、一九八三年、所収。

（7）Immanuel Wallerstein, 'Imperialism and Development', in Albert Bergesen ed., *Studies of the Modern World-System,* New York: Academic Press, 1980.

（8）Peter J. Taylor, *Political Geography: World-Economy, Nation-State and Locality,* Harlow: Longman, 1985, second ed.1989[邦訳、テイラー『世界システムの政治地理』高木彰彦訳、大明堂、上・下巻、一九九一年、一九九二年、第三章、帝国主義の地理学。].

（9）植民地総督のデータは、David P. Henige ed., *Colonial Governors from the Fifteenth Century to the Present: a Comprehensive List,* Madison: University of Wisconsin Press, 1974. これをベースにした植民地数のその変遷のデータは以下を参照。平田雅博「世界植民地リスト　一四一五〜一九六九――ヨーロッパの非ヨーロッパにおける『プレゼンス』」『愛媛大学法文学部論集文学科編』第一九号、一九八六年。

（10）Albert Bergesen and Ronald Schoenberg, 'Long Waves of Colonial Expansion and Contraction,1415-1969', in Bergesen ed.,op. cit.

（11）本節は以下を使用。平田雅博「書評、バーナード・ベイリン『アトランティック・ヒストリー』和田光弘、森丈夫訳、二〇〇七年、名古屋大学出版会」『西洋史学』二三〇号、二〇〇八年一二月、七六〜七八頁。

（12）Paul Gilroy, *The Black Atlantic: Modernity and Double Consciousness,* London: Verso, 1993［邦訳、ポール・ギルロイ『ブラック・アトランティック――近代性と二重意識』上野俊哉、毛利嘉孝、鈴木慎一郎訳、月曜社、二〇〇六年］.

（13）本節は以下に加筆した。平田雅博「大西洋史をめぐる三つのコンセプト――とくに「シス大西洋史」について」、平田雅博・信澤淳、書評論文「フォーラム　アトランティックヒストリー」『史友』四一号、二〇〇九年三月、二七〜三四頁。

（14）'Are We All Global Historians Now? Interview with David Armitage,' in Carolien Stolte and Alicia Schrikker, eds., *World History: a Genealogy: Private Conversations with World Historians, 1996-2016,* Leiden: Leiden Unversity Press, 2017, p. 317.

（15）David Armitage, *The Ideological Origins of the British Empire,* Cambridge: Cambridge University Press, 2000［邦訳、アーミテイジ『帝国の誕生――ブリテン帝国のイデオロギー的起源』、平田雅博・岩井淳・大西晴樹・井藤早織訳、日本経済評論社、二〇〇五年］.

（16）Bernard Bailyn, *The Ideological Origins of the American Revolution,* Cambrigde, Mass.: Belknap Press of Harvard University Press, 1967.

（17）David Armitage, 'Three Concepts of Atlantic History,' in David Armitage and Michael J. Braddick, eds., *The British Atlantic*

World, 1500-1800, Basingstoke: Palgrave Macmillan, 2002, 2nd ed. 2009; also in David Armitage, *Greater Britain, 1516-1776: Essays in Atlantic History*, Aldershot: Ashgate Variorum, 2004.

(18) 和田光弘「訳者あとがき」、ベイリン、前掲訳書、一九〇〜一九一頁。

(19) その後、以下のように、大西洋史の論集をモデルにした「太平洋史」の論集、ひいては他の大洋史の論集も相次いで出版され、一部の課題は早くも果たされた。David Armitage and Alison Bashford, eds., *Pacific Histories: Ocean, Land, People*, Basingstoke: Palgrave Macmillan, 2014; David Armitage, Alison Bashford, Sujit Sivasundaram, eds., *Oceanic Histories*, Cambridge: Cambridge University Press, 2018.

(20) 本節は以下を使用。平田雅博「帝国論の形成と展開――文化と思想の観点から」『社会経済史学』第八〇巻、第四号、二〇一五年二月、三三〜三五頁。

(21) D・アーミテイジ『帝国の誕生――ブリテン帝国のイデオロギー的起源』、平田雅博・岩井淳・大西晴樹・井藤早織訳、日本経済評論社、二〇〇五年、六一頁。

(22) John R. Seeley, *The Expansion of England*, London, 1st pub.,1883［邦訳『英国発展史論』古田保訳、第一書房、一九四二年］, 8.

(23) ヘーゲル『歴史哲学講義』上、長谷川宏訳、岩波文庫、一九九四年、七三、一一九頁。アーミテイジ『帝国の誕生』、二六九〜二七〇頁。このあたりの詳細は以下を参照。『内なる帝国・内なる他者――在英黒人の歴史』晃洋書房、二〇〇四年、補章、第三〜四節。

(24) 'Are We All Global Historians Now?,' pp. 311-312.

(25) 'Are We All Global Historians Now?,' p. 316.

(26) David Armitage, *The Declaration of Independence: a Global History*, Cambridge, Mass.: Harvard University Press, 2007［邦訳。D・アーミテイジ『独立宣言の世界史』平田雅博・岩井淳・菅原秀二・細川道久訳、ミネルヴァ書房、二〇一二年］.

(27) 本節は以下を使用。平田雅博「訳者あとがき、D・アーミテイジ『思想のグローバル・ヒストリー――ホッブズから独立宣言まで』、平田雅博・山田園子・細川道久・岡本慎平訳、法政大学出版局、二〇一五年」、訳者一同「訳者あとがき、D・アーミテイジ『〈内戦〉の世界史』」、平田雅博・阪本浩・細川道久訳、岩波書店、二〇一九年」。

(28) David Armitage, *Foundations of Modern International Thought*, Cambridge: Cambridge University Press, 2013［邦訳、アーミテイジ『思想のグローバル・ヒストリー』］.

(29) David Armitage, *Civil Wars: A History in Ideas*, New York: Alfred A. Knopf; New Haven and London: Yale University Press; Toronto: Random House Canada, 2017［邦訳、アーミテイジ『〈内戦〉の世界史』］.

（30）Jo Guldi and David Armitage, *The History Manifesto*, Cambridge: Cambridge University Press, 2014［邦訳、ジョー・グルディ、D・アーミテイジ『これが歴史だ！――二一世紀の歴史学宣言』、平田雅博・細川道久訳、刀水書房、二〇一七年］.

（31）本節は以下の訳者一同「訳者あとがき」に加筆削除したものである。C・A・ベイリ『近代世界の誕生――グローバルな連関と比較　一七八〇～一九一四』［原著は Christopher A. Bayly, *The Birth of the Modern World, 1780–1914: Global Cnnections and Comparisons*, Malden, Mass.: Blackwell Publishing, 2004］、上・下、平田雅博・吉田正広・細川道久訳、名古屋大学出版会、二〇一八年。

（32）Dane Kennedy, *The Imperial History Wars: Debating the British Empire*, London: Bloomsbury Academic, 2018, p. 134.

（33）Professor Catherine Hall, review of *The Birth of the Modern World 1780–1914. Global Connections and Comparisons*,（review no. 420）https://reviews.history.ac.uk/review/420

（34）Robert I. Moore, 'Series Editor's Preface,' in Bayly, *The Birth of the Modern World*, p. xxi. 訳書では省略した部分。

（35）Bayly, *The Birth*, p. 484［邦訳、下巻、六五四頁］.

（36）ホールが参照せよとする、ハイチと奴隷の革命の「思いも寄らぬ」性質についてのミシェル＝ロルフ・トルイヨと「ヨーロッパを地方化」しようとするディペッシュ・チャクラバーティの著作は以下の通り。Michel-Rolph Trouillot, *Silencing the Past: Power and the Production of History*, Boston: Beacon Press, 1995; Dipesh Chakrabarty, *Provincializing Europe: Postcolonial Thought and Historical Difference*, Princeton: Princeton University Press, 2000.

（37）Dipesh Chakrabarty, 'Reading（the）late Chris Bayly: a Personal Tribute', https://www.tandfonline.com/doi/full/10.1080/19472498.2015.1109304

（38）Kennedy, *The Imperial History Wars*, p. 32.

（39）Bayly, *The Birth*, p. 8［邦訳、上巻、一一～一二頁］.

（40）Kennedy, *The Imperial History Wars*, p. 55.

（41）Bayly, *The Birth*, p. 6［訳書、上巻、九頁］.

（42）Christopher A. Bayly, *Recovering Liberties: Indian Thought in the Age of Liberalism and Empire*, Cambridge: Cambridge University Press, 2012, p. 3.

（43）'I am not going to call myself a global historian': Interview with C.A.Bayly,' in Stolte and Schrikker,eds., *World History*.

（44）Bayly, *The Birth*, p. 473［邦訳、下巻、六三八頁］.

（45）Bayly, *The Birth*, pp. 8-9［邦訳、上巻、一一～一三頁］.

(46) 本節は以下に加筆したものである。平田雅博「訳者あとがき」、ロバート・ロス『洋服を着る近代——帝国の思惑と民族の選択』、平田雅博訳、法政大学出版局、二〇一六年。
(47) アーミテイジ『思想のグローバル・ヒストリー』、二四～二五頁。
(48) Bayly, *Remaking the Modern World*, p. 333. n.2.
(49) 'Are We All Global Historians Now?,' pp. 318-319.
(50) https://healthpolicyhealthecon.com/2014/09/07/path-dependence/

第五章　英語のグローバル・ヒストリー構想
――アンダーソン『想像の共同体』再読から

一　英語に関する考察の欠如?

水村美苗は、その著書[1]で、ベネディクト・アンダーソンの著書『想像の共同体』[2]の中でも、とくに「国民国家の成立にあたり、国語と国民文学とナショナリズムとがいかに結びついていたかを分析している部分」を評価しつつ、「不思議なこと」として、ここまで影響力を持った本、しかも国語にかんして広く深く述べている本に「英語にかんする考察がまったく欠落している」という点を批判している。ここで言う「英語」とは、国語という概念では片づけられなくなった英語、すべての国語に何らかの形で影響を与えずにはいられなくなった英語、すなわち、すべての国語を超える普遍語としての英語のことである。アンダーソンにはその英語にかんする考察が欠如しているというわけである。

アンダーソンにはなぜ見るべきものが見えなかったのか、と水村は問う。その原因としてまず考えられるのは、『想像の共同体』が書かれた四半世紀前（一九八三年）に英語が普遍語であるとの認識が広がっておらず、著者にも届いていなかったことである。著者は、二〇〇五年の講演[3]でも、英語が他の国語とは違う普遍語だという認識を持っていないと判断されるので、今日に至るまで、この認識をついにもっていない、という。

そこで、なぜ英語が他の国語とは違うことが見えなかったか、の理由は、英語を母語とする人間だからとしか考えられない。アンダーソンのようなイングランド人とアイルランド人のハーフでも、英語を母語とする人間は自分が母語で書いているとき、実は自分が普遍語でも書いていることに、しばしば気がつかないものである、という。

さらに、普遍語にかんしての思考の欠落が顕著に現れるのは「聖なる言語」というものの理解である。ラテン語、アラビア語、中国語などの「聖なる言語」の第一義は、アンダーソンが考えるような、秘儀的性格を持ち、ごく少数の人間しか使えない言葉ではなく、二重言語者たちのあいだでの交流を可能とする書き言葉だった点である。ここでも、幸福にも普遍語を母語とするアンダーソンは、普遍語の意味を充分に考える必然性がなかった。「聖なる言語」は秘儀性＝蓋付き大箱に閉じ込められた言葉であるどころか「聖なる言語」こそ、真に世界に向かって開かれた言葉なのである。二重言語者にさえなれば、どのような言葉を話そうと、どこに住んでいようと、階級や貧富の別もなく、その言葉を読むことができる、という。

以上から、アンダーソンには普遍語としての英語、いや普遍語自体すら考える必然性はなく、その原因は普遍語としての英語を母語に持つから、であるという結論となる。これは、アンダーソンに対する手厳しい批判と思われるものの、この本の一面的な読み方、というより部分的な読み方をもとにした誤った批判、筋違いの批判でもある。第一に、「この本の核心をなす」として「冒頭の分析」しか見ていない。それどころか、増補版すら見ていない。

水村は、校正中に、二〇〇七年の増補版の翻訳に気づき、それに追加された新たな章の一文「本書〔『想像の共同体』〕は二〇〇六年末までには、三〇カ国、二七言語で出版されることになる。本書がこれほどまで普及したのはその質のためではなく、それが元来、ロンドンで、英語で、つまりかつての教会ラテン語と同様、いま世界的にヘゲモニーを持つ言語で出版されたためである」〔三四四〜三四五頁、p. 207.〕を引用して、英語の持つ力にたいして意識的になっていることを認め、英語が普遍語になったことが、アンダーソンの目にも歴然としてきたのを初めて確認した、としている。

これは、このアンダーソンの本が「影響を持ち得たのも英語で書かれた事実に負うことが大きいが、英語で書く人間にだけは、そういうことが見えてこない」と水村が記した直後にある注における言及である。(4) しかも「そこ［三四四〜三四五頁以下］から続く文章には英語が普遍語となったことに関する深い考察はない」と書き加えている。しかし、アンダーソンの訳書のその箇所に続く文章には、本書『想像の共同体』の「すべての翻訳は英語の原書をもとにしており、地域の覇権的言語、植民地支配者の言語に翻訳された訳書をもとにしたもの［いわゆる重訳］はない。これは英語が今日、世界的に特別の優位（English's extraordinary global ascendancy 特別にグローバルな優位性）を達成したことをみごとに示している」とあるではないか。さらに、それに続く頁では、自分の本の訳書が出ていない例外的な地域の一つは、インド「亜大陸」であるとし、その理由を以下のように述べている。この空白の理由は、ブリテンによる植民地支配の遺産（British colonial heritage）にあることは疑いない。この地域では、その結果、とくに驚くことではないが、今日に至るまで、英語が「全国レベル」の教育と知的言説の支配的言語となっているからである。訳書の出ていないもう一つの地域は「アフリカ」である。その理由の一つと考えられるのは、アフリカの多くの国々で国家と高等教育の言語として旧植民地支配者の言語（フランス語、英語、ポルトガル語）がいまなお使われていることである［三六九〜三七〇頁、p. 225.］。

ここでは、今日英語が達成した「特別にグローバルな優位性」の認識があり、インド、アフリカの現地語への訳書が出ていない理由として、英語がそれらの地域における植民地支配の遺産であることを挙げている。これだけでは「英語が普遍語となったことに関する深い考察」になるかどうかは分からないが、普遍語となった大きな理由を示していることだけは確かであろう。少し先さえ読めば大きな誤解も避けられる。

これは「この本の核心をなす冒頭の分析」しか見ていないことから来る誤解の一例に過ぎないが、これだけにとどまらない。アンダーソンの核心はこの「冒頭」から先の、国民国家、ナショナリズムの近代部分である。「冒頭の分析」もそれ以降を導き出す上で、重要ではあるが、頁数からして近代部分の方が圧倒的に多い。したがって、近代以前の「聖なる言語」から近代以降の俗語の一つである「英語」論を展開してみても、無理が生じる。英語を論じるならば、前近代の「聖なる言語」論からではなく、近代以降の「俗語」論から行うべきである。

旧版の邦訳〔リブロポート版〕でも三六頁まで読んでいけば、以下のような一節にあたる。

一七世紀、ホッブズは真実語〔ラテン語〕で書いたが故に、全ヨーロッパ大陸において名声を得た。それに対し、俗語で創作活動を行っていたシェイクスピア（一五六四～一六一六年）は、ドーバー海峡を渡ればまったく無名の存在であった。そしてかりに英語が、二〇〇年後〔一八一六年以後〕、世界に冠たる帝国の言語とならなかったとしたら、シェイクスピアはなおかつてのままに島国の霧の底に埋もれていたかもしれない。〔四三頁、p. 18.〕

ここでは、聖なる言語＝真実語と俗語、またホッブズとシェイクスピアの対比、英語が「世界に冠たる帝国の言語(pre-eminent world-imperial language)」＝少なくとも普遍語の一つ、となっていたことを、しっかり認識していることをうかがわせる。

さらにアンダーソンの言う「二重言語」論も「聖なる言語」＝少数者の言語論からではなく「俗語」の一つとしての英語その他の近代に有力になった言語から展開されている。要するに、アンダーソンの重要な分析は、冒頭部分にとどまらず、他の部分も含めて検討する必要がある。そこで、ここではもはや意味を持たなくなった水村の誤解からは離れて、アンダーソンの論を見てみよう。

二　English, Britainなどの訳語

（1）訳語の不統一

あまり論じられたことはないようであるが、アンダーソンのこの本は英語論でもある。英語を母語とする人間だから英語を考えていないのではなく、英語を母語とされた歴史を持つアイルランド人を祖先にもつ人間だからこそ、英語を考えているとしか言いようがない箇所がある。

一例を挙げれば、「最後の波」と称するかなり後の章まで読むと、以下のような一節に出くわす。

これらのヨーロッパのナショナリズムの言語が、その成員にとって揺り籠の頃から聞きなじみ話してきた土地の母語（vernacular mother-tongue）であるか、アイルランドのごとく、本国の言語（metropolitan language中心部の（本国の）言葉＝英語）であっても、何世紀にもわたる征服をへて住民のあいだに深く根を下ろし、その結果、クレオールのように土地の言葉（a vernacular）として通用するようになっていた。［一九五頁、p. 119.］

ここは、トルコやアイルランドの圧倒的に若かったナショナリストたちの運動が「青年」と名付けられたが、明確な社会学的輪郭は持っておらず、中年でも文盲でも参加した理由に触れた文脈のあとに来る箇所であるが、アイルランドではイングランドの言葉である英語が、何世紀にもわたる征服をへて住民に根を下ろし、土地の言葉となった地域であることをしっかり述べている。

アンダーソンは、英語に関する考察がまったくないどころか、その正反対に、アイルランドにとどまらずスコットランドでの英語、さらには英語の帝国や世界での広がりに触れている。本章が注目するのは、これらのアイルランド、スコットランドや帝国における英語の問題である。

しかし、これを検討する前に基本的な訳語の問題が浮上する。「イングランド」「スコットランド」「アイルランド」「ブリテン」「連合王国」「ブリテン帝国」の原語である、English、England; Welsh、Wales; Scotch、Scotland; Irish、Ireland; British、Britain; United Kingdom、UK; British Empireのうち、現行訳書で訳語が統一されているのは、Welsh、Wales; Scotch、Scotland; Irish、Irelandのそれぞれの訳語である「ウェールズ」「スコットランド」「アイルランド」しかない。

English、Englishman、Englandの訳語となると、一転して事情を異にする。言語としてのEnglishこそすべて「英語」と訳されているものの、確認できた分では「イングランド」「イングランド人」が七箇所、「イギリス」「イギリス人」が一〇箇所、「英国」が一二箇所となっており、大きく「イングランド」「イギリス」「英国」と三つの訳語に割れている。関連用語のAnglicization、Anglicizedも「イギリス化」が四箇所で「英語化」との訳語も一箇所見られた。

British、Britainの訳語は「イギリス人」「イギリス」がこれも確認した限りで六箇所、「英国」が七箇所、「英領」（植民地を指す場合）が四箇所、「イギリス領」が一箇所、「連合王国」が三箇所（ネアンの本の題名の訳として）出てくる。これも「イギリス」「英国」「連合王国」と分かれており、統一はない。

Great Britainの訳語は国名「大ブリテン・北アイルランド連合王国」の一部として「大ブリテン」が二箇所あるが、「大英帝国」とした箇所〔一八一頁、p. 100.〕（この箇所は引用文でアンダーソンの文ではない）も一箇所ある。

United Kingdom、ＵＫの訳語は、「連合王国」が七箇所、「英国」が五箇所でこれも大きく割れている。British Empireの訳語は「大英帝国」が二箇所、「英国」（北一輝の文章の英訳の一節の中に）も一箇所ある。

同じ頁で違う訳語があてられている場合もある。King of Englandが「英国王」とあるすぐ後にはEnglish kingsが「イギリス」の王とあるし〔一三一頁、pp. 76-77.〕、引用文の訳で、最初に二つ出てくるBritishもあとに二つ出てくるEnglishもすべて「英国人」と訳している頁もあるし〔一五五〜一五六頁、pp. 92-93.〕、同じEnglishが「イングランド人」王朝と訳された箇所のすぐ後に「イギリス」・ナショナリズムと訳されている〔一七六頁、p. 83n.〕。「イングランド」とすぐ後の「イギリス」とはいかなる違いがあるのか。これを見ると、Englishを「イングランド」「英国」「イギリス」と訳し分ける基準が混乱している、ないし曖昧となっているとしか言いようがない。(5)

(2) 辞書を引く

本書は何より、ナショナリズムを論じる本であり、これらの訳語もナショナリズムを論じる基本単語であることは言うまでもない。これだけ不統一が目立つと何らかの対策も必要となろう。

まず、これらの用語をあらためて現行の英和辞書で引いてみるのもよいかもしれない。Englandを手元の電子辞書で引くと、『ランダムハウス』『ユースプログレッシブ』のいずれも、「(狭義の)イングランド、(広義の)英国、イギリス」としており、『リーダーズ』ではEnglandを「イングランド、狭義のイングランドにウェールズを加えた地域、United Kingdom〔連合王国〕に同じ」とし、『ユースプログレッシブ』はEnglishを「英国の」「イギリスの」との「用法は誤りとされている」としている。『ジーニアス』のEnglishは「イギリス(人)の」「英国(人)の」は「非標準」としているし、「Welsh, Irish, Scotsはthe Englishの名で一括されるのをよしとしないのでthe Englishを「イングランド人」に限定して用いるのが正しい」としている。このように日本の代表的な英和辞書は「イングランド」「イギリス」「英国」の三つの訳語を提供しているが、「イギリス」「英国」を「誤り」「非標準」との指摘もしっかりしている。

Britainは『ランダムハウス』でGreat Britain、『ユースプログレッシブ』で「グレートブリテン(島)」、『リーダーズ』で「ブリテン、英国、大英帝国」となっており、Britishの方は『ランダムハウス』は「グレートブリテン島の、英国(人)の、英連邦の、大英帝国の」、『リーダーズ』は「大ブリテンの、英国の」、『ユースプログレッシブ』は「英国の、グレートブリテン島の、英連邦の」となっており、「英国」はあるものの「イギリス」の訳語は意外なことにすでにない。Great Britain は「大（グレート）ブリテン島、英国」、United Kingdom の訳語は「連合王国」「英国」「イギリス」「イギリス連合王国」「グレートブリテンおよび北アイルランド連合王国」となっており、British Empire の訳語は「大英帝国、イギリス帝国、英連邦の旧称」となっていて「英国」の訳語はさすがにない。

ここまで来ると本家の英英辞書も見てみるしかない。ノーマン・デイヴィスが『オックスフォード英語辞書（OED）』（一九九四年版）とその『簡略版オックスフォード英語辞書（SOED）』で Britain, British, England, English を引いて、とくに England の語義の一つが「イングランド（またはブリテン）の国民［ネーション］または国家」とされていることから、「イングランドの国民、ブリテンの国民、イングランドの国家、ブリテンの国家」と「イングランド」の定義が増えてしまったことを指摘している点は、訳語の多様性に至った一因として注目に値する。[6] 今日、インターネットで引く、OED online では Britain の一つは「グレートブリテンとその領土と属領、ブリテン帝国 Great Britain and its dominions and dependencies, the British Empire」となっており、England の一つは「集団として認識されるイングランド（ときどきブリテンである場合も）の住民 The inhabitants of England (sometimes also Britain) regarded collectively」、English の一つは「イングランド（またはブリテン）あるいはその住民の、あるいは関連の Of or belonging to England (or Britain) or its inhabitants」となっており、OED online を引いてみても「またはブリテン」という言葉が添えられる限り、イングランドとブリテンはまだ引き離されていない。

(3)　暫定的な訳語

辞書が提供するこれらの訳語を見るだけでも、これまでの訳語の多様性ひいては混乱の一因となっていることもうかがえるが、ここでは、訳語の不統一からくる無用の混乱を避けるために、辞書の訳語も参照して、本書の中のこれらの重要な単語の訳語を暫定的に以下のようにする。

訳語の不統一のない Welsh, Wales; Scotch, Scotland; Irish, Ireland はそのまま「ウェールズ」「スコットランド」「アイルランド」とする。もっとも重要で不統一ももっとも出た問題のEnglish, Englishman, Englandの訳語は「イングランド」、Anglicizationは「イングランド化」（言語が絡めば「英語化」）とする。「イングランド」「ウェールズ」「スコットランド」をまとめるBritainおよびGreat Britainはそれぞれ「ブリテン島」「大ブリテン島」を指すので、その訳語はそれぞれ「ブリテン」「大ブリテン」とする。歴史的にも今日でも「イングランド」「ウェールズ」「スコットランド」の他「（北）アイルランド」を包含するUnited Kingdom、UKの訳語は、「連合王国」とする。British Empireの訳語は「ブリテン帝国」とする。

EnglandとBritainの訳語として、混乱を避けるためにあえて取らない訳語は、まず「英国」である。理由は、この訳語は、England、Britain、United Kingdomはもちろんのこと、British Empireすら「英国」と訳されて、訳語の不統一の大きな要因となっているからである。日本の省庁、たとえば外務省[7]、本国の出先機関である駐日英国大使館、ブリティッシュ・カウンシルといった所ではこの国の呼称として「英国」を取る傾向が増えているという[8]。ここで見ているのは、この国を日本語で何と呼ぶかのもっと大きな問題ではなく、あくまで訳語に限った問題である。呼称と訳語は違う問題なので、分けて考える。

次に、一般にはもっともなじみ深い「イギリス」もEngland、Britainのどちらの訳語ともなって、混乱のもととなっているという同様の理由からここでは取らない。

これらの「英国」「イギリス」という日本語は、もともとポルトガル語でEnglishに相当するIngles、あるいはオランダ語のEngelsの当て字「英吉利」［えげれす］に由来するという（『デジタル大辞泉』の項目には「エゲレス」（ポルトガル）Ingles（オランダ）Engelsch）の項目があり「江戸時代にイギリスを呼んだ称」との説明があり、出処として『長崎夜話草・二』が示されている。『電子版広辞苑』にはエゲレス（Engels（オランダ））の項目があり、「江戸時代、イギリスの呼称」とある）。すなわち、一見して「イングランド」しか指さないかのような日本語の「英国」「イギリス」がいつの間にか「ウェールズ」「スコットランド」からなるBritainおよびGreat Britainばかりか「（北）アイルランド」も含めたUnited Kingdomも指すようにもなった。

これを解消する一つの作業としては、もともとEnglandしか意味しなかった「英国」「イギリス」がいつ誰によって使われて、Britain, United Kingdomを意味するようになったのか、を江戸、明治期の諸文献から丹念に追う必要がある。それまではよくわからないので「いつの間にか指すようになった」としか言いようがない。

もちろん、ここではこの状況を打開する案とまではいかないが、Britain, Great Britainの訳語は「英国」「イギリス」に代わり、それぞれを単に音訳した「ブリテン」「大ブリテン」を採用したい。「イギリス」「英国」が「イングランド」を由来としている点が混乱のもととなっているのであれば、この両者「ブリテン」と「イングランド」の関係を裁ち切るためである。

BritainをEnglandから区別する日本語については、先人もかねてから苦心してきた。明治期には、イングランド、ウェールズ、スコットランドを含めたBritain, Great Britainの訳語として「大英国」という日本語もあったという。[9]「大英国」とは「ウェールズ、スコットランドもふくめた、大きな英国、あるいは大きくなったイングランド」という意味であろうか。川北稔によれば、「BritainをEnglandから区別する日本語がなかった」ので、Britainを「大英国」と訳した、という。そうであれば、合理的な訳語でもあったが、この「大英国」はあまりはやらず、すたれてしまった。[10]「BritainをEnglandから区別する日本語がなかった」のが問題だったとしたら、BritainをEnglandから区別する日本語としてここでは「ブリテン」を取ることにしたい。「日本における最初の英文和訳」[11]といわれるウィリアム・アダムズが訳したジェームズ一世の国書ではGreat Britainは「大ぶりたんや国」と訳されているし（一六一二年ごろ）、時を経て、幕末には徳川幕府との開国等に関する交渉の際には、「猊利太尼亜（ぶりたにあ）」も使われていたというから、[12]「ブリテン」への回帰は、江戸幕府の開始時また幕末の開国交渉時の一用法に帰ることに近い。

別宮貞徳も「これまで翻訳者はEngland, Englishの訳語にあまりにも無頓着すぎた」として、少なくとも基本的には、Britain, Britishをイギリス（あるいはブリテン）（の）、England, Englishをイングランド（の）、という線に沿うのが無難ではあるまいかと提言している。England, Englishを「イギリス（の）」とされることに悪感情を抱く人（ケルト辺境の人々）が多々ある事実にも心をいたさねばなるまい、というのがその理由であり、この点は、本章の意図とも合致する。これだけ分けるだけでも、訳語の混乱はかなり止められよう[13]。イングランドとブリテンの違いに無頓着だったのは、日本人はもとより当のブリテン人が無頓着であった。これを指摘するノーマン・デイヴィスは、自ら書いた通史の本のタイトル *The Isles: A History* をイングランドもブリテンも外して、『アイルズ』とするしかなかった。

British Empireの訳語である「大英帝国」は「大英国」から来ており、これも川北の言うように、けっして「大日本帝国」に似た大げさで帝国主義に無批判な訳語ではない。しかし、今ではこの「大英帝国」はよくなじんではいるものの（大英博物館（British Museum）、大英図書館（British Library）など）「英国」の「英」がつくので、ここでは「ブリテン帝国」としたほうがよいであろう。これからすれば言語としてのEnglishも「イングランド語」としたいところだが、「英語」という訳語はあまりにもなじんでいて、「イギリス語」など他の訳語ましてや他の言語（仏語、独語）との混同も考えられないために、訳語としての「英語」は残す。

「英国」とも訳されているUnited KingdomないしUKの訳語は「連合王国」と統一する。これもデイヴィスが言う通り、任意の時点で「連合王国」が何によって構成されていたのか、を確認しておかないと、「ブリテン」との関係などから矛盾が生じて厄介なことになるので、基本的なデータを以下のように確認しておく。

「連合王国」は一七〇七年から一八〇〇年まで、スコットランドとイングランド、ウェールズからなる「グレートブリテン連合王国」、一八〇一年から一九二七年まで、グレートブリテン島とアイルランドからなる「グレートブリテンとアイルアンド連合王国」、一九二七年から今日まで「グレートブリテンと北アイルランド連合王国」と変遷を遂げた。ここで「ブリテン」「グレートブリテン」「連合王国」をOCDで確認しておくと、古英語の時代を過ぎると、歴史用語としてしか使用されなくなった「ブリテン」はヘンリ八世（在位一五〇七〜四七）、エドワード六世（在位一五四七〜五三）の時代に、イングランドとスコットランドを統一しようとの努力から政治の場に再登場する。一六〇四年にジェイズム一世は「グレートブリテン」王に即位し、「グレートブリテン」の名は一七〇七年の統合による「連合王国」の名前に採用された、となる。

したがって「グレートブリテン」と「連合王国」両方の略称として「ブリテン（イギリス）」が紛らわしくなかったのは、両者がイングランド、スコットランド、ウェールズからなっていた一七〇七年から一八〇〇年までの「グレートブリテン連合王国」時代だけである。一八〇〇年以後は、連合王国はグレートブリテンとアイルランド、ついでグレートブリテンと北アイルランドからなるので、「ブリテン（イギリス）」を使い続けると、それが「グレートブリテン」か「連合王国」のいずれかを指すのか紛らわしくなる。[14] これを回避するには、一八〇〇年以後は、アイルランド島を含まないのが「ブリテン」、（北）アイルランド島を含むのが「連合王国」であることを前提にして、本を読み、訳し分けるしかない。

（4）訳語統一の後に

以上の訳語の統一案に基づいて、アンダーソン書を再検討してみると、もっとも多様な訳語が出ていたEnglandは「イングランド」と統一すると、「イギリスのイギリス人、すなわち半ば隠されたイギリス国民」しか、キャンベラのオーストラリア総督にはなれなかった、という、このままではよく理解できない箇所（とくに「イギリスのイギリス人」が不明）も、「イングランドのイングランド人、すなわち半ば隠されていたイングランド国民」しか、キャンベラのオーストラリア総督にはなれなかった、とすれば何とか理解可能となる（原語はOnly 'English English' did, i.e. members of a half-concealed English nation.［一五七頁、p. 94.］; この「イングランドのイングランド人」は「帝国の中核にすでに隠されていた国民」として別な箇所［二一八頁、p. 140.］にも出てくる）。

「英語はまだ「英国人」の言語となっていなかったのである」（English had yet to become an 'English' language［一五三頁、

p. 90.]）も「英語はまだ「イングランド人」の言語となっていなかったのである」とした方がよいであろう。「イングランド」は何よりナショナリズムと関連するのでEnglish Nationalism［p. 83. n.］はイングランドのかブリテンのかいずれのナショナリズムなのかが曖昧な「イギリス・ナショナリズム」［一七六頁］と訳すよりも「イングランド・ナショナリズム」とした方がよい。

さらに「イングランド」と「ブリテン」の区別をはっきりさせて、統一すると、「イングランド――のちにはブリテン――の経験」（the England-later British-experience、訳書では「イングランド――のちには連合王国――の経験」［二六〇頁、p. 155.］）とあるように、「イングランド」があって「［連合王国ではなく］ブリテン」が生じたと、「イングランド」と「ブリテン」との歴史的な違いを明示できる。

また「マグナカルタ、議会の母、名誉革命はイングランド国民の歴史（English national history、訳書では「イギリス国民の歴史」）と解釈されて、ブリテン帝国（British Empire、訳書では「大英帝国」）中の学校に侵入した。……マグナカルタを認めさせた貴族たちは、英語を話さず、みずからを「イングランド人（Englishmen、訳書では「英国人」）と観念することもなかった。しかし、それから七〇〇年後、連合王国［一二一五年から七〇〇年後の一九一五年では「連合王国」は「グレートブリテンおよびアイルランド連合王国」であった］の学校の教室では、かれらははっきりと初期の愛国者と規定された」［一九四頁、p. 118.］とすれば、「イングランド」と「ブリテン帝国」、「イングランド」と「連合王国」の時系列的な流れ、ないし、歴史的把握もしやすくなる。

トム・ネアン『ブリテンの解体（Break-up of Britain）』という本のタイトルはおおむね「連合王国の解体」と訳されているが、『英国の解体』［三四六頁］との訳もあり、「ブリテンの解体」と統一した方がよい。

アンダーソンは「連合王国」について、興味深いことを述べている。「連合王国」は、「ソヴィエト連邦（Soviet Union）」とともに、「中華」人民共和国とか「ヴェトナム」社会主義共和国のように、みずからを国民的用語で規定しているのとは、対照的に、国名から、国民的帰属（ナショナリティ（nationality））を排除している希有な例である。

このような意味で、「連合王国」はソヴィエト連邦と同格であり、二一世紀の国際主義的秩序の先駆者ばかりか、一九世紀の国民国家成立以前のプレナショナルな王朝国家の遺産相続者でもあることを示している。これを疑うものは、大ブリテン・北アイルランド連合王国という名称が、いかなる国民的帰属を表示するものか、ちょっと自問してみればよい。まさか、大ブリット・アイリッシュ国民（Great Brito-Irish?）とでも言うのか、とジョークを飛ばしている〔一九、二七頁、p. 2 and footnote〕。プレナショナルな王朝国家の遺産相続者としての「連合王国」は、ナショナリティを排除した「国家的な」名称であることを銘記しておこう。

以上のように訳語を統一する重要なポイントは、「イングランド」と「ブリテン」のはっきりした区別である。「ブリテン」「グレートブリテン」は統一をめざす政治的概念であるとともに、ブリテン島を指す地理的概念である。「連合王国」もナショナリティを排除した国家的概念であり、アイルランドを含む地理的概念でもある。一方、「イングランド」は「ウェールズ」「スコットランド」「アイルランド」のケルト系から区別されるナショナリティ上の概念である。もちろん、これらの四つも地理的な概念であることも確かであるが、この区別にはナショナリティ上の概念の方に注目する意図がある。

これは、イングランドをナショナル・アイデンティティーの観点から重視し、ブリテンを地理的概念として軽くする意図である。ここで、イングランドとブリテンを離してみるには、ヘーゲル『歴史哲学講義』が参考になるかもしれない。ヘーゲルは「世界史においては、国家（state）を形成した民族（people）しか問題とならない」と述べた。当然、ヘーゲルは、国家を形成できなかった民族には一瞥もしていない。また「民族精神」を述べたかなり重要な箇所において、ヘーゲルは「イングランド人」を例にとって「民族（nation, Volk）とは民族のおこなったことの全体です。イングランド人ならだれでも、自分たちこそ大洋を航海し、世界貿易を手中にし、東インドとその富を所有し、議会や陪審裁判所をひらいたのだ、というでしょう」とベルリンの聴衆に語った。

アーミテイジはこの箇所を自らの立論にとってかなり重要視して、これにコメントを加えている。まず、ヘーゲルが「ナショナル・アイデンティティー」としてブリテンよりイングランドを選択したことは重要である。ヘーゲルは別のところでブリテンとは単に地理的な表現にすぎないことを注記しており、イングランドこそ彼にとってつねに支配的な国家stateであった。

　イングランドの伝統、法、商業は、今日歴史家が「イングランド＝ブリテン・アイデンティティー（*Anglo*-British identity）」とよぶものの資源である。これは、もともとイングランドの規範だったものがブリテンの形態をとって投影されたか吸収されたアイデンティティーであった[15]。歴史家たちによると、このアイデンティティーはイングランドというより一八世紀半ばのスコットランド人に由来する。彼らは自分たちの民族の独立した政治的偉業に誇りを持つ代わりに、自らを社会的に劣った存在とみるようになった。スコットランド人の多くは、この欠点を直す唯一の方法はより文明の進んだイングランドと密接な統合をすることであると見なし、自分たちのスコットランド性を恥じてこれを捨て去り、「北ブリテン」の住民たるように努めた。スコットランド側が自らを自発的に消し去ろうとするイングランド＝スコットランド協力体制である[16]。

　ともあれ、ここではアイデンティティー上のイングランドと地理的なブリテンの区別、および歴史家たちのスコットランドにおけるイングランドとブリテンが重なる「イングランド＝ブリテン・アイデンティティー」出現の指摘を認識すべきであろう。

三　国内の英語、帝国の英語

（1）　イングランド、アイルランド、スコットランドと英語

訳語を統一すれば生まれる訳語訳文の理解の深化というメリット以上に、重要なのは、本書を通じたナショナリズムの考察である。訳語の検討はこの考察の前提の一つにすぎない。このアンダーソンの本は、何より、ナショナ

リズムを論じるための必読書といわれている。それもナショナリズム研究と言えば、英独仏といった国民の研究に限られたヨーロッパ中心主義的な傾向は否めなかったが、本書はこの潮流を超えて、東南アジアをはじめとしてラテンアメリカ、東欧、日本など世界的で多様なナショナリズムへの言及がある点が大きなメリットである。その結果、ヨーロッパが後景に退いたかと思えばそうでもなく、ヨーロッパへの言及、とくにブリテン、連合王国への言及は、これを構成するイングランドはもとよりスコットランド、アイルランド、さらには海外植民地を含めたブリテン帝国も含めて、かなり多い。それもそのはずで、本書は、ナショナリズム研究の中心地だったブリテンを研究の出発点にしているからである。

著者自身が述べているように、ブリテンの研究者の中でもとくにトム・ネアン『ブリテンの解体』に近い立場（ゲルナー、ホブズボーム、スミスなどが強い愛着を抱く連合王国ではなく、ネアンが、国民誕生以前、共和制誕生以前の時代の産物、したがって、いずれはオーストリア＝ハンガリーと同じ運命を辿ることになる遺物と見た連合王国）を取り、ネアンを批判的に支持する、としている。その痕跡は、連合王国、ブリテン帝国、さらにはスコットランドについてすら、かなり不釣り合いなほど紙幅を割いていること（長いことアメリカで暮らしているがゆえにいっそうそうなったとも言っている）、さらに、それは連合王国以外で教育を受けた読者にはおそらく分からないであろう「イングランド」文学からの引用と引喩の多さにあらわれている、とも言っている［三四六頁、pp. 208-209.］。

ブリテンとブリテン帝国は英語が使用される基盤であり、ブリテン国家や国民と英語の関連、ひいては帝国と英語の関連の問題（言い換えれば、英語がいかに普遍語となったかの問題）はまったく見られないどころか、実際はあちこちで、それも体系的と思われるほど論じられているのである。ここでは、アンダーソンの見た英語問題を、以上での訳語の統一を踏まえて、まずブリテン国内での英語の問題、次にブリテン帝国での英語の問題という順序で整理していく。

まず、ヨーロッパ世界の北西辺境に位置した「イングランド」は、ラテン語による聖なる想像の共同体を浸食した一例として登場する。イングランドにおいて、ノルマン征服以前の宮廷の言語は、アングロサクソン語であった。ノルマン征服については、いまのイングランドの教科書には、すべての生徒が偉大なる建国の父と教えられようウィリアム征服王がのせられている。しかし、その同じ生徒たちは、「ウィリアムは英語を話さなかった、実はそういうことは不可能だった、というのはかれの時代には英語はまだ存在しなかったからだ」ということを教えられない、と述べる箇所もある［三二九頁、p. 201］。ノルマン征服以後の一世紀半の宮廷文書はラテン語となった。一二〇〇〜一三五〇年にかけては、この国家ラテン語はノルマン・フランス語に代わる。この外来の支配階級の言語ノルマン・フランス語と被支配住民の言語アングロサクソン語がゆっくりと融合し、初期英語が生み出された。この融合の結果、この新しい言語は、一三六二年以降、宮廷言語となる巡りあわせとなり、さらに議会開設においても用いられるようになる。一三八二年にはウィクリフの俗語（英訳）写本聖書が続いた。

アンダーソンにとって、こういったイングランドの言語史は、俗語化への過程には、何らかの根深いイデオロギー的衝動、ましてやプロトナショナルな衝動は伏在していなかったことを示すものである。注意すべきは、これは「国家state」の言語の推移であり、「国民national」の言語の推移ではないことであると述べているし、圧倒的多数の被支配住民は、ラテン語、ノルマン・フランス語、初期英語もほとんど知らなかったことに触れている［八〇〜八一頁、p. 41］。

アイルランドでは、すでに触れたように、英語は、イングランドという中心部の言葉（metropolitan language）であり、何世紀にもわたる征服をへて住民のあいだに深く根を下ろし、その結果、クレオールのように土地の言葉（a vernacular）として通用するになった言葉である。英語はアイルランドのほとんどの地域からゲール語（Gaelic）を押しだし、とりわけ、一八四〇年代のアイルランドのジャガイモ大飢饉が、国家語による言語統一に貢献した最大の原因であった。ブリテンは、フランスとともに、一九世紀半ばまでに国家語と住民の言語が比較的うまく符合した国家である［一三三、一四一頁注二六、p. 78 and note］。

スコットランドの二重言語王国も、イングランド同様、ヴァイキングが来た中世までさかのぼって論じられている。一七世紀初頭には、スコットランド語すなわち「北部英語」はスコットランド低地の全住民ばかりか、宮廷とエリートにも話されており、英語地域となっていた。したがって最低限の読み書き能力があれば出版言語をすぐ読むことが出来た。ついで、一八世紀初めには、英語を話すスコットランド低地人は、ロンドンと協力してゲール語地域（Gaeltacht）の根絶（これはアイルランドの大飢饉とともに国家語による言語統一に貢献した最大の原因である。［一四一頁注二六、p. 78n.］）にあたった。

これらは自覚的なイングランド化の遂行ではなく、イングランド化は基本的にこれらの副産物にすぎなかった。これらの過程はともに、ナショナリズムの時代到来の以前に、ヨーロッパ的な特定俗語と結びついた国民主義運動の可能性を効果的に排除してしまった。

国民主義的運動ではないとすると何が起こっていたか。一八世紀半ばにはスコットランドの知識人が「南部［イングランド］」へ大量移住」したばかりか、スコットランド人政治家は立法のためにイングランドに行き、スコットランド人実業家はロンドンの市場に自由に参加することができた。アメリカの一三州とは（度合いは劣るがアイルランドとも）対照的に、中心への巡礼の道には何の障害もなかった。英語はまだ「イングランド人」だけの言語となっていなかったのである［一五二〜一五三頁、p. 90］。だから英語を話すスコットランド人を排除しなかった。

それでは、「一八世紀半ばに」英語がイングランド人の言語となっていなかったとしたら、そうなったのは「いつ」なのだろうか。英語に基づくイングランド・ナショナリズムがあらわれたのはいつなのか。直接の答えは見当たらないが、「一九世紀の半ばごろまでに」、すべての君主がどこかの俗語を採用し、国民的観念の威信が急速に高まっていくにつれ、君主たちは国民的帰属という誘いにしだいににじり寄り、イングランドの場合も「ハノーヴァー家は自分たちがイングランド人であることを発見した」［一四六頁、p. 85］とか、「最終的には先のブリテン帝国となった領域が、11世紀初め以来「イングランド人」王朝によって支配されたことは一度もなかった。ノルマン人（プランタジネット王朝）、ウェールズ人（チューダー朝）、スコットランド人（スチュアート王朝）、オランダ人（オレンジ家）、ドイツ人（ハノーヴァー王朝）の雑多な行列がつぎつぎと、玉座についた」。しかし、このことは「［一九世紀後半の］言語学革命と第一次大戦中のイングランド・ナショナリズムの発作まで、だれも気にしなかった」［一七六頁、p. 83n.］とするあたりから、一九世紀半ば以降から二〇世紀の第一次世界大戦中までと考えていることがうかがわれる。

（2）帝国インドと英語

次に、それでは、「いかにして」、英語はイングランド人の言語となったのだろうか。「［スコットランドの場合と］同じ指摘は別の角度からもなし得る（The same point can be made from a different angle）」として、アンダーソンは、上記の「巡礼の道」に障害がなかったスコットランド論を終えて、視点をスコットランドからインドへ、すなわち国内から帝国へ移している。「別な角度」とは帝国である。英語がイングランド人の言語となった過程を今度は帝国から見ようとして、スコットランド論の直後から次のように述べている。

ロンドンは百年戦争の壊滅的な終焉以来滞っていた海外領土の獲得を一七世紀に再開したが、この征服の「精神」も、イングランドによるスコットランドへの英語の「北進」が国民、ナショナリズムの時代以前に起こったのと同様、基本的には国民の時代の以前のものである。「インド」はヴィクトリア女王の即位二〇年になってようやくブリテン領インドとなったことほどこれを示すものはない。インドは一八五八年まで国家でも国民国家でもなく、商事会社によって支配されていた。

しかし、変化ははじまっていた。ここでマコーリーという人物が、一八三四年にベンガルの公共教育委員会委員長としてあらわれる。彼は、「口にするのもおぞましい言葉」である「血と肌色はインド人でも、趣向、見解、道徳、知性においてはイングランド人である階級」と書き付けた、悪名高き「教育に関する覚書」をひっさげて登場してきた。いわゆる「マコーリー覚書」である。彼の英語教育の提言は、すぐ実行に移され、完全にイングランド式の教育制度が導入された。

マコーリーには、三〇年間で、インド人をキリスト教徒というより文化的にイングランド人にしてしまおうという、意識的に立案され実行される長期的政策があった。これは、一九世紀初めコロンビアの自由主義者フェルミンが述べた肉体的雑婚、すなわちインディオと白人の雑婚を進めてインディオの絶滅をはかるという見解と比較すると、一種の精神的雑婚が意図されていた。ヴィクトリア朝時代の帝国主義は、肉体的雑婚から精神的雑婚へとその趣味において非常な進歩を遂げていた〔一五三〜一五四頁、pp. 90-91.〕。これが「おぞまし」さの由縁である。

英語をイングランド人の言語に仕立てたのは、どうやら、イングランドではなくインドを舞台にして、すなわち、英語教育を帝国インドにほどこし、インド人を文化的にイングランド人に作り上げてしまおうという意図が関連していた。

(3)　公定ナショナリズム

こういった英語（イングランド）と帝国の連結は、何を意味するのであろうか。この英語とイングランド・ナショナリズムと帝国の関連を論じるには、君主の国民的帰属（ナショナリティ）、ブリテン帝国とイングランド・ナショナリズムとの関係を視野に入れる必要がある。ここで登場するのが「公定ナショナリズム」論である。「公定ナショナリズム（official nationalism）」とは、下からのナショナリズムではなく、「上からの、官製の（official）」ナショナリズムである。この場合の「上」とか「官」とは、国家ではなく「君主」「王朝権力」である。もともとシートン＝ワトソンが使った言葉で、これを受けたアンダーソンの説明は以下のようになっている。

公定ナショナリズムのもっともよく知られた例は帝政ロシア化である。それは、君主の「帰化」と王朝権力の維持を組み合わせる方策、言い換えれば、国民（nation）のぴっちりとひきしまった皮膚を引きのばして、帝国の巨大な身体を覆ってしまおうとする策略と理解すれば、もっともわかりやすい。ツアーの臣民たる多種多様な住民の「ロシア化」は、二つの相対立する政治秩序、すなわち、新しい秩序である国民と古い秩序である帝国とを暴力的かつ意識的に溶接しようとするものである。

「公定ナショナリズム」は国民（nation）と王朝帝国（dynastic empire）の意図的合同であり、一八二〇年代以降、ヨーロッパの民衆的国民運動（下からの民衆のナショナリズム）のあとにそれへの応戦として発展したものである。公定ナショナリズムはアメリカとフランスの歴史をモデルにしつつも、国民的な装いをほどこした帝国を魅力的に見せながら出現させるのを許すほどの手品を必要とした。

ここまで聞けば、誰しも想起するのは、わがブリテンとの親和性である。現にアンダーソンは以下のように続けている。全ロシアのツァーにしてロシア化の推進者、アレクサンドル三世に劣らず興味深い人物は、彼の同時代人、イングランド女王にして後年にはインド皇帝ともなる、ヴィクトリア・フォン・ザックス＝コーブル＝ゴータ（ザックス＝コーブル＝ゴータ家のヴィクトリア、ヴィクトリア女王）である。もっと興味深いのは、その人物より称号、すなわち「イングランドの女王にしてインドの皇帝（Queen of England and Empress of India）」である。それは、国民と帝国を溶接する分厚い金属部分を象徴的に表現しているからである［一四七〜一五〇頁、pp. 86-88.］。

ここで国民と溶接された形で帝国が出現する。別な箇所では、「公定ナショナリズム―新しい国民的原理と古い王朝原理の溶接」とも表現され、直後にこの具体例として「the *British* Empire＝ブリテン帝国」が示されている。(17)

公定ナショナリズムとは、新しい国民的原理と古い王朝原理の溶接であり、その一例は「ブリテン帝国」である。いいかえれば「ブリテン帝国」は、新しい国民的原理である「ブリテン」と古い王朝原理である「帝国」の二つが溶接されてつくられた。ちなみに、この国民と帝国との溶接の分解は、今日までに、ブリテン帝国からブリテン連邦、ブリテン連邦から［ブリテンが抜けた単なる］連邦へ、連邦からさらに……（?）［名称は何になるか不明な何かの組織］へという一連の過程によって刻まれている。(18)この（?）にあたる連邦の次に来る組織とは何になるだろうか。旧ポルトガル植民地のモザンビークが一九九五年に、旧ドイツ・ベルギーの植民地のルワンダが二〇〇九年に、といずれもかつてのブリテン帝国ではなかったアフリカの国々が、連邦に加盟しており[19]、この（？）にあたる組織は、かつてのブリテン帝国領を含まず、昔日のブリテン帝国とはよほど違った組織を示唆していると言えよう[20]。

（4）世界のマコーリー主義

先のマコーリーに戻ると、マコーリーは、この「ブリテン帝国」を構成するインドを舞台にして、イングランドとその言語を帝国と結びつけた公定ナショナリズムを実践した人物、国民と帝国を溶接させた人物である。

マコーリー以降は、インドに限らず拡大する帝国の全領域において、様々な速度で、「マコーリー主義」が追求されることになった。「マコーリー主義」とは、上記で端的に言うところの「血と肌色はインド人でも、趣向、見解、道徳、知性においてはイングランド人である階級」の創設であり、この「インド人」のところに入るのは、他に帝国に広がる様々な人々、「白人植民地の人々（オーストラリア人など）」、「マレー人」（マレーのイートンと呼ばれる学校は、マコーリーの処方箋どおりの学校だった［一七八頁注二〇、p. 91.］）などに及んだ。

国民と帝国を融合する公定ナショナリズムの実践としてのマコーリー主義には、英語教育のようなイングランドの教育制度の移植の他に、官僚制度もあった。一九世紀末の帝国は、一握りの本国人による統治では、あまりに大きく、あまりにも世界に拡散していたし、国家は、本国と植民地の両方で、機能を増殖させていった。これらの諸力が一緒になった結果、国家の官僚制度の下級幹部の拡充、および下級幹部の養成を目的とする学校制度が生みだされた。

植民地の優秀な子供は、マコーリー主義に沿って、地元の学校から各植民地の首都の上級学校へと進学していったが、ここで問題となったのは、この「巡礼」の上がり＝ローマとなったのは、その各植民地の首都にとどまり、本国ブリテンへの巡礼は許されなかったことである。それは、帝国の中核にはすでに隠されていた国民＝本国人（イングランドのイングランド人）がいて、植民地の子供たちの植民地の首都以上の、さらなる中心へ、さらなる上への巡礼を許さなかったからだった［二二八頁、p. 140.］。

教育と行政は相携えてこういった巡礼の道をたどることが多かったために、官僚の巡礼の道も同様な道が待っていた。これを物語るのは、ブリテン人行政官と同様の厳しい試験に合格したばかりではなく、青春の最良の時期をイングランドで過ごしたインド人行政官ビピン・チャンドラ・パールが、故郷の任地での赴任生活について、怒りにふるえながら記した苦い回想である。

その回想によると、ブリテン人行政官と同じ試験に合格し、故郷インドの任地先でもブリテン人同僚の愛好する雰囲気の中で生活し、思考と作法においていかなるイングランド人にも劣らぬイングランド人となった（この箇所「ブリテン人行政官」「ブリテン人同僚」「イングランド人にも劣らぬイングランド人」は訳書では「英国人行政官」「英国人同僚」「英国人にも劣らぬ英国人」となっているが、「ブリテン」と「イングランド」は訳し分けた方がよい［一五五〜一五六頁、p. 92.］）。しかし、これは大きな犠牲を要し、結果として、インド社会から完全に疎外され、生まれ故郷でのよそ者とならざるを得なかった。

ここまでは、身体はインド人のまま、精神はイングランド人となりきったという点で、まったくマコーリー的である。しかし、もっと深刻な問題は、故郷でよそ者になったインド人行政官が、不条理にも、本国人に永久に従属するように定められていた点である。パールのような人はいくらイングランド化を遂げたとしても、インド統治の最高峰までには到達できなかったばかりか、インド統治の外側（他のブリテン領植民地たとえばゴールドコースト、香港）やましてや本国には移動できなかった［一五五〜一五六頁、pp. 92-93.］。

パールはインドでしか生産されなかったわけではなく、マコーリー主義、イングランド化によって数千のパールが世界中で生産された。そして、イングランドの公定ナショナリズム（English official nationalism）の基本的矛盾、すなわち帝国と国民の内的な矛盾をこれほど鋭く示したものはなかった。これまではパールは非白人だから差別されたと、この問題は「人種」の観点から考えられていたが、アンダーソンは、これを、白人と非白人の人種のヒエラルキーではなく、「国民」のヒエラルキーから展開していく。パールは「白人」植民地にも存在したからである。白人植民地に大挙して到来した文化政策に関わったイングランド人とイングランドされていたスコットランド人の先生が頂点に立ち、その下に白人のオーストラリア人がいたが、イングランド化したオーストラリア人ですら、ダブリンやマンチェスター、いやオタワやケープタウンですら勤務することはなかった。それどころか、ずっと後まで、彼らがキャンベラで総督になることもできなかった。総督になれたのは、イングランドのイングランド人、すなわち、半ば隠されていたイングランド国民のメンバーしかいなかった［一五六～一五七頁、pp. 93-94：一一八頁、p. 140.］。

公定ナショナリズムとその手段としてのマコーリー主義は、他にも日本、シャム、ハンガリーに適用されて、王朝と国民が一体であることとの際限なき肯定［一六六頁、p. 101.］がみられたことが論じられている。そのうち、日本では一九世紀後半の藩閥政府のモデルは、国民へと帰化しつつあったヨーロッパの王朝であった。当時、ヨーロッパの王朝は国民的用語で定義されており、しかも同時に権力をヨーロッパ外に拡大していた。したがって、そのモデルが帝国主義的に理解されたとしても驚くに値しない。一九〇〇年以降の帝国の膨張にともなって、「マコーリー式の日本化」が国策として自覚的に遂行された。戦間期に、朝鮮人、台湾人、満州人、太平洋戦争勃発後は、ビルマ人、インドネシア人、フィリピン人などが、ヨーロッパ式モデルを実施要項とするこの政策の対象とされた。ブリテン帝国におけると同様、日本化した朝鮮人、台湾人、ビルマ人は本国への道から完全に締め出されていた。本州のどこかの県を管轄したりすることは決してなく、出身地の外に赴任することすらなかった［一六一～一六二頁、pp. 97-99.］。

ほとんどの場合において、公定ナショナリズムは、国民と王国の矛盾を隠蔽した。それが故に、世界的規模で矛盾が起こった。スロヴァキア人はマジャール化され、インド人はイングランド化され、朝鮮人は日本化されることになった。しかし、かれらには、マジャール人、イングランド人、日本人を統治する地位につくような巡礼に参加することは許されなかった。これは単に人種主義ではなく、帝国の中枢に、ハンガリー人、イングランド人、日本人という「国民」が生まれつつあったからでもあった。そしてこれらの「国民」は、本能的に「外国人」支配には抵抗した［一七五頁、pp. 110-111.］。かくして、公定ナショナリズムは、ブリテン帝国に限らず、日本、シャム、ハンガリーなどの各国間の一種の比較史を構想するコンセプトにもなり得る。

（5）本国と植民地を言語的に媒介する事務員

さらにアンダーソンは、一九世紀半ば以降、そしてとりわけ二〇世紀には、一握りの旅行者しかなしえなかった旅から、多くの多様な群衆による旅への変貌の要因として、以下の三つを挙げている。第一に、交通機関の発達などにより、物理的移動がけたはずれに増加したことである。第二に、帝国的「ロシア化」の持っていた実践的イデオロギー的側面である。第三に、植民地を持つ国家、さらには民間の宗教、世俗団体による近代的教育の普及である。

われわれにとって重要なのは、第三の要因であるので、この要因のみもう少し見よう。この時期のグローバルなヨーロッパ諸帝国の規模とその支配下におかれた巨大な人口、これが意味したのは、純粋に本国人だけの、あるいはせいぜいクレオールを含めただけの官僚機構では人員補充もサーヴィス提供も不可能なことだった（neither recruitable nor affordable）。植民地を持つ国家と、そして後には法人資本は、「事務員（clerks）」の大部隊を必要とし、これら事務員は、二つの言語ができて（バイリンガル！）、本国の国民と植民地住民を「言語的に」媒介できなければ役に立たなかった。こうした必要は二〇世紀に入って国家の機能的専門化がどこでも進行するにつれますます増大していった。従来からの「地区官僚たる県知事（district officer）」とならんで、医務官、灌漑技術者、農業指導員、学校教師、警察官その他が登場した。

ここで重要なのはヨーロッパ語とくに英語による教育によって生み出された植民地の官僚、本国の国民と植民地住民を「言語的に」媒介する「事務員」である。植民地ナショナリズムの勃興にとってのインテリゲンチアの決定的役割についてはよく知られているが、その前衛的役割は、読み書き能力と二重言語能力による。二つの言語を使いこなすということは、ヨーロッパ国家語を経由して、もっと広い意味での近代西洋文化、とくに一九世紀に世界の他の地域で生み出されたナショナリズム、国民、国民国家のモデルを手に入れることができるということであった［一九〇～一九二頁、pp. 115-116.］。

第二次世界大戦後の非ヨーロッパの新しい国家の性格も、これまで考察してきた一連のモデルに照らして理解すべきものである。この性格の起源を強調する一つの方法は、これらの主として非ヨーロッパの国民の多くはヨーロッパの国家言語をもつにいたったことをみずから思い起こしてみることである。ヨーロッパの国家言語をもつにいたったということをみれば、その出自はおのずと明らかとなろう。これらの非ヨーロッパの国民がいま使うヨーロッパの国家語は、帝国主義的公定ナショナリズムの遺産だったからである［一八八～一八九頁、p. 113.］。

四　英語のグローバル・ヒストリー構想に向けて

アンダーソン『想像の共同体』がネーション思想（ナショナリズム）のグローバル・ヒストリーとして、南北アメリカのクレオール・ナショナリズム、ヨーロッパの国民ナショナリズム、ヨーロッパの公定ナショナリズム、アジア、アフリカの植民地ナショナリズム、とナショナリズムのグローバルな流れを押さえた著書とすれば、本章の関心である英語のグローバル・ヒストリーの構想は、そのうちの公定ナショナリズムと植民地ナショナリズムの一部と重なる問題にすぎない。文字通り世界にまたがるアンダーソンの地域的な関心の中でもブリテンのみ、アンダーソンが言及する広範な諸言語の中でも英語のみにとどまる。もちろん、今度はこちらの実証的な課題から見ると、あちこちに限界があり、理論的にもそのまま便乗するわけではない。以下、アンダーソンから学び、応用して、われわれのグローバル・ヒストリーの構想に生かしていくものを確認する。

本章では、アンダーソン訳書に見られる「ブリテン」関係の訳語の不統一問題から、訳語の暫定的な統一を通じた、ブリテン内での英語の問題、次にブリテン帝国での英語の問題を歴史的な観点から整理してみた。ここには、これまでのブリテン史の研究史につきまとっていたブリテン史の国内史と帝国史の分離から、両者の融合的な歴史理解へいたる道を模索してきた筆者自身にとって重要な示唆があったからである。したがって、本章の意図は、アンダーソン訳書の誤解の指摘や訳書の訳語不統一の指摘ではなく、英語のブリテン全体への拡充、さらには英語がグローバルに展開し普及した問題へのヒントを得ることである。

英語問題をブリテン内のスコットランド論から帝国インドへとたどっていく筋道は、国内だけでは説明しきれない問題を帝国から説明していくことに切り替えていくいわゆる「帝国論的転回（imperial turn）」の一例である。

ブリテン帝国論では、ロシア帝国（「ロシア化」）およびハプスブルク家ないしオーストリア＝ハンガリー帝国との類似性の指摘から、ブリテン帝国論で通常なされる「海の帝国」との比較ではなく「陸の帝国」との比較がなされているのも特徴であろう。

「公定ナショナリズム」論から見るブリテン帝国論も斬新であった。一六世紀にさかのぼって「ブリテン」と「帝国」が結合して「ブリテン帝国」という言葉が誕生したとのアーミテイジに対して、アンダーソンは「ブリテン帝国」は、一九世紀に新しい国民的原理である「ブリテン」と古い王朝原理である「帝国」の二つが溶接されてつくられた、と主張した。

ブリテン帝国で英語が普及していった過程の叙述で、キーワードと思われたのは、公定ナショナリズム、マコーリー主義、官僚制度、学校教育、二重言語、インテリゲンチアである。言語問題からは、この中でも、学校教育、とりわけ事務員養成と絡む英語教育が重要であり、植民地における行政と教育の関係から、英語が普及していった実証研究の課題が浮上しよう。

注

（1）水村美苗『日本語が亡びるとき――英語の世紀の中で』筑摩書房、二〇〇八年、一一四～一二一頁。

（2）ベネディクト・アンダーソン『定本　想像の共同体――ナショナリズムの起源と流行』白石隆、白石さや訳、書籍工房早山、二〇〇七年。他の版として『想像の共同体――ナショナリズムの起源と流行』白石隆、白石さや訳、リブロポート、一九八七年。『増補　想像の共同体――ナショナリズムの起源と流行』白石さや、白石隆訳、ＮＴＴ出版、一九九七年も参照。原著は以下の二〇〇六年版を参照。Benedict Anderson, *Imagined Communities: Reflections on the Origin and Spread of Nationalism*, Verso, 1983, revised edition, 2006. 以下、本訳書からの引用は『定本』から、原著から引用は二〇〇六年版からとし、引用箇所はたとえば［一四頁、p. 35.］として本文中、あるいは注に示す。

（3）梅森直之編著『ベネディクト・アンダーソングローバリゼーションを語る』光文社〔光文社新書〕、二〇〇七年。

（4）水村、前掲書、三二五～三二六頁、注五。

（5）この作業中、意図せずして、いくつか不適切な訳が見つかった。たとえば、「これら他のイギリス人も属領の土民よりはるかにまさっているのだ」［二四五～二四六頁、p. 150.］は、these other Englishmen were no less superior to the subjected natives なので「これら他のイングランド人は臣民化された現地民と同じくらい優れている」であろうし、「英国のごとくいくつもの大陸にまたがる帝国」［二二八頁、p. 133.n.］は multi-continental empires like the British [empire] と [empire] をおぎなって「ブリテン帝国のごとくいくつもの大陸にまたがる帝国」とするのが正確であろう。

（6）ノーマン・デイヴィス『アイルズ――西の島の歴史』別宮貞徳訳、共同通信社、二〇〇六年、二九～三二頁。

（7）http://www.mofa.go.jp/mofaj/area/uk/index.html

（8）https://www.britishcouncil.jp/about/japan; https://www.gov.uk/world/organisations/british-embassy-tokyo.ja

（9）川北稔『イギリス近代史講義』講談社〔講談社現代新書〕、二〇一〇年、一四一～一四二頁。

（10）国立情報学研究所の総合目録データベースＷＷＷ検索サービス webcat には、一九〇〇年から一九一七年の明治から大正期にかけて「大英国」を題名とした以下のような本がある。『大英國の教育』、一九一二年、『大英國之産業』、一九一三年、『大英國覇業難』、一九一七年、『大英國漫遊實記』、一九〇〇年、『大英國の表裏』、一九一六年。また今日でも「大英国」をタイトルにした訳書が見られる。ルイ・カザミヤン『大英国――歴史と風景』、手塚リリ子、石川京子訳、白水社、一九八六、一九九六年。

（11）斉藤兆史『英語襲来と日本人――えげれす語事始』、講談社選書メチエ、二〇〇一年、一六～一八頁。

（12）http://ja.wikipedia.org/wiki/%E3%82%A4%E3%82%AE%E3%83%AA%E3%82%B9

（13）デイヴィス、前掲書、訳者あとがき、一三四二頁。

(14) デイヴィス、同上書、三〇～三一頁。OED 2nd ed. 1989, vol. II, p. 561.

(15) ヘーゲル『歴史哲学講義』上、長谷川宏訳、岩波書店〔岩波文庫〕、一九九四年、七三、一二九頁。デイヴィッド・アーミテイジ『帝国の誕生――ブリテン帝国のイデオロギー的起源』平田雅博・岩井淳・大西晴樹・井藤早織訳、日本経済評論社、二〇〇五年、二六九～二七〇頁。David Armitage, 'The British Conception of Empire in the Eighteenth Century', in Franz Bosbach und Hermann Hiery, eds., *Imperium/Empire/Reich: Ein Konzepr politischer Herrschaft im deutsh-britischen Vergleich*, München: K.G. Saur, 1999, pp. 91-93. 平田雅博『内なる帝国・内なる他者――在英黒人の歴史』、晃洋書房、二〇〇四年、二八五頁。

(16) デイヴィス、前掲書、一一三八、九六八頁。ステファニー・L・バーチェフスキー『大英帝国の伝説――アーサー王とロビン・フッド』野崎嘉信、山本洋訳、法政大学出版局、二〇〇五年、五七頁。

(17) 原文は weld the new national and old dynastic principles（the *British* Empire）[p. 140] であり「ブリテン帝国」の訳語が省略されている［二一八頁］。この箇所は、ブリテン帝国を公定ナショナリズムの重要な一例と見なしているので省略しない方がよかろう。British をイタリックにしているのも意味深である。

(18) この箇所の原文 from British Empire to British Commonwealth, to Commonwealth, to...? [p. 88,n.] は訳書［一七七頁注一〇］では「大英帝国からイギリス連邦、イギリス連邦から……（?）へ」となっている。

(19) 小川浩之『英連邦――王冠への忠誠と自由な連合』、中央公論新社〔中公叢書〕、二〇一二年、二五三～二五四頁。

(20) 川北、前掲書、二二六頁。

第Ⅲ部

グローバル・ヒストリーとポストコロニアルの交錯

第六章　新しい帝国史とは何か

はじめに

『いま歴史とは何か』の編者にして、『オーナメンタリズム』の著者のデイヴィッド・キャナダインは、古い帝国史に代わる「新しい帝国史（new imperial history）」の登場に触れている。かつては周辺的な分野に置かれていた帝国史は、ポストモダニズムとポストコロニアルの影響を受けて、今日では舞台の中央に躍り出ている。帝国史は、いまやグローバル・ヒストリーとナショナル・ヒストリーの連結点として重要な位置づけが与えられている。ポストモダンやポストコロニアルの文学者は、帝国史におけるジェンダーと人種、文化と言語に関する多くのことを教えてくれて、女性と黒人を帝国の舞台と物語の中心に持ち込んだ、と。(1)

「新しい帝国史」の発生源の一つはフーコーである。帝国史の中心であった政治・経済問題から言説・文化問題へ、マルクスの生産様式からフーコーの言説様式へ、経済決定論から言説決定論へ、マルクスから学んだことがまったく流行らなくなり、今ではフーコーとなると、一体どうなるか。フーコーは微少な権力分析や言説分析を行い、それは医者と患者の関係、看守と受刑者との関係、牧師と告白者との関係といった医師室、監獄、告解室のきわめてローカル、いやミクロと言ってもよい密室での権力関係と言説を扱った。

ポストコロニアルの代表者にして「新しい帝国史」に影響力を持つ思想家サイードは、著書『オリエンタリズム』[2]において、フーコーの分析を無理をしてまで、きわめてグローバルな帝国と植民地の文脈に置き換えた。もう一人のポストコロニアルの旗手スピヴァクの言葉で言えば、フーコーの規律化と施設化の力学の解明は、いってみれば植民者の構成の力学であるが、彼はこれを帝国主義の――初期であれ後期であれ、プロトであれポストであれ――どの版にも関連づけていなかった、ということになる。[3]

サイード自身、もう一つの著書『文化と帝国主義』で、帝国主義の理論家たちを一瞥したあと、彼らの議論は概して経済と政治であり、「近代の帝国主義経験において特権的な役割をはたすと私が信じている」文化について着目したものはほとんどいない、と指摘している。新しい帝国史の領域は、サイードがいう文化の領域である。サイードは、同書において「なかば帝国の存在のおかげで、あらゆる文化がたがいに関係するようになる。いかなる文化も単一で純粋ではない。すべての文化は雑種的でかつ異種混淆的、異様なまでに差異化され、一枚岩ではないのだ」[4]と述べる。

しかし、これこそ、サイードが最後までやり遂げなかった議論である、と「帝国主義の文化史家」マッケンジーが批判した。サイードは、音楽などではむしろ「単一で純粋な文化」「一枚岩の文化」を前提としているのではないか。マッケンジーは、絵画、デザイン、音楽、建築、演劇において東西間の「文化的相互参照」の事例を次々と挙げて、サイードを批判した。[5]マッケンジーによるサイード批判は、あちこちにみられる歴史家によるポストモダンないしポストコロニアルの拒否や無視、無理解ではなく、歴史学とポストコロニアルとのまれな対話の一例である。サイードは、ポストコロニアルはもとより、反発であれ賞賛であれ、ここでみるほとんどの実証史家にも陰に陽に影響を与えている。ここでは、サイードを軸にして、歴史家たちを反サイードと親サイードに分けて、「新しい帝国史」という帝国史研究の新たな動向の特徴をみていこう。

一　帝国論的転回と新しい帝国史

『オックスフォード講座ブリテン帝国史』全五巻[6]は、ブリテン（Britainは通常「イギリス」と訳されるが、ここではEnglandと区別するため、またEnglishnessやBritishnessさらにはAnglo-Britishといったアイデンティティー研究が本格化していることに鑑み、こう訳すことにしよう）帝国史研究の今日的な到達点である。この五巻本刊行後のブリテン帝国史の研究は、これに否定的であれ、肯定的であれ、何らかのコメントなしに始めることが困難となっている。たとえば、五巻も費やして、黒人や女性が不十分にしか扱われなかったことはたちまち補巻[7]が追加されることによって、きびしい批判は免れたものの、この五巻本が政治と経済の問題に集中するあまり文化の問題を欠如していることは、大きな批判点であり続けている。とくにポストコロニアルの批評家や文学者、とこれに影響を受けた歴史家たちの間には、文化の問題の欠如ばかりか、ポストコロニアルの方法論に対して敵対性すら抱いているのでは、との批判もみられる。要するに、この五巻本に集結した帝国史家たちはこういった新動向や帝国史を一新させた新しい方法論を認めない「古い帝国史」の担い手であり、ポストコロニアルの文学者たちが担う帝国史は「新しい帝国史」である、と。

その一人であるアントワネット・バートン[8]がいうには、ブリテン帝国史研究はいまや「新しい帝国史」とか「帝国論的転回」という言葉で表現されて活性化している。「帝国論的転回（imperial turn）」とは、はっきりと「言語論的転回（linguistic turn）」を意識した帝国史研究の方法論的転回を示す言葉で、もっとも単純に定義すると、国内史ないし一国史（domestic or national history）の研究から帝国の研究への転回である[9]。また、バートンによると、この転回は、脱植民地化、一九六八年以前と以後にわたる人種運動、過去二五年間のフェミニズムなどの軌跡の中で帝国主義の歴史が本国社会にもたらしたインパクトへの関心が加速化されたことを意味する。その担い手は、サイード、ポール・ギルロイ、スチュアート・ホール、スピヴァクなどである。彼らは狭義の歴史家ではないが、帝国史家たちに影響を与えた。

「新しい帝国史」とは、こういった帝国論的転回を踏まえた帝国史の新たな動向で、「帝国の痕跡」が「本国」の至るところに見出されることを記述してきたブリテン史研究である。その主張の要点は、本国と帝国は別々のものではないこと、すなわち、帝国とは単に「向こう側の」現象ではなく、本国におけるイングランド文化とイングランドの「ナショナル・アイデンティティー」の基本的で重要な一部でもあることを確認していくことである。この研究は、ネーションと帝国の形成の相互依存、すなわち、ネーションを帝国主義化された空間（帝国の刻印から免れ得なかったし、いまだに免れ得ていない政治領域）として鋳直ししようとするものである。

ここで、実際に帝国論的転回を遂げた歴史家たちを確認しておこう。ケネディによると、帝国論的転回を経験した歴史家とは、帝国の魅力に屈していったブリテン国内史家のことである。[10] ケネディは、近代ブリテン史家が帝国を無視するのはほぼ不可能となっていること、近代ブリテン史の分野には近年ブリテンの帝国的な過去をめぐるアカデミックな著作、論文、会議などが果てしない潮流となって押し寄せていることを指摘して、その証しの一つとして、多くのブリテン史家はいまだに帝国の誘惑の言葉に断固として抵抗してはいるものの、帝国の魅力に屈していった歴史家を六名挙げている。彼らはいずれも、ブリテン国内史についての仕事で好評を得た多くの著名な史家であったが、その後に帝国論的転回を果たしたのである。

ケネディが多くの史家のうち「たとえば」とやや限定してあげているのは以下の六名である。[11] リンダ・コリー、ジェームズ・エプスティン、キャサリン・ホール、フィリッパ・リヴィン、リチャード・プライス、マーティン・ウィーナ。

ケネディは指名したに留まり、個々の歴史家の「転回」の前後の著作については確認していないので、ここではこれらの各々の「転回」の前と後の著作を対比的にみておこう。まず、リンダ・コリーは、著書リスト[12]にみられるように、トーリー党、ルイス・ネーミアなどの一八世紀国内政治史の研究者として出発していたが、一九九二年に

『ブリトンズ』を刊行し、これは重点はどちらかといえば国内史においたとも言えるが帝国にも配慮していた。二〇〇二年に『虜囚』、次いで二〇〇七年には、一人の有色女性の「虜囚」に絞った『エリザベス・マーシュの試練』を刊行して決定的に帝国史への転回を遂げたと言えよう。さらにスコットランド住民投票の直前の二〇一四年に刊行した『連合と脱連合の法』において、ブリテン国内のウェールズ、スコットランド、アイルランドとの連合と脱連合、帝国との連合と脱連合、さらにはヨーロッパとの接近や離脱までを巨視的に論じている。これは二〇一六年のブレグジット（ブリテンのEU離脱）をめぐる国民投票のあとによく読まれたという。

次のジェームズ・エプステイン[13]は、チャーティスト運動、急進派運動、ウィリアム・コベット研究などの国内労働史研究から『植民地支配のスキャンダル』と題する帝国史の著作を、キャサリン・ホール、ムリナリーニ・シンハ、キャサリン・ウィルソンを編者とするケンブリッジ「帝国への批判的視野」叢書[14]の一冊として二〇一二年に刊行している。

一九世紀のイングランドの家族史、フェミニズム史の研究に従事して『家族の命運』というダヴィドフとの共著[15]も出していたキャサリン・ホール[16]は、二〇〇〇年前後から人種や帝国にも関心を広げるかたちで、二〇〇〇年に『帝国の文化』と題する読本を編集、刊行し、次いで二〇〇二年に『文明化する臣民』、二〇〇六年にソニア・ローズとの共編著『帝国と親密になる』を出し、その後も、二〇一二年に『マコーリーと息子』をはじめ植民地奴隷制関連の著書や編著を陸続と刊行している。

『文明化する臣民』の序文では、ホール自身の個人史が語られ、とりわけ、かつてはブリテンのことしか考えない歴史家だった自分がブリテン以外のことも考えるようになったという箇所は、ケネディがあげた六名の中でももっとも明示的に帝国論的転回を記したところであるので、長いが引用しておこう。

クーパーとストーラーが簡潔な言葉で述べた、植民地と本国を一つの分析の枠組みに置いてみよ、との至上命令は、本研究の出発点の一つとなった。私は、ブリテンは、他の歴史に鑑みることなく、それ自体で理解できると考えるブリテンの歴史家であった。それは、ブリテンは近代世界にモデル、他の国の歴史が判定される試金石を提供したという前提の遺産であった。……私は、国民形成の特殊性を理解するためには、その外側を見なければならないと確信するブリテンの歴史家になっていった。所与のものというより構築されたものとしての国民史と、単にそこにあるというより創造されたものとしての国民という想像の共同体と、特殊な言説の仕事を通じて生まれてきた国民のアイデンティティーとに焦点を合わせることは、国民を超えた思考を必要とした。私たちは国民の構成要素ではないものを定義することによってはじめて国民を理解できる。なぜなら、アイデンティティーはその外部にあるもの……に依存するからである。イングランド人であることは、何かであること、決定的に他のものではないこと、フランス人、アイルランド人、ジャマイカ人ではないことを意味する。(17)

「ブリテンは、他の歴史に鑑みることなく、それ自体で理解できると考えるブリテンの歴史家」から「国民形成の特殊性を理解するためには、その外側を見なければならないと確信するブリテンの歴史家」になったことが述べられている。ブリテン自体で理解できるとは「ブリテンは近代世界にモデルを提供した」という「遺産」に他ならず、そこから抜け出すのは「外側」「国民を超えた思考」が必要だった。こうした方向性は、内外のこれからのブリテン史の枠組みや課題を考える上で示唆的であるので、ホールは本章の以下でもっとも重点的にみようとする歴史家である。

ヴィクトリア朝イングランドのフェミニズムなどの研究を出発点にしたフェミニスト歴史家のフィリッパ・リヴィン(18)は、二〇〇三年に『売買春、人種、政治』を刊行し、その後も『オックスフォード講座ブリテン帝国史』のコンパニオンシリーズの一冊として『ジェンダーと帝国』を編集した他、近年にはブリテン帝国に関する概説本や論集、研究ガイドや研究読本などを続々と編集し刊行している。

リチャード・プライスは、その業績一覧[19]が示す通り、かつての労働史や労働法の研究者から、二〇〇八年に『帝国を創る』という著作を刊行して帝国史への関心を移した。

邦訳書『英国産業精神の衰退』[20]で日本でもよく知られ、ルービンステインなどとの活発なイングランド衰退論争にも登場したウィーナ[21]は、その後、イングランド内の犯罪史研究の著作を出していたが、『裁判にかけられた帝国』というオーストラリア、インド、ケニヤ、カリブ海におよぶ世界のブリテン領の刑法や犯罪史の著作を二〇〇八年に刊行している。このことは、かつて衰退に関心を持ってウィーナの邦訳書を手に取った日本の読者にはあまり知られてはいないだろうし、手に取ってみることもなかろう。

二　古い帝国史から新しい帝国史へ

以上の「新しい帝国史」や「帝国論的転回」は「新しい反動帝国史」と対比させると、よりその性格がはっきりする。バートンが「新しい帝国史」をより明示するために規定する「新しい反動帝国史」とは、本国と帝国を別々の領域と見なす考えを再構築し、植民地との遭遇が「国内」社会にもたらすインパクトを軽視しようとする帝国史の新たな動向であり、これにはピーター・マーシャル、デイヴィッド・キャナダイン、アンドリュー・トムソンなどが挙げられる。これらは、「新しい帝国史」が従来の国民の物語をきわめて帝国的な物語に再構成し、「イングリッシュニス」を脱構築し始めたことへの対応と見なされる。

ピーター・マーシャルはたしかに、ブリテン本国に対する帝国の影響を「致命的なインパクトはいっさいない」と低く見積もっていることで知られる大家のブリテン帝国史家である。その意味では、「新しい反動帝国史」の担い手とのレッテルもあたっていよう。そのマーシャルが、タイトル名も「新旧のブリテン帝国史」というエッセイ[22]

で「新しい帝国史」を論じており、「古い帝国史」から反応を示している点で注目に値しよう。

マーシャルは、「新しい帝国史」が帝国史の現在の活性化に大きく貢献していること、いまや非常に多くの学生や研究者を引きつけていることを認めつつ、まず、これまでの「古い帝国史」と「新しい帝国史」の違いを明示している。「古い帝国史」はなんと言っても政治と経済に関心を寄せてきた。すなわち、政治といえば、軍事力、文民統治、支配のシステム、権力の委譲であり、経済といえば、経済発展と「搾取」（帝国主義を叙述してきた強力なマルクス主義歴史学が寄せた主要な関心がこれだった）であった。これに対し「新しい帝国史」の主たる関心は、政治と経済をはずしてしまうわけではないにしても、なんと言っても文化の問題、支配者ばかりか被支配者にも決定的な影響を及ぼす、文化的支配の問題である。

「新しい帝国史」の主たる関心が文化の問題にあることを指摘しながら、マーシャルはさらにいくつかの特徴をのべている。第一に、「新しい帝国史」は、支配は物理的ないし経済的な強制以上のものであり、それは被支配者と支配者の心の中に存在する、という前提から出発する。支配のシステムとは、人種の優劣や進歩の段階の上下などに基づいたヒエラルキーを構成する世界の秩序化である。こういった前提は、支配者には優越性を、被支配者にはこの秩序内での位置を認識せしめる。

第二に、以上の誰も目にも見えやすい支配のシステムばかりではなく、「新しい帝国史」は、容易には目に見えるかたちでは現れないもの、たとえば『マンスフィールド・パーク』や『ジェーン・エア』といったイングランド文学のカノン的な文学作品の中にも帝国のプレゼンスが存在するとみる（サイード『文化と帝国主義』の試み）。非ヨーロッパ世界についての知識の要求、叙述であれ、その他の芸術形態であれ、そこの人々を「表象する」試みは、すべて帝国的な前提に「汚されている」と想定する。植民地の地図作成、そこの人々の歴史の叙述、民族学や人類学といった彼らに関する情報の収集はすべて「権力」の行使に他ならない。このような議論の根底には、客観的な「現実」よりも「言説」を重視する姿勢がある。

第三に、アイデンティティーも「新しい帝国史」の主たる関心事である。国民は想像の共同体であり、それも権力の移動とともに絶えず再想像されたものとみる。植民地の過去は新国家のエリートにみずからを定義することを可能とするが、帝国の経験はブリテン自体も定義されてしまう。ブリテン人がみずからを国民とする意識は、他者への帝国的権力の行使に依存していた。他者はブリテン人の国民的美徳を引き立たせる欠点をもつものにほかならなかった。たとえば、ブリテン人の「男らしさ」の創造はインド人の「女々しさ」の創造と対でなされた（シンハ『植民地的男らしさ』の研究）[23]。ブリテン史家がブリテンの帝国との関わりを無視しているとか、別のトピックであるとして、分離したままにしている点で、その島国性が非難されていることは的を射ている。新しい帝国史家にとって、「帝国なきブリテン」はまったく意味をなさない。

第四に、新しい帝国史家は、世界中いたるところにわたった帝国の影響力を暴露することに関心を持つばかりか、その影響力に対抗するプログラムも唱えている。新しい帝国史家たるべきものは、支配エリートの観点から過去をみることに満足すべきではなく、帝国システムによって抑圧された人々とそれを相続するもの、すなわち貧民、追放されたもの、女性からなる「サバルタン」集団の観点を再発見しなければならない。これは究極的には、彼らの国ぐにで残存する帝国の遺産という過去のしがらみを理解するものはそれからみずからを解放できるものであることを意味する。これは、ブリテン人が帝国に関して採用したレイシズムとナショナリズムからみずからを解放させるようになるのとまったく同じことである。

以上、「反動的帝国史家」のレッテルを貼られたマーシャルにしては、「新しい帝国史」の「かくも魅力的となった、知的に野心的な過去へのアプローチ」の特徴を的確に指摘している。そればかりか、以下のように、古い帝国史家に対するケアまでしている。こういった前提を受け入れることができない人々、いやおうなしに「古い帝国史」の研究者として取り残される人々は、「新しい帝国史」に対して、いかに対応したらよいのか。古い帝国史家は新しい帝国史に敵愾心を感じる必要はない。ましてや、「新しい帝国史」に対抗できなければ、そのために自分が無用のものとされるのではないか、などと恐れる必要はない。むしろ、古い帝国史は新しい帝国史が帝国史の研究に与える刺激を歓迎すべきである、と。

古い帝国史と新しい帝国史をつなぐものは、文化史である。文化の問題（マーシャルは教育、宗教、言語を挙げている）は長いこと帝国史の主要テーマだったからである。「新しい帝国史」を受け入れられない古い帝国史家でも、文化史の分野で、新しい帝国史から学ぶべき多くのものをもつ。とりわけ、テキストの周到な読みと解釈である。ただし、マーシャルが指摘するように、マンチェスター大学出版会発行の帝国主義研究叢書の総編集者として、帝国の文化史を牽引してきたマッケンジーは、この「新しい帝国史」には距離を置いている。文化への関心を共通としながら、マッケンジーがこの「新しい帝国史」と一線を画していることは、キャサリン・ホールなども指摘しており、注目されてよい。

そして、マーシャルは、マッケンジーのサイード批判に沿ったかたちで、古い帝国史家たちは、植民地に関する知識は西洋支配の構築物とするサイードから、支配者と被支配者の双方による構築物、すなわち「ハイブリッド」的な知識だったとのマッケンジー的な見解へ移っていくような展開を歓迎できる、とのべている。

しかし、古い帝国史とはとうていそりが合わない分野も存在する。たとえば、マーシャルがいうように、「現実の」世界について知ることに懐疑的な「新しい帝国史」は、具体的な知識に何よりも関心を示す分野である経済史とはそりが合わない。だが、経済的な次元を欠落させた帝国史はみすぼらしいものとなる。「新しい帝国史」は、「熱帯」の病気に関する医学史にも成果を生み出しはしたが、ブリテン帝国の医学の歴史は「言説」以上のものがある。一九世紀末から二〇世紀初頭の集団的な大量死という免れることのできない「現実」を説明しなくてはならないからである。こうして、マーシャルは、確かに文化史の一部で対話の可能性もあるものの、「脈絡（context）」や因果関連を重視する古い歴史家（帝国史家）と「意味」を重視する新しい帝国史には埋めがたい溝も存在することを指摘している。

三　オリエンタリズムからオーナメンタリズムへ

もう一人の「新しい反動帝国史家」と名指しされたデイヴィッド・キャナダインはどうだろうか。彼は『オックスフォード講座ブリテン帝国史』全五巻に対する批判を踏まえた自著『オーナメンタリズム』の意図として、二つのことを意識している(24)。第一は、いまだにブリテン帝国の歴史はブリテン国家の歴史から完全に分離されて別物であるかのようにあまりに頻繁に書かれすぎている、ということである。ブリテン（国内）史家は帝国史を無視し、一方、帝国史家はブリテン帝国の歴史をブリテン国家の歴史から切り離して、あるいは当然のことと前提して書いてきた。しかし、実際は、ブリテンは帝国の一部だったし、帝国もブリテンの一部だった。

第二には、長期にわたって存在し政治的な構築物であっただけでなく、社会的な実体でもあったブリテン帝国を社会構造、社会認識として提示することによって、新たな地平を切り開くことである。社会史としてのブリテン帝国史も決定的に不足していた。社会史の全盛期でもブリテン社会史家は海外まで冒険しようとはしなかったし、帝国社会史家もブリテンに触れることはまれであった。このことは帝国の社会史がなかったことを意味する。テキストや表象の研究も大いに流行しているが、（本国にいるにせよ海外にいるにせよ）ブリテン人が彼らが所属していた帝国社会をいかに心に描いたり、想像していたりしたか、についてはだれも研究しなかった。この本の第二の目的は、社会階級としてのブリテン帝国、社会認識としてのブリテン帝国、の二つの問題を提起して新たな地平を切り開こうとするものである。言い換えると、「階級」としてのブリテン帝国史であり、これまでの「人種」を基盤とするブリテン帝国ではない。

これにコメントすると、第一のブリテンと帝国をつなぐための具体的な素材と方法は他の歴史家とは異なり、彼が注目するのは本国と周辺の社会構造、社会認識である。本国と周辺に関する社会的ヴィジョンの間の相互関連、これらを統合し、つなぎ合わせる構造とシステムを強調することによって、彼はブリテンの歴史を帝国の歴史の中に据え直し、帝国の歴史をブリテンの歴史の中に据え直そうとしている。国内の社会構造についての認識は帝国に反映され、しかも再強化された。本国と周辺の関係をこのように研究する興味深い具体例として、キャナダインは君主制や貴族制の比較、勲章授与などの名誉システムなど様々なことを挙げている。一九世紀のヴィクトリア朝期における、君主が帝国的になっていったように、帝国もますます君主的になっていったという国内と帝国の双方向的な過程もその一つである。すなわち、帝国化した君主制が君主制化した帝国と融合して、この帝国を作ったことはいまだに不思議なほど何も知られていないし、関心も持たれていない、と指摘している。

第二の論点はサイードへの批判と関連がある。キャナダインが言うには、ブリテン帝国は、「他者性」の創造にばかり関心を持ったわけではなく、「親近性の構築」にも関心を持った。サイードの前提が、帝国の周辺は帝国の中心と異なり劣っている、というものであるのに対して、キャナダインの前提は、周辺の社会は、中心の社会と同様かときにはそれより優れた社会であるというものである。かくして、ブリテン帝国は、異なるものとエキゾチックなものと同様に、親しく身近にあるものであり、エキゾチックなものを飼い慣らすこと、見慣れないものを比較、類推、同等視、相似の観点から理解し再秩序化することであった。かくして、ブリテン帝国は「他者」の構築ではなく、自治領カナダばかりかインドその他にも「見慣れたもの」ブリテンの階級社会の「レプリカ」を創ろうとしたことだった。また、工業化で疲弊したブリテン人は「われら失いし世界」をまだ保持しているインド社会に癒しを求めた。「オーナメンタリズム」というタイトルはサイードの「オリエンタリズム」をはっきり意識したもので、周辺を他者として貶めるものというより「装飾」したものと捉える。

すなわち、ブリテン国内史家であるキャナダインが帝国史に踏み出した『オーナメンタリズム』は、これまでの自身の研究歴からも個人史からもとうてい[25]「新しい帝国史」に沿った作品とは見なされないどころか、それとは正反対に「オリエンタリズム論は見直されるべき時だ」と唱えるサイード批判の一書である。もっと正確に言えば、帝国がいかに見えていたかの問題は、ポストコロニアルでも手を付けていないと自負するあたりは、「新しい帝国史」を意識しつつ、自分の方が先駆けているという認識も見られる。

また、『オーナメンタリズム』には暴力や搾取への言及は見られないとの評価は当たっているものの「新しい反動帝国史」の指標である、本国と帝国を別々の領域と見なしているとの評価はあたっていない。なぜなら、キャナダインは、「帝国なくして万全なブリテンの歴史はあり得ず、ブリテンなくして万全の帝国の歴史はあり得ないという近年ますます目立ってきた議論を支持するものである」として、帝国史と国内史の統合をめざすことを言明しているからである。『オーナメンタリズム』は、フィリップ・モーガンの次のエピグラフを冒頭に掲げて、文字通り、地域的なもの（同書一部での）と全般的なもの（同書二部での）を統合した試みでもある。

真の挑戦とは……地域的なものと全般的なものとを統合……することであろう。……その時になってはじめて私たちは今まで見えなかった……全世界をかいま見ることになる。本国と植民地、入植者と被入植者、ブリテン人と先住民を一つの枠組み、単一の分析範囲に収めて、全体を見渡せば、単に差異と類似の列挙とか一連の好奇心をそそる比較にとどまらず、総体的な配置、全般的な過程、一つの全体的な相互システム、一つの相互に結ばれた広大な世界も明らかになるだろう[26]。

このモーガンの言葉は、地域的（ローカル）なものと全般的（グローバル）なものを統合して考えようとしている多くの歴史家の合い言葉として利用されている。

こうしたキャナダインへの評価をサポートし補充するのは、デイヴィッド・アーミテイジである。アーミテイジはコロンビア大学への就職時の面接に臨んだが、その面接官がキャナダインであった。ちょうどその頃『オーナメンタリズム』を出しており、アーミテイジによると、キャナダインは「彼独自の帝国論的転回」を遂げていた。同僚となったこの両名は、ブリテン史の行方を話し込んだ。当時、ブリテン史家、それもとくにアメリカにいるブリテン史家には以下のような実感が広がっていた。アメリカがしだいに外向きのグローバル社会になるにつれ、ここ数十年は保持されたイングランド崇拝といったものはもはや存続できず、ブリテン史という学問分野も見る見るうちに縮小しているという実感である。そこで、もしブリテン史が教育や研究のテーマ、有力大学が教員を雇用し続けるテーマとして生きながらえようとするならば、アメリカの学界内での立ち位置を再考してみなければならない。一九九〇年代末の北アメリカ・ブリテン研究会議の報告書の結論にも、帝国、ブリテンの国際的連関、ブリテン史のグローバルな背景への転回が、この分野を救済するために不可欠であると述べられていた。(27) アーミテイジがコロンビアで仕事を始めたのは、この動きが開始されていたときだった。

四　ポストコロニアルとの対話

(1)　マッケンジー

異なる立場の人との対話はむずかしい。ポストコロニアルと帝国史の対話も例外ではない。しかし、その一例として、サイードとマッケンジーの対話がある。マッケンジーは、サイードのメッセージの送り先として歴史家は、重要な相手の一つだったにもかかわらず、歴史家がこれまで対話しなかった理由として、ポストコロニアルの人々の書く文章のわかりにくさの他に、根本的な歴史家と言説理論家の違いがある、として以下のような理由を挙げている。まず、言説理論家は「社会経済的脈絡をつけないこと」があり、彼らは因果関係やクロノロジーも無視しているところがある。「言説」の変わりにくさに立たなければならないために、歴史につねに現れる「意図せざる結果」や意外性、偶然性を嫌うことがある。

マッケンジーのさらなる批判としては、サイードではエリート文化に限られ、民衆文化論がないこと（これはサイード自身が認めている）、文学テキストに限られ、非文学（絵画、建築、デザイン、演劇など）を分析しないこと、東西の絶対的な境界線を設定している限り、究極的には、東洋人の主体性を認めておらず、東西交流があること（それどころか東西間には「単なる浸透性」しかないこと）を認めていないことなどである。これは孤立した批判ではなく、援軍としては、先のキャナダインの「オーナメンタリズム」論があり、またドミニク・リーベンも「多くの歴史家」と同様に、マッケンジーの方に共鳴を表明し、ハウも数多くのサイード批判のうち、歴史学の立場からみてもっとも興味深い二冊として、マッケンジーとキャナダインを挙げている。(28)

しかし、こう片づけてしまうとこれ以上には対話は進展しない。これよりさらに一歩踏み込んだ対話の呼びかけをしているのが、ケネディである。(29)ケネディによると、マッケンジーはポストコロニアルに関心を持つ例外的な歴史家であるにもかかわらず、彼のポストコロニアルに対する批判は、精神を麻痺させるようなジャーゴン、二項対立的な敵対性としての西洋と東洋の粗野な本質主義化、歴史的思考への根深い懐疑と決めつけるもので、これだけでは、帝国史家の研究を豊かなものにするポストコロニアル理論の可能性を誤解することになり、それがブリテン帝国史に貢献するものは何もないことになる。

こういったサイード批判により、マッケンジーは帝国主義の文化史を切り開いた歴史家であるにもかかわらず「新しい帝国史」に入らないことになる。この点は、あとでみるキャサリン・ホールも指摘するところである。ただし、本国と帝国の歴史の双方向的な理解、とりわけ、本国から帝国に及んだ影響力を重視する遠心的な分析ばかりではなく、帝国から本国への影響力も重視する求心的な分析をいち早く指摘していたのは、他ならぬマッケンジーであった。マッケンジーおよび彼の「帝国主義研究シリーズ」の筆者たちは「帝国の中心は自らを周辺を決定するものと思いがちであり、周辺が中心を決定する方法については盲目になりやすい傾向を持つ」というメアリー・ルイーズ・プラットの指摘(30)を受け止めたような、文化のレベルにおける「周辺が中心を決定する方法について」の研究潮流を創りだした。(31)周辺が中心にどれだけの貢献をしたのか、については、すでに周知のように世界システム論者とその批判者による応酬（ウォーラーステインとオブライエンの論争）があるが、モノとか量のレベルにとどまり、文化や質のレベルには到達していなかったのである。したがって、周辺の貢献という場合、それはただちに物質的な貢献に限定されるわけではない。文化のレベルにおける周辺の貢献についての研究こそ重要となっている。この流れに貢献したのは、マッケンジーであった。

(2) ケネディ

マッケンジーよりポストコロニアルに近いケネディによると、ポストコロニアルと呼ばれる理論家の仕事は、西洋の知識のヘゲモニー的な影響力を掘り崩し「ヨーロッパ中心の世界システムの文化的な脱中心化」をもたらすことである。彼らはそれを実証というより、テキストの脱構築、すなわち西洋が構築した大きな物語に潜む言説のデザインのえぐり出しを通じて、入植者の言説を吟味することでそれを行おうとした。彼らは権力分析や創られたアイデンティティーの局面に歴史家と共鳴する問題を提起して、さらに支配者と被支配者、中心と周辺、帝国と国家の対関係を重視しつつ「言説」や「文化」に関する研究をめざしている。

そこで、ケネディは、あらためて、ポストコロニアル理論がブリテン帝国史に貢献できるものは何か、と上掲論文で問いかけている。ポストコロニアルはこれまでのブリテン帝国史研究が考えもしなかった研究を示唆している。すなわち、それは権力の認識論的構造、抵抗の文化的基礎、本国と植民地社会との浸透的関係、国家形成の文脈における集団的アイデンティティーの構築、さらには「歴史の証拠（historical evidence）」の性質と使用に関することであり、これらに関する刺激的で根本的な問題の提起をしたのである。

ポストコロニアル理論家たちの主要な目的は、物質（モノ）の領域から文化の領域に焦点を移行させて、世界に対するヨーロッパのインパクト、および世界からヨーロッパにはね返ってきた影響の両者間の相互的な結果を再構成、再評価することであった。これを知識と権力間関係に適用させた点が、第一のかつ最大の貢献である。権力の認識論的構造の解明にはフーコーから借用した言説理論を武器とした。

一方、帝国史家も権力問題には関心を持っている。なぜ一握りのヨーロッパが広大な非ヨーロッパを支配できたかはいまだに難問であり、強制から協調までの権力分析がなされている。ポストコロニアルは植民地との遭遇になにか意味を与えるという努力に潜んでいた前提や意図を突き止めることでこの問題に切り込む。彼らは、この言説のプラクティスは、政治やモノの領域における関係と同様、ことごとく権力関係の表現であると主張する。

権力としての知識が現れる問題としては、地名や人名の押しつけの問題がある。他に、インドにおけるイングランド文学の教育・普及の研究（文学と帝国支配との関係）や植民地臣民に関する知識の獲得と彼らに対する権力の押しつけの直接的な関係を証明する研究がある。

もっとも活性化して重要な研究は「集合的アイデンティティー」の植民地的構築に関する研究であり、植民地支配下にあった諸社会について、これまで知られていた歴史像のほとんどは入植者による言説のデザインにより歪められていたことが明らかにされている。これらは部族、カースト、人種、信仰、民族、その他の文化に規定された集合性であり、その多くは植民地支配のもとで創られたものであり、階級分けや範疇化がなされたものである。部族、カーストは、支配に抵抗する被支配者や臣民に植民地当局が押しつけた秩序であり「近代」の産物である。他にも、ペザント意識、ジェンダー、セクシュアリティ、身体、病気といったものも同じような文脈の中で創られた。

ついで、本国と植民地の対関係に触れている。脱植民地化以後、ブリテン帝国の研究は個別分散化し、とりわけ帝国の経験を中心から描いたものと周辺から描いたものとは決定的に分断された。ポストコロニアル理論は、「他者をいかに規定するかという文脈で自己を規定するという二項対立的な過程」として文化の差異の構築を理解する事例を提供する。この提供によって、ポストコロニアル理論は、中心は周辺から切り離されると（言い換えると、西洋がオリエントから切り離され、入植者が被入植者から切り離されると）すべての意味が喪失すると主張してきた。こういった「対関係（parings）」にある両者のうち、支配者側は、支配者側がその他者＝被支配者側の性格に与えた形態の結果として形成される支配者自身の性格を持つにいたる。支配者側も支配することの見返りとして、被支配者と同様に十分傷ついてしまう。[32] この双方向的な作用の解明が、ポストコロニアル理論がコロニアル・プラクティスの研究に貢献する最大の意義あるものである。こういった植民地や被支配者側との関係における本国の思想や運動に関する研究は、すでに見られる。

ポストコロニアル理論は中心と周辺間関係を再構築する仕事、すなわちブリテンの歴史とブリテン帝国領の歴史間の連関を回復させる仕事に貢献する。帝国主義とは、相互作用、すなわち被支配者ばかりか支配者にも同様に刻印を残してしまうものの相互作用の過程である、ということを証明することで、それはなされる。こういった相互作用から、文化の次元、すなわち自己と他者の相互表象の領域、を無視すると、帝国の経験のうちでもっとも永続して存在して、深くもある遺産を見失ってしまうのである。

（3）　リンダ・コリー

すでに帝国論的転回を遂げた歴史家の一人として取り上げているリンダ・コリーは、もう一人のポストコロニアルの理解者である。キャナダイン編『いま歴史とは何か』のために壮大な帝国史を構想した野心的な論文「いま帝国史とは何か」[33] では、ケネディの二つの論文を参照、引用しつつ、帝国史の近年の新たな動向、知見に貢献したものとして、フェミニスト、文学研究者とともに、ポストコロニアルを指摘しているからである。

この論文では帝国史のいまとこれからについて三つの提言をしている。第一に、歴史上の様々の帝国は、現在に至るまでもっとも遍在する永続した権力と統治形態だったために、帝国史家は比較のパースペクティヴを持ち、「長期持続」の視点を持ち古今東西の世界史上の帝国という帝国の比較研究をしなければならない。第二に、帝国史はあらゆる事象の連携からなるために、一方の声にしか耳を傾けない、片側に偏した一方通行の物語であってはならない。帝国に張りめぐらされた相互関連の理解は、侵略者と被侵略者、支配者と被支配者ばかりか、第三者なども含む多面的で厳密に相互的な仕事である。第三に、帝国を理解することは、とくにブリテンの場合、ブリテン人の包括的で明確な理解を必要とする。このブリテン人とは何か、を考えるのに帝国史が貢献する点についてはコリーの著書『ブリトンズ』[34]でもスコットランド人の「ブリテン人化」について論じられていた。すなわち、帝国の征服を通じて、スコットランド人は重ね焼きがなされるように、ブリテン人になった。コリーは、ネーションの歴史ばかりか帝国史でも先頭に立った、というべきか。

ブリテンと世界全般の両者を適切に理解するのに帝国史ほど必要不可欠なテーマもないがために、「いま帝国史とは何か」への最終的な回答は非常に単純で、帝国史は不可欠のものである、というものである。この結論は、これを読む者に「元気」を与える。

ブリテンとその帝国を一体化する観点は、その後のさらなる著書『虜囚』[35]でのテーマでもある。というのは、「本書はブリテン国内史は、多様な海外ブリテン人の歴史から切り離しては成立しない、と論じる人々への賛同から書かれている」として、ここでも国内史と帝国史の一体化が前提とされているからである。この著書では、帝国や世界の様々な場所に拉致、抑留されたアイルランド人、スコットランド人、イングランド人たちの「アイデンティティー」の揺らぎを彼らの日記などから論じている。「ブリテン人とは何か」を「海外におけるブリテン人」から考えることは実は好まれてきた。孤島に流れ着いて自己を再点検した「ロビンソン・クルーソー」物語である。しかし、コリーの関心は、自由な「ロビンソン・クルーソー」から囚われた「ガリバー」へ向かっている。いまやブリテン人とは何かを考える「海外ブリテン人」は「ロビンソン・クルーソー」から「リリパット国」で「縛られた」ガリバーに代わった。この作品『虜囚』は「フーコーの言説の歴史学、サイードの表象の歴史学のもつ可能性を、ひとりの職業的な歴史家が正面からうけとめた成果」であり、「伝統的な実証主義による歴史叙述ではなく、むしろ文化表象の歴史学」の作品であることは、富山太佳夫がのべる通りであろう[36]。

五　新しい帝国史マニフェスト

(1)　キャサリン・ホール編『帝国の文化』

新しい帝国史への批判者やその外部にいる研究者ではなく、今度は「新しい帝国史」の内部にいる研究者の見解をみてみよう。「新しい帝国史」という言葉を最初に使ったのは誰か、は不明ながら、キャサリン・ホールの編著『帝国の文化』[37]の序文は、この言葉を最初に使ったものの一つであることは間違いなく、同書は「新しい帝国史」の論集であり、同書の序文は「新しい帝国史」のマニフェストといった趣を呈している。

ホールにとって、まず、「文化」の定義が重要である。この序文では、一五世紀以来の「文化」という言葉の意味の変遷を確認しながら、人文・社会科学でいう「文化論的転回 cultural turn」と呼ばれるようになったものとの関連で「文化」を定義している。この潮流の文化研究は、文化の定義にとって意味の持つ重要性を強調している。スチュアート・ホール（Stuart Hall キャサリンの夫君で、カルチュラル・スタディーズの代表的理論家）が論じているように、文化とはモノ、小説、絵画、テレビ番組のセットというより、過程とか慣習をめぐるものである。文化は何よりも世界をいかに理解するかという意味の生産や交換と関わりを持つ。意味は言葉の中で構築され、言葉は思考や感情の表象を通じて働くために、文化にとって重要である。[38]言葉への注目は、言説をめぐるフーコーの理解（言説は文化的にいかに働くか）に取り込まれていく。フーコーにとって、言説は言葉と結びつくばかりか、慣習、制度、権力とも結びついている。なぜなら、言説は制度的な慣習や権力の技術を含んでいるからである。植民地主義を文化として理解することに関心を持つ歴史家と文化批評家は言説分析を中心的な道具とする、というわけである。

文化をこのように定義した上で、ホールは具体的な研究対象を「帝国の文化」としている。その先駆者はフランツ・ファノンとサイードである。ファノンとサイードの他に、ポストコロニアルとフェミニストの批評家、それにサバルタン研究が「新しい帝国史」に一連の着想を提供した。

ポストコロニアルとフェミニストの与えた影響のうち、「新しい帝国史」を書く仕事にとってもっとも重要な位置を占めたのは、「差異（difference）」を理論化する新しい方法である。差異とは、人種、民族、性のいずれであれ、与えられた属性の差異というより、つねに社会的に構成されたものであり、権力の問題を含むものである。差異の問題は、一九八〇年代から急速に中心的課題となっていった。この動きは、一部は、階級こそ社会的差異の特権的な形態であるとの前提を突き崩すような人種問題や性の解放と関連し、一部は、ソシュール、デリダ、バフチン、バーバなどの言語論や精神分析などの新しい理論的アプローチと関連している。こういった理論家による差異へのアプローチはポストコロニアルの叙述に活用され、言語は差異を反映するというより差異を構成するという見解はこれらの理論家に共有されたものである。

歴史家にとって階級が長いこと歴史分析の中心的なカテゴリーであった。しかし、新しい言語理論の他に、フェミニズム、人種的差異の新たな理解などの登場が様相を一変させた。ジョーン・スコットは、フーコーを活用して、男女という観念の社会的創造を意味するジェンダーと両性間の差異についての知識体系が、言説上に構成された方法に注意を喚起している。ジェンダーとは、両性間の差異と考えられたものを基盤とした社会関係であるとともに、権力関係を意味する基本的な方法である。男らしさ、女らしさの本質的な意味などあるわけもなく、知識と権力を通じて、つねに特殊歴史的な仕方で、その関係を組織する言説の実践があるばかりである。(39)

もう一つの人種をめぐっても、性的差異と同様、長いこと、自然の差異との関連で考えられてきた。人種間の生物学的差異はさしたる重要性もないという多くの研究があったにもかかわらず、レイシズムはいまだに広範に存在し、人々は人種が固定して客観的なカテゴリーであるかのように見なし続けている。しかし、人種に関しても、人種とは差異の認知に基づいた社会的構成であり、集団間の相互認識、相互位置づけ、と見なされなければならないことが提唱されている。いまや、人種が固定された意味を持つものではないとしたら、それはいかなる意味をいつ持つに至ったのか。すなわち、歴史の問題として、人種は言説上いかに構成されたか、いかに特定の集団が人種化されたのか、と問う必要がある。

こういった人種を再考する新たな方法から、他者性、人種化されたアイデンティティー、黒人性とともに白人性に関する関心が登場した。なぜなら、スチュアート・ホールが「黒人とは、心理的にも文化的にも政治的にも不安定なアイデンティティーであり、構成され、語られ、話題となるが、簡単には見つからない何かである(40)」と言ったように、黒人性は、所与のものでも、肌の色をつけて生まれたという、生まれながらの個体でもなく、作られたものであるからである。

ジェンダーと人種、すなわち男と女、黒人と白人、の差異に新たに焦点を合わせることが、帝国史研究で支配的になっている。帝国の時代は、差異の解剖（これは文化の仕事であった）が精密化された時代であった。男と女、入植者と被入植者の二項対立は、あたかもその区分が、自然であるかのように位置づけた差異化の過程を通じて構成され、つねに形成・再形成を繰り返し、権力抗争の中にあった。帝国のもっとも基本的な緊張は、被入植者の他者性が固有のものでも安定したものでもなく、彼や彼女の差異は定義され維持されなければならなかったことである。この「差異の文法」の構築こそ入植者と被入植者の文化的な仕事であった。

それでは、このような潮流を踏まえた帝国史の成果はいかなるものが存在するか。ポスト帝国期の帝国史の成果の一つは、マッケンジーがひきいる帝国主義研究シリーズの「マンチェスター学派」である。しかし、ホールの評価では、このシリーズでは、シンハなどの例外はあるものの大方は、ブリテン社会史研究の伝統の内部で行われており、マッケンジー自身が表明しているように、新しい理論的アプローチには懐疑的である。

ポスト帝国期の帝国史の問題に対するもう一つの対応は、ポストコロニアルとフェミニスト理論の影響を受けた研究者から出現した。これこそがホールが認める「新しい帝国史」である。彼らの研究テーマは、本国に与える帝国のインパクト、アイデンティティーの構築、ナショナリズムやネーションのジェンダー化、被入植者の表象、など多岐にわたる。これらが「新しい帝国史」の成果であり、フェミニストの歴史家と批評家が「新しい帝国史」を構築する努力の前線に躍り出た。

彼女らの仕事は、当然ジェンダーを重視するが、ジェンダーばかりではなく、人種や階級など他の権力関係とも関わらせるところが特徴である。すなわち、ジェンダー、人種、セクシュアリティ、階級における二項対立を脱構築し、こういった二項対立がいかに、なぜ、どこで構築されたのかをみることである。アン・マクリントック、アン・ローラ・ストーラー、ムリナリーニ・シンハなどがその担い手であり、そのうちストーラーの論文はこの読本に収録されている。

ここでいったんホールの序文を離れて、サイードの学生であったアン・マクリントックの『帝国の革ひも』[41]に触れてみる。本書は、筆者などが、最初に接したときに強烈な印象を持ったものである。それは、人種、階級、ジェンダーといったカテゴリーが、帝国主義、ドメステシティ（原語 domesticity で国内性とも家庭性とも訳せる）、セクシュアリティ、資本主義的発展の間の相互関係によって生まれてきたことを論じている。注目すべきは、ヨーロッパと植民地主義の緊密な結合、すなわち、特殊な形態をとったドメステシティやセクシュアリティを持った、ヨーロッパのブルジョワジーの繁栄が、植民地主義ともっとも緊密に結合したことを示唆している点であった。

タイトルともなっている「帝国の革ひも」とは、ヴィクトリア朝の家庭（ホーム＝本国）の妻が夫への隷従のしるしとして手首につけた「奴隷バンド」であり、これは植民地＝帝国の奴隷制の証しでもあった。このことは、帝国がヴィクトリア朝の家庭の内部に侵入していたことを如実に示すものであった。これをマルクスの商品物神論、ポストコロニアリズム、ジェンダー論、クイア論などを駆使して分析している。

このどこを読んでも面白い本はその他にも様々な事例を紹介しているが、「本国と帝国を一体化した枠組み」の一例は、「軟石鹸の帝国（soft-soaping empire）」というくだりの石鹸の話もとりわけ興味深い。石鹸は一九世紀の最初まで退屈な物品にすぎなかったが、帝国の成長とともに、神から与えられたブリテンの優越性の証しとして一躍脚光を浴びた。石鹸は多くのものをつないだ。すなわち、興隆する中産階級の価値観――一夫一婦制（「清潔な」セックス、これこそ価値あるもの）、産業資本（「清潔な」お金、これこそ価値あるもの）、キリスト教（「子羊の血で洗われるもの」）、階級統制（「洗われざる大群を洗う」）、帝国の文明化する使命（「野蛮人を洗い服を着せる」）――のすべてがこの家庭商品に体現された。石鹸の広告は、ブリテンの新しい商品文化と文明化の使命の前衛を占めた。

一八五〇年代頃から、それまでの科学的レイシズムに代わり、商品レイシズム（commodity racism）が登場した。石鹸はその一例である。科学的レイシズムが活字を通じてしか流布できなかったためにそれが行き渡る範囲が狭められていたのに対し、この商品レイシズムは、商品を通じてはるか広範に行き渡った。これを担った一つが、石鹸を使うと黒人が白くなるといったようなポスターを載せた広告であった。この広告を通じて、ドメスティックな空間が「本国で」人種化され、植民地の空間も本国化された、という。

ホールの序文に戻ると、「新しい帝国史」のもう一つの主たるテーマは、入植者・被入植者の役割や表象であり、これも三人の論文を収録している。さらにもう一つの柱となる成果こそ、「帝国とネーション」である。本国と植民地間の緊密な関係を先駆的に論じたジェームズの『ブラック・ジャコバン』(42)は、通常は本国から周辺へ動いていくという歴史の因果関係、本国の政治は植民地の政治とは無関係との前提に挑戦した。しかし、この議論は、大方の歴史家に無視されたが、ポストコロニアルの契機の中で再発見された。これを一つの契機として「帝国とネーション」が「新しい帝国史」の重要なテーマとなり、この読本にも、キャサリン・ウィルソン、アントワネット・バートン、ソニア・ローズの論文が収録された。

著しく学際性に富むのも「新しい帝国史」の特徴である。植民地文化に関する研究は、文学、人類学、歴史学、地理学、美術史、カルチュラル・スタディーズ、政治理論、哲学といった諸分野から出現している。植民地主義は文化の諸領域をまたがって作用したからである。この読本には人類学からの論文も収録された。

ホール自身の浩瀚な研究『文明化する臣民』(43)は、通常の政治史に帝国史とジェンダー史の観点を入れることが意図され、バーミンガムを舞台にしていることから、経済史的観点からみても、シティを中心としたジェントルマン資本主義論とは別の歴史像を提起している。具体的には、本書第一部では、バーミンガムからジャマイカに派遣されたバプティスト派ミッションの宣教師の活動をジャマイカの文脈でたどり、第二部では、宣教師を送り出したバーミンガムに視点を移して、ミッションを通じたジャマイカとの関係ばかりか、バーミンガムと帝国全般との関わりの変遷をたどって、植民地と本国を一つの枠組みで論じようとする試みである。その全体を貫く一本の筋は、一九世紀におけるブリテン人の「人種観（racial thinking）」である。

（2）ホール、ローズ編『帝国と親密になる』

キャサリン・ホールにはもう一点二〇〇六年にソニア・ローズとの共編著があり、この二人の執筆による「序論」は意図がより鮮明となっているので、引き続きの検討に値する。

この共編著の対象は、帝国の重荷であれ、帝国の利益であれ、本国人＝ブリテン人の「無意識的な受容」である。帝国は、本国や帝国の統治責任を持つ人々にとどまらず、公衆の側にも帝国問題の認識が広まった時期があり、賛成者としての帝国の「熱狂的支持者」とともに反対者としての熱心な反帝国主義者を生んだ。賛成者であれ反対者であれ、この両者についての研究がこれまでの帝国や帝国主義の研究の大部分を占めた。しかし、ブリテン人の大多数（majority）は、ほとんどの時代に、帝国の「熱狂的支持者」と熱心な反帝国主義者のどちらでもなかった。にもかかわらず、彼らの日常生活は帝国の存在に満ちていた。これがホールとローズが編集する論集の課題である。

これと似た問題ですでにある「帝国の本国へのインパクト」については、このインパクトが致命的（fatal）だったか否か（否とするピーター・マーシャルとそれに反論する歴史家との対立）についての論争がある。しかし、彼女らが問題とするのはこれではない。むしろ、「私たちが問うのは、いかにして帝国が日常生活の実践の中——教会や礼拝堂、家庭での読本、セクシュアリティや市民権の形態への具現化、歴史の中の物語、等々として——で息づいていたのか」である。ここでの問題は、帝国に反対であれ賛成であれ政治的な関わりという意味ではなく、単にそこ――人々を自分たらしめている所与の世界の一部――にあったと仮定しつつ、人々はどれだけ帝国の視点からものを考えていたか、である。

この問い、すなわち、いかにして本国は「帝国と親密（at home with the empire）」だったかは「私たちがもはや帝国とは親密ではなくなったので可能となった」として、ホールとローズは、この問題意識の起源を探る。帝国は第二次世界大戦直後までは厳と存在した。しかし、ブリテン帝国をはじめ他の帝国もほとんど消滅した戦後になると、米ソの冷戦となり、ブリテンは西側の一員として共産主義を食い止めるためにアメリカへの忠実な支持者となった。第三世界も近代化によって低開発が解決されたとされた。

一九八〇年代になって初めて、「帝国後」をめぐる問題が政治課題の高位に上がってくる。これは新たな形態のグローバリゼーションの出現、および、七〇年代末から八〇年代初頭の平等と認知を求める、都市中心部にいた移民第二世代の黒人ブリテン人共同体の台頭に結びついていた。同時に第三世界においても、その脱植民地化後に創設された新たなネーションの失敗が認識されると、ナショナリズムの限界への批判や、帝国という政治形態が解体されても、新植民地主義や植民地的思考が残存してむしろ活発化しているとの認識をもたらした。これが、一九八〇年代以降の「ポストコロニアル批評の出現」を可能とした世界情勢である。それは「帝国」の健忘症のヴェールを外し、その遺産の存続を認識せよとの命令であった。

さらに、一九八〇年代末のソ連の崩壊、冷戦の終結は、アメリカが唯一の超大国となり、帝国の問題が一新されて復活し始めたことを意味した。ブリテン帝国の記憶をせき止めていたダムが決壊し、この遺産をめぐる怒濤のような研究書やメディア（テレビ、ラジオなど）として押し寄せてきた。一つの帝国（ブリテン帝国）の後の今にあって、もう一つの帝国（アメリカの帝国）を凝視しつつ、現在に照らした帝国的な関係の再考が可能だし再考する必要に駆り立てられたのである。

ついで、ホールとローズは、検討対象を定める。ここで検討するのは、地理的に「帝国の全域にいる植民地の人々の生活」でもなければ、時期的に「脱植民地化後の帝国の結果」でもない。それらを無視する危険は充分認識した上で、ここでの地理的な対象は何よりも本国であり、本国が帝国によって形成された方法である。時期的な焦点も帝国がまだ存在していた時代であり、帝国のプレゼンスが本国の生活にも影を落としていた時期である。

ブリテンを研究対象とする歴史家（historians of Britain）には、国内史家（national historians）と帝国史家（imperial historians）がいるが、問題は帝国史家が様々に本国、統治や権力の所在を考えてきたのに対し、「ナショナルなもの」「ドメスティックなもの」にしか関心を持たない国内史家は「ブリテン史（British History）」における帝国の位置を無視してきたことである。これに対し、今やブリテン史＝「私たちの歴史」は「地球を股にかけた連関を持つ歴史となってきた方法を認識しつつ、トランスナショナルな歴史たるべきである」と提案する。

ブリテンを研究対象とする歴史家は「国民史（ナショナル・ヒストリー）にして帝国史（インペリアル・ヒストリー）」の二分法に挑戦しつつ、またこの二分法は権力関係を常態化（normalize＝変化や異変がないようにするという意味か）する方法、他者への依存や他者の搾取を消去する方法として機能してきたことを批判的に精査しつつ、「国民史にして帝国史」を開拓する必要がある。

「ブリテン的なもの（the British）」が帝国と「親密」であったあり方を探求する中で、「私たちの意図するのは、こうした権力関係を脱構築し「白人のブリテン文化」の危険な特徴を明らかにすること」である。かくして、ホールとローズの探求の方向性は「ブリテン的なもの」の中心にある「白人のブリテン文化」を明らかにするために、一九世紀の半ばに出現し、二〇世紀の大半を通じて生き延びたナショナリストの歴史学にとって重要だった「ネーションと帝国」の二分法的な分割の史学史的検討に向かう。

これについては、一九世紀半ばから一八八〇年代のシーリーの挑戦を経て、アーミテイジに至るまでの検討がなされているが、別に論じたところでもある[45]ので、ここでは省略しよう。代わりに確認すべきは、この二〇数年〔この序文が発表された二〇〇六年段階で」でブリテン史と帝国史を再結合しよう、また「近視眼的なナショナリストの歴史」と「本国には関係しないとする帝国史」の両方に挑戦しよう、との試みである。

それ以前の一九六〇年代、七〇年代には、ブリテンでは社会史が流行していたが、その作品の大部分は国内に焦点を当てていた。しかし、一九八〇年代までの人種や差異をめぐる論争の先鋭化、ブリテンの都市中心部での人種暴動、あるいはフォークランド戦争によって、脱植民地化を遂げて消滅したはずの帝国が「本国に戻ってきた」のである。これを受けて歴史学の課題としても帝国が戻ってきた。

こうした一九八〇年代に帝国が本国回帰したあとに湧出してきた研究の中でも、ホールとローズが挙げるのは、フェミニズム、マルクス主義、ポストコロニアリズムの潮流である。理論的なバックボーンを提供するのは、とくにファノン（帝国支配の人種システムと「ヨーロッパが植民地主義によって作られた」方法の認識ゆえに）、サイード（植民地的なものがヨーロッパ文化の核心にあるとの主張ゆえに）、フーコー（権力の性質と統治技術の新たな理解ゆえに）である。

実証レベルで国民史とその帝国史との関連をめぐる成果として、主として取り上げられているものは以下である。ブリテンのインド支配史研究、グローバル・ヒストリーのC・A・ベイリとジェントルマン資本主義論のA・G・ホプキンズ。ジョン・マッケンジーとその帝国主義研究シリーズ。このシリーズは、国内と帝国間の相互作用についての知識の要素をすっかり変えてしまった作品群である。ケルト辺境（スコットランド、アイルランド、ウェールズの）史家。リンダ・コリー。ニーアル・ファーガソン。フェミニスト史家。ポストコロニアルとフェミニストからの影響を受けた過去一五年間の一団の研究。これは、国内／帝国の分断に、はっきりと理論的で反植民地的立場から挑戦し、近代の当初からある帝国の重要性を立証した。「ブリティッシュ・ワールド」論とポーコック。黒人、南アジア人をめぐる入移民史。見られる通りこうした論議に参加した論者は、極左から極右までの立場や方法の多様性、熱の入れ方に濃淡があったものの、はっきりしていることは、これが今日歴史研究のもっとも生産的な分野であることだった。

こうした研究状況の活性化を踏まえて、編者がもっとも力を入れているのは、いかにしてブリテン本国は「帝国の（インペリアルな）ホーム」だったかを示すことによって、本国と植民地の二分法を解体することである。アラン・レスターの主張どおり「植民地と本国、周辺と中心は、かつてもいまも〔ブリテンの〕二本の柱である」ことを立証することである。(46)「私たちの主張は、「ホーム」――本国ブリテン――は帝国の一部でありながら、ホームには帝国内のブリテンとしての役割があったにもかかわらず、本国内の人々によって帝国とは切り離された場所であると想定された」というものである。

ただし、ホールとローズが何度も示唆するように、本国と植民地の二分法を解体するのはむずかしい。その主たる理由は、本国と帝国は混じり合うことのない境界があると長いこと想定されていたために、ブリテンは帝国のプロジェクトには関わらなかった「島国」と描く歴史観が許容され、こういった歴史観によってこの想定はさらに推進されたことである。執拗な島国史観を持つ国内史家に帝国に関心を抱かせるのはきわめてむずかしくなった。

内部に固執する、というか外部との関連を認めない国内史家に対して詰問するかのように、ホールとローズは「ホーム」や「ドメスティック」といった語義の変遷まで立ち戻る。「ホームの歴史」は、彼女らの論文が示唆するように同質的な人々に帰属している特殊な価値観によって「内部で駆り立てられた歴史」と理解すべきである。したがって、本国の「ホーム」という想像の境界は、帝国のプロジェクトには左右されない「島国ネーション」という常識的な地理の歴史をもとにしている。

編者たちはこうした見解に対抗して、ドリーン・マッセイの著作から、ブリテンを「ホーム・プレイス」として特徴付けるものは「何らかの国内化された歴史から生まれない。それは、「外部」との相互作用という特殊性から生まれるものに他ならない。ローカルな場所の特殊性の構築を助けるのは外部の存在そのものである」(47)との文章を引用する。これは、国内史家に対して、本国やローカルの特殊性の構築を助けるのは、「外部」の存在も関与していたのでは、と問いかけること、彼らが想定し固執する本国であれローカルであれ、それ自体が本国やローカルな場所から生まれたというより「外部」との相互作用から生まれたものではないか、と問うことである。

一方、「帝国」の方はどうであろうか。ブリテン国内＝「グレート・ブリテン」が同質的な人々からなる、地理上の境界線を持つホームと想像されていたのとまったく同じ時期に、帝国は「家族問題」と理解されてきた。帝国は家族の比喩を用いて、「帝国家族」は「血の紐帯」「親類縁者」で結束し、本国は「母国」と呼ばれたり、王領植民地には「家父長的な温情主義」が見られたりするなどの表現があふれていた。ジェンダーの差異も意識され、本国＝ホームは女性化された一方で、帝国の建設と維持は男性の仕事となった。植民地でのブリテン女性の役割は、本国＝ホームから離れたところに新しい家庭を作ることと思われていた。このような比喩は、本国の言説の場で様々に用いられて、ブリテンの帝国関係にもなじむようになり、ありふれたものと思われるようにもなった。言い換えると、身近な「家族」の関連用語が帝国を本国での日常生活の一部とごくありきたりのものとする（at home with empire）ことに貢献した。

こうした帝国の問題を視野に収めない国内史家に対する「帝国家族」の比喩を通じた帝国との関連の問いかけは、すでに触れたようにホールがかつて国内史家、それも、家族史家として顕著な業績をあげて、その後に帝国史家に転回を遂げたという歴史家であることを踏まえると、きわめて説得力のあるものと言えよう。

帝国論的転回を果たした国内史家と従来の帝国史家の連携が今後のポイントとなる。帝国史家の中にも、今度はもっぱら外部の植民地側ばかりに集中し、本国問題や、本国へのインパクトを考えないか軽視する者もいるが、たいがいの帝国史家は、つねに、本国、すなわち、政府と権力の所在地を様々な観点から考え、かつ、帝国からのインパクトを求めて、本国のいかなるローカルいやミクロな事象や歴史にも進んで関心を持つ。こうした両者の連携が可能になれば、本国と帝国は別々のものではなく、本国は帝国の一部であり、ブリテンを構築する二本の柱と捉えて、ブリテンの国内史と帝国史との相互的な歴史理解、ないしこの両者の双方向的な歴史理解の必要を要請できるものとなる。

この論集が分析の対象としているのは、冒頭に触れたように帝国の無意識的な受容である。本国のブリテン人の大半はどの時代にも熱心な帝国主義者でも反帝国主義者でもなかったが、帝国は日常生活に満ちていた。多くの人々にとって、帝国は単にそこにあるもの、それは平凡なもの日常的なものだった。

帝国がありふれたものとなった過程の研究はすでにたくさんあった。ジョン・マッケンジーとその同僚たちが研究したのはまさにこれで、帝国の事象が本国の文化生活に注入されたことを明らかにしている。他には、とくに一九世紀末と二〇世紀における学校教育の役割を重視している研究者たちもいる。一例はスティーブン・ヒーソーンの研究で[48]、彼によると、子供たちが初等学校で最初に学ぶテキストは、帝国の冒険、「人種的他者」、自国のイメージについての物語を特集する読本であった。これらのテキストは子供の読み書き能力の増進に使われた。生徒の主観性の境界は、彼らが識字能力を獲得していく過程で提示されたアイデンティティーの語彙と語法による制約がかけられていくことになる。文字を覚えるのとネーションを理解するのは一体となっていた。さらに、帝国主義的な観念がナショナリスト的なイデオロギーの一部となることを踏まえると、帝国とネーションは結合したのである。

ホールとローズの論集で実際に取り上げられている帝国を身近なものとした事例研究は、宗教、消費、文学などである。文学については、サイードの『文化と帝国主義』にも出てきたジェーン・オースティンの『マンスフィールド・パーク』、あるいはシャーロッテ・ブロンテの『ジェーン・エア』のブリテン内の読まれ方を扱っている。宗教については、海外への布教活動によって本国に帝国がもたらされた結果、教区民は敬虔な信者でなくとも、日常の宗教生活を通じて、布教の企ての一部となった過程を分析している。「海外布教活動は、ブリテンの聴衆に被植民者の表象や被植民者自身を、他の植民地由来のどの発信元もなしえない規模で提示してくれる制度的な通路となった」というわけである。消費については、人々は、帝国の産品（とくに茶）を消費し（「物質的なもの」と「文化的なもの」の交錯）、ブリテン国旗が翻る帝国の場所や空間を描いた広告を見ることによって、帝国を身近に感じていく過程を論じた。人々が帝国からきた果物を共有していくにつれて、帝国の異国性は飼い慣らされていき、普通のものとなっていった（「異国性」と「日常性」の交錯）。

このように帝国はブリテン本国の生活と歴史に、きわめてありきたりに、かつきわめて重大に関わっていた。帝国は単に生活の一部となっていた。「本国にいる」ブリテン人にとって、帝国の重要性は、ブリテン人が意識的な「帝国主義者」かどうか、帝国主義を賞賛したのか非難したのかに左右されなかった。したがって、帝国に対する当時の批判者たちは、帝国権力の展開に対する強力な批判をしばしば行ってはいるのだが、帝国そのものへの挑戦はしえなかった。

こうした本国ブリテン人の日常に取り込まれた帝国論は、もちろん帝国主義の弁明論でもなければ、これまで多かった帝国批判者研究への批判でもない。現に、本論集には、帝国問題が日常性を破って非日常な問題を抱え込んだ時期の研究も収められている。

（3）キャサリン・ウィルソン編『新しい帝国史』

二〇〇四年には、ずばり『新しい帝国史』と銘打った論集が現れた[49]。「新しい帝国史」の主要な担い手の一人であるキャサリン・ウィルソンが編集した一八世紀のブリテン帝国史をめぐる論集である。

ウィルソンは、二〇〇〇年のホールの編著を引き継いだ形で、帝国の膨張に伴う世界中における「遭遇」の中で、ジェンダー、人種、国民などの「差異」が記述のカテゴリーというより政治的な戦略となる、とホールのいう「差異」が新しい帝国史の中心的課題であることを確認して、「新しい帝国史」を準備した、一九九〇年代における潮流を改めてピックアップしている。それらは、スピヴァク等のフェミニズム・文化研究、フロイド、ファノン、フーコー等の政治的精神分析的系譜学、コーエン等の歴史民俗学、ギルロイやスチュアート・ホール等のサバルタン研究と「文化論的転回」などである。これらすべては一四九二年以後グローバルなものとローカルなものが切り離しがたくなったことを立証している。また本国と現地の支配者、クレオール、現地住民、奴隷人口などの間で競合するアジェンダによって、文化的協調、帝国支配の傾向を形成する交換、貿易の範囲、イングリッシュニス、自由、奴隷制の意味などが強制されたことも明らかにした。とくに一八世紀研究では、文芸批評家、歴史人類学者は帝国を「国民」文学と国民史の物語に引きずり込んだとする。

そしてこの論集は、古い帝国史を具現する『オックスフォード講座ブリテン帝国史』全五巻に向けた主たる批判点を踏まえたかたちで構成されている。すなわち、この五巻本では、ブリテン本国史の研究と切り離され無関係でもあるかのようにブリテン帝国史が研究されていること、本国ばかりか植民地にもインパクトを与えるグローバルにしてローカルな「ネットワーク」とか「ウェッブ」といった発想を欠如していること、政治と経済の要因を重視しすぎるどころか文化論的発想の潮流に敵対心すら抱いているかのようなこと、と批判している。この論集はこうした批判を踏まえて、ブリテン膨張の文化史の中心的な三つのテーマから構成されている。三つのテーマとは、第一に、ブリテンの社会的文化的実践とアイデンティティーに対する帝国のインパクト、第二に、ネーションの枠を超え、ヒト、モノ、思考の交通が実現され維持される「公的」「私的」な日常生活の大洋横断的ネットワーク、第三に、ブリテンの帝国的な権力を活性化し、神話化し、競争に駆り立てもする表象の役割である。

ウィルソンは、歴史学の内部で「新しい帝国史」を行うのに障害となる現行の学問分野制度の他に、「新しい帝国史」に向けられている批判点にも触れている。とりわけ、「新しい帝国史」は非歴史主義、目的論だといった批判以外にも、その学際性、「理論」（とりわけポストコロニアルとフェミニスト理論）のインパクト、帝国の研究における「文化」の優位性は、階級、資本、国家権力についての「真の」姿や社会的諸関係を神秘化する「新手のアカデミック・テロリズム」として非難を受けている、との批判も受け止めている。また「新しい帝国史」は、ブリテンのヒト、法、慣習、宗教、政治制度（は低い程度ながら）が地球を股にかけて増殖したこと、こういった領土やヒトの拡大がイングランド文化に貢献したことのすべてを「ブリテン史」の構成要素と定義するが、この定義は、国境線で整然と区画された「国民」史を書こうとする努力を混乱させる、という国民史としてのブリテン史に固執する人々からの批判があることにも触れている。

ウィルソン自身の研究は、ホールの編著に収められた論文も主著[50]も、ホールのコメントでいえば、いかにして、帝国について様々に想像したことが、一八世紀イングランドの国民性と国民としての所属性のヴィジョンにとって中心的だったか、を探求するものである。もう一つの論文集『島国人種』の序文でも、国民の形成自体に帝国が不可欠だったことを以下のように述べる[51]。一八世紀のブリテン帝国は、真の意味で、ブリテン国民（ネーション）のフロンティアであり、国民的アイデンティティーにとって重要と思われる諸境界――白人と黒人、文明人と野蛮人、法と報復――が、接触と交換の圧力を受けるために、曖昧となり、解体され、維持していくのが不可能となるような場所である。帝国に目を向けていくと、国民（ネーション）の自己形成と文化の混淆が明らかになる。

おわりに――そして私たちは

以上、サイードに対する距離、ないし批判の度合いから反サイードと親サイードにわけて、「新しい帝国史」の若干の特徴とこれに貢献した潮流、およびすでに出ている成果をみた。はっきりと反サイード陣営に属するのは、マーシャル、キャナダイン、マッケンジーであり、ケネディ、リンダ・コリーは実証的な歴史家ながら、ポストコロニアルの理解者ないし橋渡しをしているとも言える。親サイード陣営に属し「新しい帝国史」の担い手でもある歴史家は、ホールとウィルソンであった。

これから私たちはこの「新しい帝国史」にどう対応したらよいのか、という問題が残る。「新しい帝国史」が提起した問題は大きく深く、多くの若い歴史家たちの関心を集めていくことは確実である。私たちの課題とすべきは、実証史家のいう「現実」とポストコロニアルのいう「言説」の埋めがたい論争などにつきあうことではなかろう。なぜなら、歴史は他者を支配する西洋の「言説」の推進力との共犯であり、歴史学は西洋がさらなる覇権的な野心を拡大するために作り上げた神話集であるとして、因果関係、脈絡、年代記を意図的に無視し、国、著者、ジャンル、場所、時代などの差異を考慮しない「ポストコロニアル純粋論者」との溝はあまりにも深いからである[52]。それよりははるかに生産的な課題は、「植民地と本国」「帝国とネーション」「帝国史と国内史」の相互関係の問題であろう。

以下、新しい帝国史と古い帝国史の両側からこの「植民地と本国」の枠組みを構築する意図に触れていくと、まず、新しい帝国史の方では、この構築を称揚するスローガンとして、キャサリン・ホールは彼女が編集した上記の『帝国の文化』の冒頭で、フランツ・ファノンの「ヨーロッパは文字通り第三世界の作りだしたものである」という言葉を挙げているし[53]、バートンは、エティエンヌ・バリバールの「ある意味で、すべての近代国民は、植民地化の産物である」という言葉を採用している（この言葉のあとには、近代国家は「つねにある程度まで植民地化したり、植民地化されたり、ときには同時に両方を行った」と続いている）[54]。ホールは、人類学者ダークスによる「植民地主義とは、ヨーロッパ本国に始まりそこから拡大した過程というより、世界中の新たな遭遇によって、本国と植民地というカテゴリーの形成がはじめて促進された契機であった[55]」との言葉も引いて、補強している。

「新しい帝国史」の旗手の一人で、マッケンジー・シリーズにも貢献して、いわば新旧の帝国史の橋渡しをしている「サイード的契機の子供」シンハ[56]も、「帝国論的転回」に影響を受けた、いまの研究者は、確実に帝国主義の問題を、ブリテンとインドのナショナル・ヒストリーの中央に据え戻している。彼らが手を付けていないことは、統一した分析の枠組みの中に「本国と植民地をまとめる」ことである、と述べている。

一方、古い帝国史の方でも、すでにみたマッケンジーが本国と帝国との相互作用、とりわけ本国への求心作用を指摘していた。帝国がブリテン社会のレプリカとみるキャナダインにとって、はじめからおわりまでブリテンの歴史とブリテン帝国の歴史は不可分であった。また「ブリテンの歴史家たちは帝国をブリテンの歴史に取り込んでいくことにずっとためらってきた」と嘆くアーミテイジに同意する理由として、コリーは、海外帝国と本国を関係付けることなくして、また単に本国が帝国にいかなるインパクトを与えたかにとどまらず、帝国が本国にいかなるインパクトを与えたか、を認識することなしに、ブリテンの過去の全領域を完全に見通したり、十全に理解したりすることは不可能となるからである、と説明している[57]。

このように、モーガンのいう「広大な相互関連的世界」「全体的な相互システム」としてブリテンとブリテン帝国が形成されていたこと、すなわち、ブリテン国家とブリテン帝国との相互的な歴史理解、ないしこの両者の双方向的な歴史理解の必要性は、ここで引用した実証史家たちの合い言葉となっている。そして、コリー、キャナダイン、アーミテイジ、ホール、ウィルソンなどの仕事に結実した研究は、どうやらブリテン国内史とブリテン帝国史の間にあった一九世紀的な学問分野の壁を完膚なきほど壊滅させようとしているようだ。

以上から、「古い帝国史」と「新しい帝国史」の二つには、一つの共通点、すなわち、中心と周辺、言い換えると、ブリテン国内の歴史とブリテン帝国の歴史の関係を、両者の相互作用、相互浸透とみる見方を構築するという共通する点が認められる。この課題が両者がむげに対立して不毛な論争に至るというより、何かを生む接点ともなりうる課題でもある。この課題は、帝国自体に関心を持たない国内史家のみならず、国内への求心的な力を無視する遠心的な帝国史家に対しても問題を突きつける。

筆者自身は、「ブリテンの歴史とブリテン帝国の歴史は同じコインの両側であり、他方の理解なくして、一方の理解はない。そして、ブリテンの歴史とブリテン帝国の歴史との両者の結合、相互浸透、相互依存の核心に「老いた在英黒人」がいる」というフライアの言葉[58]を基盤にして、在英黒人に焦点を当てて国内史と帝国史の接点を考えてきた。

古い帝国史と新しい帝国史を結びつける国内史と帝国史の一体となった枠組みを提唱しているものは、他ならぬサイードである。著書『文化と帝国主義』第一章は、「重なりあう領土、からまりあう歴史」という印象的なタイトルが付けられている。近代において、「固有の」領土も「固有の」歴史もあるわけはない。東洋も西洋も、宗主国も植民地も、境界が定められた純粋なものはあり得ず、すべては混淆しており、そういった異種混淆こそむしろ常態であるべきと訴えているようだ。重なりあい、絡まりあう経験の複雑な歴史を認めると、それぞれの歴史に本質主義的な地位を与える理論的根拠などなくなる。ここからすると「国内史」とか「帝国史」という区分もあり得ず、その「区分線」はいつかどこかで創られて、今でもそれを守ることで利益を得る人々が遵守するためにあるようだ。本章で突きとめた課題と筆者の課題の両者にとっても、まことに感慨深い箇所を、以下に引用して本章を閉じたい。

欧米人がいま、その中心地において遭遇しているのは、多くの非白人の移民たちであり、彼らは新たな勢力をもつ一団となって、自分たちの物語を聞き届けてもらうための声を獲得しつつある。本書が指摘したいのは、そのような人々、そのような声がすでに存在して久しいこと、しかも、それは、近代の帝国主義によってはじめられた地球規模の変貌のおかげであることということだ。西洋人と東洋人との重なりあう経験、そして植民者と被植民者とが、将来像のちがいのみならず地理と物語と歴史のちがいをもとおして共存したり角突き合わせているという文化領域における相互依存関係、これを無視したり、さもなければ過小評価することは、過去一世紀において、この世界で本質的であったことを見すごすに等しいのだ。[59]

注

(1) David Cannadine, ed., *What is History Now?*, London: Palgrave Macmillan, 2002, p. x［D・キャナダイン編著『いま歴史とは何か』、平田雅博・岩井淳・菅原秀二・細川道久訳、ミネルヴァ書房、二〇〇五年、v–vi頁］.
(2) Edward W. Said, *Orientalism*, New York: Pantheon Books, 1978［サイード『オリエンタリズム』今沢紀子訳、平凡社、一九八六年：平凡社ライブラリー、一九九四年］.
(3) スピヴァク『サバルタンは語ることができるか』上村忠男訳、みすず書房、一九九八年、七一頁。
(4) エドワード・サイード『文化と帝国主義』一、大橋洋一訳、みすず書房、一九九八年、第一章、二六、三五頁。原著は以下の通り。Edward W. Said, *Culture and Imperialism,* New York: Alfred A. Knopf, 1993.

（5）John M. MacKenzie, *Orientalism: History, Theory and the Arts,* Manchester: Manchester University Press, 1995［マッケンジー『大英帝国のオリエンタリズム――歴史・理論・諸芸術』平田雅博訳、ミネルヴァ書房、二〇〇一年］.

（6）W. R. Louis ed., *The Oxford History of the British Empire*（OHBE）, 5 vols. Oxford: Oxford University Press, 1998–99.

（7）Philippa Levine ed., *Gender and Empire,* OHBE, Companion Series, Oxford: Oxford University Press, 2004; Philip D. Morgan and Sean Hawkins, eds., *Black Experience and the Empire,* OHBE, Companion Series, Oxford: Oxford University Press, 2004.

（8）Antoinette Burton, 'Introduction: On the Inadequacy and the Indispensability of the Nation', in Antoinette Burton, ed., *After the Imperial Turn: Thinking with and through the Nation,* Durham: Duke University Press, 2003.

（9）Durba Ghosh, 'Another Set of Imperial Turns?,' *American Historical Review,* 117/3, June 2012, p. 772.

（10）Dane Kennedy, 'The Imperial History War,' *The Journal of British Studies,* 54, no.1（January 2015）, pp. 5–22. 後に以下に所収。本章では以下を使用。 Dane Kennedy, The *Imperial History Wars: Debating the British Empire,* London: Bloomsbury Academic, 2018, p. 131.

（11）Ibid., p. 172,n.1.

（12）とりあえず以下を参照。https://ci.nii.ac.jp/author/DA00914378 このうちここで触れているのは以下の通り。Linda Colley, *In Defiance of Oligarchy: the Tory Party, 1714–60,* Cambridge: Cambridge University Press, 1982; Linda Colley, *Lewis Namier,* London: Weidenfeld & Nicolson, 1989; Linda Colley, *Britons: Forging the Nation 1707–1837,* New Haven: Yale University Press, 1992［リンダ・コリー『イギリス国民の誕生』川北稔監訳、名古屋大学出版会、二〇〇〇年］; Linda Colley, *Captives: Britain, Empire and the world, 1600–1850,* London: Jonathan Cape, 2002［リンダ・コリー『虜囚――一六〇〇～一八五〇年のイギリス、帝国、そして世界』中村裕子、土平紀子訳、法政大学出版局、二〇一六年］; Linda Colley, *The Ordeal of Elizabeth Marsh: a Woman in World History,* New York: Pantheon Books, 2007; Linda Colley, *Acts of Union and Disunion: What Has Held the UK together–and What Is Dividing It?,* London: Profile Books, 2014.

（13）さしあたりの著作リストは以下を参照。https://ci.nii.ac.jp/author/DA01311163　このうちここで触れているのは以下の通り。James Epstein, *Scandal of Colonial Rule: Power and Subversion in the British Atlantic during the Age of Revolution,* Cambridge: Cambridge University Press, 2012.

（14）Catherine Hall, Mrinalini Sinha, Kathleen Wilson, eds., *Critical Perspectives on Empire,* Cambridge: Cambridge University Press, 2008–.

(15)　Leonore Davidoff and Catherine Hall, *Family Fortunes: Men and Women of the English Middle Class, 1780–1850,* London: Hutchinson Education, 1987［L・ダヴィドフ，C・ホール『家族の命運――イングランド中産階級の男と女：一七八〇～一八五〇』山口みどり、梅垣千尋、長谷川貴彦訳、名古屋大学出版会、二〇一九年］.

(16)　さしあたりの著作リストは以下を参照。https://ci.nii.ac.jp/author/DA0139423X　このうちここで触れているのは以下の通り。Catherine Hall, ed., *Cultures of Empire: Colonizers in Britain and the Empire in the Nineteenth and Twentieth Centuries: a Reader,* London: Routledge, 2000; Catherine Hall, *Civilising Subjects: Colony and Metropole in the English Imagination,1830–1867,* Chicago: University of Chicago Press, 2002; Catherine Hall and Sonya O. Rose, eds., *At Home with the Empire: Metropolitan Culture and the Imperial World,* Cambridge: Cambridge University Press, 2006; Catherine Hall, *Macaulay and Son: Architects of Imperial Britain,* Yale University Press, 2012; Catherine Hall, Nicholas Draper and Keith McClelland, eds., *Emancipation and the Remaking of the British Imperial World,* Manchester: Manchester University Press, 2014; Catherine Hall... [et al.], *Legacies of British Slave-Ownership: Colonial Slavery and the Formation of Victorian Britain,* Cambridge: Cambridge University Press, 2014.

(17)　Hall, Civilising Subjects, p. 9.

(18)　さしあたりの著作リストは以下を参照。https://ci.nii.ac.jp/author/DA00810113?p=1　このうちここで触れているのは以下の通り。Philippa Levine, *Prostitution, Race, and Politics: Policing Venereal Disease in the British Empire,* London: Routledge 2003; Philippa Levine, ed., *Gender and Empire,* op.cit.; Philippa Levine, *The British Empire: Sunrise to Sunset,* London: Pearson Longman, 2007; Kevin Grant, Philippa Levine and Frank Trentmann, eds., *Beyond Sovereignty: Britain, Empire and Transnationalism, c. 1880–1950,* London: Palgrave Macmillan, 2007; Philippa Levine and John Marriott, eds., *The Ashgate Research Companion to Modern Imperial Histories,* London: Ashgate, 2012; Philippa Levine, ed., *The British Empire: Critical Readings,* New York: Bloomsbury USA Academic, 2018.

(19)　https://ci.nii.ac.jp/author/DA00377086　このうちここで触れるのは以下の通り。Richard Price, *Making Empire: Colonial Encounters and the Creation of Imperial Rule in Nineteenth-Century Africa,* Cambridge: Cambridge University Press, 2008.

(20)　Martin J. Wiener, *English Culture and the Decline of the Industrial Spirit, 1850–1980,* New York: Cambridge University Press, 1981［マーティン・J・ウィーナ『英国産業精神の衰退――文化史的接近』原剛訳、勁草書房、一九八四年］.

(21)　著作リストはさしあたり、以下を参照。https://ci.nii.ac.jp/author/DA00613644　このうちここで触れるのは以下の通り。Martin J. Wiener, *An Empire on Trial: Race, Murder and Justice under British Rule 1870–1835,* New York: Cambridge

University Press, 2008.

（22） Peter J. Marshall, 'British Imperial History 'New' And 'Old',' *History in Focus*, Winter 2003 [http://www.history.ac.uk/ihr/Focus/Empire/index.html].

（23） Mrinalini Sinha, *Colonial Masculinity: The 'Manly Englishman' and the 'Effeminate Bengali' in the Late Nineteenth Century*, Manchester: Manchester University Press, 1995.

（24） D・キャナダイン『虚飾の帝国——オリエンタリズムからオーナメンタリズムへ』平田雅博、細川道久訳、日本経済評論社、二〇〇四年、ix－x頁。原著は以下の通り。David Cannadine, *Ornamentalism: How the British Saw their Empire*, London: Allen Lane, Penguin Press, 2001.

（25） 同上訳書、付章「帝国的な幼少期?」および細川道久「訳者解説」参照。

（26） 同上訳書、iv頁。

（27） 'Are We All Global Historians Now? Interview with David Armitage,' in Carolien Stolte and Alicia Schrikker, eds., *World History: a Genealogy: Private Conversations with World Historians, 1996-2016*, Leiden: Leiden University Press, 2017, p.313. アメリカにおけるブリテン史の帝国論的転回については以下も参照。S・ペダーセン「いま政治史とは何か」、平田雅博訳、所収、D・キャナダイン編著『いま歴史とは何か』、平田雅博・岩井淳・菅原秀二・細川道久訳、ミネルヴァ書房、二〇〇五年、八〇～八二頁。

（28） リーベン『帝国の興亡』松井秀和訳、日本経済新聞社、二〇〇二年、上巻、三九五頁。原著は以下の通り。Dominic Lieven, *Empire: the Russian Empire and Its Rivals*, London: John Murray, 2000; スティーヴン・ハウ『帝国』見市雅俊訳、岩波書店、二〇〇三年、読書案内。原著は以下の通り。Stephen Howe, *Empire: a Very Short Introduction*, Oxford: Oxford University Press, 2002.

（29） Dane Kennedy, 'Imperial History and Post-Colonial Theory', *Journal of Imperial and Commonwealth History*, Vol.24, 1996, pp. 356-359. 後に以下に収録。Dane Kennedy, *The Imperial History Wars: Debating the British Empire*, London: Bloomsbury Academic, 2018.

（30） Mary Louise Pratt, *Imperial Eyes: Travel Writing and Transculturation*, London: Routledge, 1992, p. 6.

（31） Stuart Ward, 'Introduction', in Stuart Ward, ed., *British Culture and the End of Empire*, Manchester: Manchester University Press, 2001.

（32） マッケンジー『大英帝国のオリエンタリズム』、三五頁、が紹介するホーミ・バーバの見解。

(33) Linda Colley, 'What is Imperial History Now?', in David Cannadine, ed., op.cit［リンダ・コリー「いま帝国史とは何か」、細川道久訳、以下に所収。D・キャナダイン編著『いま歴史とは何か』、平田雅博・岩井淳・菅原秀二・細川道久訳、ミネルヴァ書房、二〇〇五年］.

(34) Linda Colley, *Britons*.

(35) Colley, Captives.

(36) 富山太佳夫「渦を作る、そして中心に」、シェリー・ワリア『サイードと歴史の叙述』永井大輔訳、岩波書店、二〇〇四年、解説。

(37) Catherine Hall, 'Introduction: Thinking the Postcolonial,Thinking the Empire', in Catherine Hall ed., *Cultures of Empire A Reader: Colonizers in Britain and the Empire in the Nineteenth and Twentieth Centuries*, Manchester: Manchester University Press, 2000.

(38) Hall, op.cit., p.11; Stuart Hall, 'Introduction,' in Stuart Hall ed., *Representation: Cultural Representations and Signifying Practices*, London: Sage,1997, pp. 1-7.

(39) Catherine Hall, op.cit., p. 17; スコット『ジェンダーと歴史学』荻野美穂訳、増補新版、平凡社〔平凡社ライブラリー〕、二〇〇四年、二三～二五頁。原著は以下の通り。Joan Wallach Scott, *Gender and the Politics of History*, New York: Columbia University Press, 1988.

(40) quoted in Catherine Hall, op.cit., p. 20.

(41) Anne McClintock, *Imperial Leather: Race, Gender and Sexuality in the Colonial Contest*, London: Routledge, 1995. 本書の一部邦訳は、アン・マクリントック「帝国の革ひも――人種・異装・家庭崇拝」村山敏勝訳、『思想』八八六～八八七、一九九八年、岩波書店。

(42) C・L・R・ジェームズ『ブラック ジャコバン――トゥサン＝ルヴェルチュールとハイチ革命』青木芳夫監訳、大村書店、一九九一年、増補新版、二〇〇二年。原著は以下の通り。Cyril L. R. James, *The Black Jacobins: Toussaint L'Ouverture and the San Domingo Revolution*,1st ed. 1938, 2d ed., rev., New York: Vintage Books, 1963.

(43) Hall, *Civilising Subjects*.

(44) Hall and Rose,eds., *At Home with the Empire*.

(45) 平田雅博『内なる帝国・内なる他者――在英黒人の歴史』晃洋書房、二〇〇四年、補章。

(46) Alan Lester, 'Constructing Colonial Discourse', in Alison Blunt and Cheryl McEwan, eds., *Postcolonial Geographies*, London:

Continuum, 2002, p. 29.

（47） Doreen Massey, *Space, Place and Gender,* Cambridge: Polity Press, 1994, pp. 169–170.

（48） Stephen Heathorn, *For Home, Country, and Race: Gender, Class, and Englishness in the Elementary School, 1880–1914,* Toronto: University of Toronto Press, 2000.

（49） Kathleen Wilson ed., *A New Imperial History: Culture, Identity and Modernity in Britain and the Empire 1660–1840,* Cambridge: Cambridge UP, 2004.

（50） Katherine Wilson, *The Sense of the People: Politics, Culture and Imperialism in England, 1715-1785,* Cambridge: Cambridge UP, 1998.

（51） Katherine Wilson, *The Island Race: Englishness, Empire and Gender in the Eighteenth Century,* London: Routledge, 2003, p. 17.

（52） Kennedy, *The Imperial History Wars,* p. 13.

（53） Catherine Hall, 'Introduction', p. 24; ファノン『地に呪われたる者』鈴木道彦・浦野衣子訳、みすず書房、一九六九年、六〇頁。

（54） Burton, op.cit., p.1; Etienne Balibar and Immanuel Wallerstein, *Race, Nation, Class: Ambiguous Identities,* London: Verso, 1991, p. 89. フランス語版からの訳書として以下がある。エティエンヌ・バリバール，イマニュエル・ウォーラーステイン『人種・国民・階級――「民族」という曖昧なアイデンティティ』若森章孝、岡田光正、須田文明、奥西達也訳、唯学書房、アジール・プロダクション（発売）、二〇一四年。

（55） Nicholas Dirks, *Colonialim and Culture,* Ann Arbor: University of Michigan Press, 1992, p. 6.

（56） ペダーセン「いま政治史とは何か」、八二頁。Mrinalini Sinha, 'Britishness, Clubbability, and the Colonial Public Sphere: The Genealogy of an Imperial Institution in Colonial India', *Journal of British Studies,* vol.40（October 2001）.

（57） David Armitage, *The Ideological Origins of the British Empire,* Cambridge: Cambridge University Press, 2000, p. 13［D・アーミテイジ『帝国の誕生――ブリテン帝国のイデオロギー的起源』、平田雅博・岩井淳・大西晴樹・井藤早織訳、日本経済評論社、二〇〇五年、一四頁］; Colley, 'What is Imperial History Now?', p. 139［コリー「いま帝国史とは何か」、二二三頁］.

（58） Peter Fryer, *Black People in the British Empire: An Introduction,* London: Pluto, 1988, p. 4.

（59） サイード『文化と帝国主義』1、一七頁。

第七章　ポスト「ポストコロニアル」総合に向けて

一　ポストコロニアル研究と新しい帝国史

ブリテン（Britain, British の訳語として以下では既存の邦訳書のタイトルなどを除き「ブリテン」と統一する）帝国史研究に対する「ポストコロニアル研究」の侵入とその後の経過について、デーン・ケネディは以下のように表現している。(1)幾人かの歴史家にとって、奇怪な言語、難解な理論を携えたポストコロニアル研究の到来は、野蛮人の侵入にも似ていた。歴史家たちは、バリケードを固め、外部からの侵略者に対して学問分野を守ろうと決意した。要塞はいまや縮小しているものの、いまだに胸壁をパトロールする者もいる。ポストコロニアリズムは、歴史学の境界に時間をかけて浸透し、「先住民」と混合してきた。抵抗する重要な孤立地帯と不同意点はいまだに残るが、外部からの侵入者に対するこの学問分野の立場はおおかたでは疑念や敵対心から寛容どころかいまや親交にまで至っている。

ブリテン帝国史、それはかつて、公文書と国家の政治・軍事・経済的な関心を強調する、厳密な実証主義に基づくもっとも頑固で旧弊な分野であった。それだけに、この分野ほど変化が劇的だったものもなかった。ブリテン帝国史とポストコロニアル研究との間の分断は、当初の一〇年ほどはあまりに大きかったために、この両者の架橋はほぼ不可能であった。ところが、一九九〇年代半ば以降になると、ポストコロニアリズムは、現行の帝国史が意味ある問題を提起しなくなったと感じた一団の研究者の琴線に触れた。それ以外の研究者はポストコロニアル研究の利点に懐疑的なままであったが、彼らもポストコロニアル研究の挑戦に答えるべく自身の研究の再考や再設定の必要性を見出した。その結果、帝国史の著しい復興が起こり、これを現在の歴史学でのもっとも活発で知的に活性化している分野に転化させたのである。

この伝統的な「古い帝国史」への侵入者としての研究者集団は、二つの旗印を掲げて行進してきた。その二つとは「ポストコロニアル研究」と「新しい帝国史」である。一つ目のポストコロニアル研究の代名詞にもなり得るのはエドワード・サイードの『オリエンタリズム』（一九七八年）[2]である。主流のブリテン帝国史家は、当初サイードとその系列の著作に敵意をもって対応した。しかし、ポストコロニアル研究は、とくに過去と現在との間のはっきりした関連を引き出したために帝国の過去への視点を提供し、しだいに多くの賛同者を引きつけていった。すなわち、言説次元の帝国的権力――自身の社会にある概念上のカテゴリーや意味の体系を他の諸社会に押しつける能力――は脱植民地化後にも消滅せず、現在の態度や行動にも継続していると論じた。このことは帝国が消滅したために帝国史家の仕事からも大方は消えてしまった帝国の研究に妥当性を与えた。これが『オリエンタリズム』が成功した理由である。いまやポストコロニアル研究が帝国文化にかんする学問的提起の着実な潮流を生み出したことを無視するのは不可能となっている。[3]

もう一つの「新しい帝国史」の創生には、ポストコロニアル研究におけるサイードのような単一の個人名は見出せない。だが、初期の提唱者たちに共有された確信は、自己完結的な「島国の物語」としてのブリテン史の通常の物語に対して、それは実は帝国によってその進路と性格が形成された複数の方法を認識し損なったものだ、というものだった。これはブリテンと帝国との関係、あるいはブリテン史とブリテン帝国史は相互構築的であった、との改めて見出された確信であった。その主たる意図は、ブリテン諸島を帝国の物語に引き入れて、国内領域自体がいかに帝国利害や植民地属領によって形成されたかを示すことであった。アン・ローラ・ストーラーとフレデリック・クーパーが言うように「ヨーロッパは帝国のプロジェクトにより形成された」のであれば、ブリテンほどこうしたプロジェクトによって深くえぐられて作られた国もなかった。こうした「本国と植民地を単一の分析範囲」におく試みは「新しい帝国史」と一体化していると見なされ、たとえばムリナリーニ・シンハは「本国と植民地をまとめる」ことを課題にし、実際にも、ブリテンとインドの双方を包摂する「帝国的な構成体」の中で植民地的男性性のイデオロギーが発達したことを分析した(4)。

こうした本国と植民地、中心と周辺の間を再興し、ブリテン史をブリテン帝国史の関係を再構築するだけならば、主流にある従来の帝国史家、たとえば「ジェントルマン資本主義論」のケインとホプキンズも同じ目的を追究したというべきだが、彼らの尽力はそれ以前のギャラハーとロビンソンが奨励していた周辺視点から、イングランド（England, English の訳語、以下同じ）中心的な視点に振り子を戻したにすぎなかった。「新しい帝国史」、およびこれに着想を与え続けるポストコロニアル研究が、これと決定的に違うのは本国と周辺の間の相互交換の接触点を追跡し、帝国主義とは両者の相互作用の過程であることを立証し、相互作用の中でももっとも残存しもっとも深い遺産である文化的次元——すなわち自己と他者の相互表象といった領域——を評価することである(5)。

二　制度からアイデンティティーへ

（1）　アン・ローラ・ストーラー

ポストコロニアル研究が歴史家にとって「奇怪な言語、難解な理論」と見なされ、しばしば「韜晦趣味」とも「ジャーゴンだらけ」とも言われるのは、それがもともと歴史学とは分野を異にするポスト構造主義思考からの影響を受けた理論だからである。当初から理論自体を無用と見なしはなから受け付けない実証オンリーの歴史家もいる。彼らはしばしば、歴史と理論を相敵対するものと見なし、理論的考察に依拠する歴史研究には疑義を抱くと非難する。しかし、もっとも厳密に実証的な研究ですらいくら粗雑でも理論、もしくはそれに行き着く前提に依存している。これに照らせば、問題は、歴史対理論、もしくは歴史か理論かの二者択一ではなく、歴史研究にとってある理論がもう一つの理論に対していかなる利点があるか、ということになろう(6)。

ただし、歴史学とは異なるものなので確かに分かりやすいものではない。以下では、いささか図式化や単純化の傾向は否めないものの、ポストコロニアル研究と新しい帝国史の特徴を知るために、とりわけ、旧弊たるブリテン帝国史とのハイブリッド化によって、ポストコロニアル研究は歴史学にいかなるインパクトをもたらしたのかを理解するために、その特徴とインパクトの具体例を、何々から何々へと変化しつつある、という方向性を持たせると分かりやすくなると考えて、これもすでに見ているケネディの著書に収められた複数の論文をもとにして、以下のように五つほどに整理する。

第一は、「制度からアイデンティティーへ」である。これは、たとえば、植民地における混血により、白人がヨーロッパ人としての人種のアイデンティティーが脅かされるといった場面を分析する時に、適用される。第二は、「政治から文化へ」への流れである。ポストコロニアル論的転回が生み出したものは、軍事や政治（あるいはそれらと絡んだ物質的な諸力）を強調する説明から、文化的イデオロギー的要因に力点を置く説明へと重点を移動させた。第三は、「エリートからサバルタンへ」である。帝国のエリートの意図（「当局者の意図」）から植民地臣民（あらゆる種の「サバルタン」）の経験へ、という方向である。その他に、第四として、研究者が白人男性のブリテン人歴史家から、非白人、女性、アメリカの非ヨーロッパ諸国出身者に変化した。第五に、研究の時代背景としての冷戦から冷戦終結、グローバル化の時代に変化したことも指摘できよう。このうち以下で検討するのは、上記の上から三つである。

ポストコロニアル研究がブリテン帝国史家（とりわけその主流にはいないと自覚する研究者）を引きつけた主要な方法の一つは、アイデンティティー、とくに人種やジェンダーのアイデンティティーの問題への接近方法であった。ポストコロニアル研究は、文化と権力の交差を強調し、人種、ジェンダー、階級、宗教、その他の「差異」に決定的な役割を与えた。

ここでアイデンティティーとは何か、をジョナサン・カラーの訳書の一節で確認しておくと、アイデンティティー、言い換えると、「私とは何か」「私が私であり続けるもの」をどう見るかは、「私」とは①与えられたものか、②作られるものか、自己とは③個人的なものか、④社会的なものか、の四項の組み合わせで異なったものとなる。とくに、①与えられたものと④社会的なものの二項を組み合わせて、自己はその起源と社会的な属性によって決定されることを強調する考え方をとると、人は「男か女、黒人か白人、イギリス人かアメリカ人等々であることになり、そのことが主体あるいは自己にとっての第一次的な事実、所与となる」[7]。こうしたジェンダー、人種、国民が自己の第一次的な所与となるという見解は、本章でいうアイデンティティーの考え方に近い。

ジェンダー、人種、国民、その他の「差異」をもとにしたアイデンティティーに関わる歴史家は多く登場したが、最初に見てみるのは、アン・ローラ・ストーラーの仕事である[8]。ストーラーの博士論文『プランテーションの社会史』の研究対象は、一九～二〇世紀のオランダ領東インド帝国、とりわけスマトラ島デリであり、ブリテン帝国ではない。しかし、二〇〇二年刊行の『肉体の知識と帝国の権力』ではブリテン帝国を含む広くヨーロッパの帝国史に触れている。この著書での関心は、親密なるもの（私的な生活空間での、誰と一緒に住み、どこで生活し、何を食べ、どのように子供を育て、家庭で使用人や家族に何語を用いるか、といったこと）である。より具体的な対象は、植民地でのセクシュアリティ、すなわちヨーロッパ人男性と同棲関係における同居愛人、売買春における娼婦（同居愛人も娼婦も「アジア人」「アフリカ人」「有色人種」「黒人」というラベルを貼られた）との関係、これが社会問題ないし政治問題となる二〇世紀初頭の危機への対抗手段としてのヨーロッパ白人女性の渡航、男性雇用者が使用人に強制的ないし金銭的に労働させることでまかなわれた家事労働、「人種の異なる」結びつきから生まれた混血児、「現地化した白人」すなわちヨーロッパ的な文化的規範から逸脱してしまった男性、および現地の食事や現地のやり方に過度に慣れてそれらに通じてしまったヨーロッパ人の子供である。[9]

植民地におけるセクシュアリティの研究はまったくなかったわけではなく、マッケンジー帝国主義研究シリーズの一冊もあり、[10]ストーラーも「ロナルド・ハイアムといった植民地を研究対象とする何人かの歴史家は……帝国の拡張それ自体が男性の性的エネルギーをはけ口であったことを示唆してきた」が、これのみでは「植民地に輸出されたイギリスやフランスの下品な秘密といった帝国史の怪しげな裏面」に終わりかねず、これとは研究の目的と方法はまったく異なる、と説明する。

ストーラーが力点を置くのは、植民地における「混血」児の存在により、白人＝ヨーロッパ人としての人種のアイデンティティーが脅かされる問題、「オランダ人」や「ヨーロッパ人」といったはっきりしたカテゴリーにいる人間にも、「困窮白人」や「混血」といった判然とはしないカテゴリーにいる人間にも、いずれも同じようにあてはまる、植民地における分類上の差異の問題、「どちらにもころぶ可能性があり、かろうじて両者のあいだにとどまることもありうるカテゴリー」「つねに定められたものであるとともに流動的であり、明確であるとともに変幻自在に変化し､受け入れられるものであるとともに融通がきく人種化されたカテゴリーがはらむ矛盾と政治的帰結」である。[11]

ストーラーが「明らかにしたいのは、植民地運営においてなぜ親密なるものがこれほど重視され、性に対する配慮がこれほど問われたのか」ではあるが、親密なるものを重視するからといって、マクロの次元を無視するものではない。たしかに「性を考えること、つまり誰が誰といつどこで関係するのかを考えることは、支配のミクロな次元に近づくこと」ではあるが､「支配する者とされる者の性行為の管理が植民地社会秩序にとって根本的に重要だったのであり、セクシュアリティに関する言説は植民地の人々を特定の人間の種別へと分類する一方、帝国支配における家庭を隅々まで管理していたという前提」であったために、ミクロの次元だけではなく、「同時に植民地主義のマクロな政治学についてわれわれが知っていると考えていることの再考を意味するという論点」にも取り組むことが重要である。実際、「家族圏や親密圏のようなミクロな場所がどのようにして、そしてなぜ帝国支配のマクロな政策にはっきりと登場するのかというテーマ」こそ「すべての章に一貫して明らかな理論的テーマ」なのである。(12)

上述からただちに理解できるように、これはフーコー理論、とりわけミクロな次元の権力論との親和性が明らかである。フーコーに魅了されるあまり一書を書き上げているし、『肉体の知識と帝国の権力』(13)にも「フーコーを植民地的に読む」と題された第六章が組み込まれている。ここでは、一般には、フーコーは「西欧」のみに関心があり、植民地や人種問題とは無縁であるとの定説を覆し、フーコーの講義録から「植民地での実践が、西欧の法的・政治的構造にはね返ってくる効果」に触れている箇所や「人種主義はあらゆる近代国家において生権力の発展の仕方の基礎である」とのフーコーの主張(14)を提示している。それどころか、『性〔セクシュアリティ〕の歴史』(15)の中でも無視されてきた「セクシュアリティの歴史と人種の構築をフーコーが戦略的に結びつけ」ている重要な箇所も指摘して、この本は西欧ばかりか「一九世紀帝国世界に語りかける」本である、と述べる。(16)

ストーラーが依拠するのはフーコーばかりではない。自身が記す通り、「植民地支配における人間の分類範疇にたいする関心はいくつかの方面からはじまった」として、第一は、マルクスからイギリスにおける労働問題の歴史的研究（E・P・トムソンとダグラス・ヘイズ）をへてサバルタン研究にいたる系譜、第二は、グラムシとフーコーをへてサイードにいたる系譜、第三に、植民地政府による統計や様々な表象にたいする人類学と歴史学を統合したバーナード・コーンの研究と、これを取りあげたアパデュライ、ニコラス・ダークス、プラカシュなどを挙げている。自身は「政治経済的側面、すなわち植民地期のインドネシアにおける労働管理の戦略を可能にした人間の分類範疇にまず関心をいだき、支配をもたらした多岐にわたる人間の分類範疇や人種の認識論へと関心を移した」としている。(17)

ここから、フーコーへの関心はグラムシからサイードへの系譜の中で生まれたことが分かるとともに、マルクス、トムソンからサバルタン研究への系譜やコーンからバークスらへの人類学の系譜も影響を与えていることから、それぞれポストコロニアル研究、サバルタン研究、人類学的歴史学の系譜との親和性がわかる。しかし、それより重要なことは当初から「労働管理」をみる上での「政治経済」に着目していたことかもしれない。この点は、古くから存在する「政治経済」の潮流とこれらの新たな潮流との統合を考えていくのに大事なポイントとなるので後段でも触れることになる。

（2）アイデンティティーを求めて

ストーラーの仕事は、ラタ・マニ、ムリナリーニ・シンハ、フィリッパ・リヴィンの仕事とともに、「ジェンダー、人種、セクシュアリティの文化的利用に焦点をあてた」「アイデンティティーに関するもっとも興味深い研究」である。彼女たちは「現行の帝国史が意味ある問題を提起しなくなったと感じた」歴史家たちであり、ポストコロニアリズムが彼女たちの「琴線に触れた」のである。ただし、ポストコロニアル研究の目的と方法を採用したのは、彼女らに留まらない。それはとくにフェミニスト歴史家にあてはまり、そのジェンダー問題への関心は、女性の役割や機会を明らかにする言説実践や制度的な構造への注目にますます向けられた。中流階級女性が、海外でのブリテンの文明化の使命、とくに悲惨でよるべなきインド女性を抑圧的な社会から解放する仕事に関与した「帝国市民」としてのアイデンティティーを構築することによって諸権利を要求したことを示したアントワネット・バートン[18]と、キャサリン・ホール、キャサリン・ウィルソンなどが挙げられる[19]。

とくにホールは、かつてイングランドの中産階級文化の女性を検証していた歴史家[20]だったが、「帝国論的転回」後の仕事では、解放後のジャマイカでの元奴隷の生活を転換させようとしたバーミンガムのバプティスト派の宣教師について、豊富な文献を駆使して研究した。そこでは、人種、ジェンダー、宗教、その他のアイデンティティーのカテゴリーが、本国と植民地において相互に形成されていく差異の構築を通じて再構成されていくことが立証された。[21]

歴史家に大きな関心を引きつけたアイデンティティーに関わるもう一つの問題は、植民地国家が利用した、臣民を定義し差異化する「分類の権力」である。この権力は、臣民が過去に承認し採用していた以上に厳格で相互に排除的なカテゴリーを押し付ける。人類学者バーナード・コーンは、歴史と人類学の関係に関心を持ち、近代初期から近代の南アジア史に帝国史をもたらして帝国史を再形成した重要人物である。中心的な関心は分類システムの展開でインドが支配の新たな技術の実験場として使われた方法であった。この分析のための基礎的な仕事の多く、たとえば、インド人を数え挙げて分類する植民地センサスやその他の国家事業についての研究を行った。[22]

こうした研究はただちにサイードを想起させるが、サバルタン研究の代表的な歴史家の一人であるディペッシュ・チャクラバーティが注記するように、サイードの『オリエンタリズム』が刊行される「はるか前からコーンはシカゴ大学の学生たちに知識と権力との関係の基礎について教えていた」。[23] コーン自身の論文では以下のような叙述がある。植民地統治は、直接の支配システムと同様、知の形式にも基づいていた。一七八四年に王立ベンガル協会の設立以来、インド史、インドの思考様式、宗教的信仰や慣習、社会や制度についての知識は着実に積み重なっていた。この蓄積は、法廷、歳入の評価や税徴収、情報を順序立て分類せよ、との命令を受けたブリテン側の実践的な経験の結果であった。[24] 弟子のニコラス・ダークスも、その著書[25]でブリテン人が提示したインドのカースト制のおおかたは、インド人を分割し従属させるために、錯綜して移ろいゆく一連の社会的関係を歪曲し単純化したブリテン人自身の構築物であったと論じた。

さらに、身体自体がアイデンティティーを指示する研究もみられた。デイヴィッド・アーノルドと他の医学史家は、ブリテン医学によって、植民者と被植民者の両方の身体にふりかかる疾病の分類や治療における人種的差異がコード化されたことを立証した。[26] 身体を問題とする歴史家には、他にも、エリザベス・コリンガムやティモシー・バーク（植民地期、ポスト植民地期のジンバブエにおける石鹸、家庭性、身体の規律訓練の研究）がいる。とくにコリンガムによるブリテン領インドにおける「帝国の身体」の検証は、服装、食の好み、個人的な衛生といった、ごくありふれた問題でさえも、植民者と被植民者の両方の身体をめぐるモラルの判断と同様、ジェンダーや人種の区別を設定する際の差異の重要な――しかも変遷する――目印であったことを明らかにした(27)。

アイデンティティーに焦点をあてた研究は意外な方向に向かうこともあった。それは、カナダ、オーストラリア、ニュージーランドといった白人移住者植民地における個々の「島国」植民地のアイデンティティー、およびそこでの移民とその子孫のアイデンティティーをめぐって提起された。その中心となったのは一九九八～二〇〇七年間に開催された「ブリティッシュ・ワールド論」学会に連座した新たな研究者集団であり、彼らのアイデンティティーの展開に焦点をあてた数十年にわたる歴史研究は、移住者に見られる広範な「ブリティッシュ・アイデンティティー」への忠誠のありようを主張した(28)。

この「ブリティッシュ・ワールド論」は、ポストコロニアル研究の方法と非西洋世界の従属帝国の「不当な」強調への批判から発生した側面もある。ポストコロニアル研究は独自な方法論や南アジアなどの従属帝国を強調した。これに対して、「ブリティッシュ・ワールド論」は、あくまで従来からの伝統的な実証主義と従属帝国以外の白人移住植民地にこだわり、こうしたポストコロニアル研究への反動として生まれた側面があるのである。

とはいえ、ブリティッシュ・ワールド論者がアイデンティティーの問題に関心を示したこと自体は、ポストコロニアル研究が帝国史研究で生み出そうとした方向性の転換を示すものでもある。定住者社会に広く見られる「ブリティッシュ・アイデンティティー」が「ブリテン帝国」との関係で構築されたものとし、そうして作られた「汎ブリテン帝国アイデンティティー」を分析すると、「人種」の問題に直面せざるを得ない。この白人移住植民地での人種問題が顕著に現れるのは、ブリティッシュ・ワールドの移民社会が非白人の現地人を周辺化したり、非白人の入移民を規制したりする「白人性」を要求した局面である。ここで、ポストコロニアル研究的な視野から着想する歴史家が、ブリテン移民社会の実証的な研究に影響力を発揮する。こうした歴史家の中には、白人移民と現地民の人種関係の検証に新たな分析の厳格さをもたらし、異人種間結婚や同化から隔離や絶滅までにいたるまでの多様な相互交流を見出し、人種的差異の構築の意味を評価する者もいる。[29]

実証研究がポストコロニアル研究に反発したり刺激を受けたり、反対にポストコロニアル研究が実証研究に影響を与えたりと、実証研究とポストコロニアル研究の間でのある意味でのコラボレーションの例は、ブリティッシュ・ワールド論に限ったものではない。前述したようにかなりポストコロニアル研究に傾斜したストーラーでさえ、労務管理や政治経済といった実証研究を無視しているわけではなく、当初からそれに立脚していた側面もある。

S・ペダーセンは、総括的な研究サーヴェイ「いま政治史とは何か」の中で「帝国論的転回」について好意的な評価をしており、先に触れたシンハを「多くの点でサイード的な契機の子供」とも評価している。[30]しかし、シンハは、サイードの「オリエンタリズム論」のような全体的な言説の枠組みを使わずに、ブリテンの官僚はインドのナショナリストを自治を行う「男らしさ」に欠けると決めつけ、後者は「女々しさ」を認めつつもそれを植民地的従属のせいだとしたと、両者とも「男らしさ」と「女々しさ」という競合する観念を使ったことを立証した。シンハは、この議論の歴史的特殊性を強調し、あくまで特殊な政治闘争に基づいて男性性の主張と権力の要求との連関をえぐり出す研究をおこなった。実証研究としてマッケンジー総編集の帝国主義研究シリーズの一冊に収められた。

ケネディが繰り返し指摘するように、[31]ポストコロニアル研究は、アイデンティティーというテーマに参入していく唯一の道ではなく、社会史や文化史の主流の歴史家たちももう一つの選択肢を提供している。帝国とも関連する「ブリティッシュネス＝ブリテン性」や「ブリティッシュ・アイデンティティー」に限っても、ジョン・M・マッケンジー自身の著作とその「帝国主義研究シリーズ」があるし、[32]リンダ・コリーの『イギリス国民の誕生』は、ブリティッシュ・アイデンティティーの歴史的構築への関心を一新したここ数十年間のすべての研究の本源である。ただし、ポストコロニアル研究は彼女の方法に影響を与えていない。[33]また、さらにさかのぼると、J・G・A・ポーコックによる「新しいブリテン史」の膨張的理解は、近年の「ブリティッシュネス＝ブリテン性」の帝国的次元への関心の先がけであった(34)。

三　政治から文化へ

ポストコロニアル論的転回が生み出したもう一つの特徴として、「政治から文化へ」、ないし軍事や経済（もしくはこれと関連する物質的な諸力）を強調する説明から、文化的イデオロギー的要因に力点を置く説明に向かったことが挙げられよう。

(1) ティモシー・ミッチェル

ここでは、こうした文化研究の一つとしての「博覧会」から開始してみよう。博覧会は、重要な文化研究の事例として、たとえばマッケンジーの帝国主義研究シリーズにも取り上げられている。当シリーズでももっとも多い「文化」や「メディア」に分類すべき研究として、まずはマッケンジー自身の『プロパガンダと帝国』をはじめとしたプロパガンダ研究が挙げられる。これに類するのは、愛国心、教育、小説、少年文学、旅行記、英雄、博物館、広告、スポーツ、音楽、絵画、劇場、新聞などと帝国ないし帝国主義の関係の研究である。帝国の観点からは、博覧会は帝国の支配的な文化媒体の壮大な展示場である。現に、このシリーズにも世界中から物品を集めて一堂に展示する「万国博覧会」について一巻がある他、編著を構成する各論としても取り入れられている(35)。

もちろん、ここでみるポストコロニアル研究の着想から書かれたティモシー・ミッチェルの著書も、現実の博覧会にも触れて、「好奇心むき出しの見物人の群れ、展示や模型の仕掛け、パノラマや透視図の仕組み、新しい発見物や商品の展示、鉄とガラスでできた建築物、分類の体系、統計の方法、講演会、見取り図、手引書(36)」について記述している。

ただし、純実証研究とは異なる点は、ミッチェルが対象とするのは、以下の二つの引用のように、あくまで表象の中の博覧会、あるいは現実と表象の境界にある博覧会であることである。「意味もしくは表象の問題は……本書の中心的テーマ」であり「資本主義近代の形而上学において、世界は、物質的現実とその表象――言語、文化、その他のかたちの意味――とのあいだの存在論上の区別によって経験されている。現実が物質的で、それ自体としては不活性であり、内在的な意味をもたないのに対し、表象は非物質的、非物理的な知性の次元である。表象の性質を例示する題材として、本書はヨーロッパの植民地化事業の一環をなす、一九世紀の壮大な万国博覧会をとり上げ……近代主義のこの形而上学を「博覧会としての世界」と呼んで論ずる」。「物理的な仕切りが、博覧会とその外部にある現実世界とを分離し、その内部にある展示品は、文化と進化に関するヨーロッパの歴史的・地理的秩序を表現するように配列され、その秩序は博覧会に関するおびただしい数の図面、標識、手引書の中に反映されて、また再生産された。その結果として、博覧会は外部の現実世界を模倣するだけではなく、現実世界に存在する無数の人種、領域、商品の上に意味の枠組みを焼きつけるものとして立ち現れる」。

これらはヨーロッパで開催された博覧会についての非ヨーロッパ人の記述をもとにした表現である。従来の博覧会研究が圧倒的にヨーロッパ人の記述をもとにした研究が多いのに対し、ミッチェルが非ヨーロッパ人（とりわけエジプト人）が博覧会を見て記述した史料を多用しているのはもう一つの特徴である。それによると「非ヨーロッパ人たちは、ヨーロッパで、万国博覧会の時代に、あるいはむしろ博覧会としての世界の時代に出会ったのである。ここでは万国博覧会とは世界の展示ではなく、展示であるかのように概念化され把握される世界を指す」。博覧会は、もはや通常の世界の展示ではなく、展示であるかのように概念化され把握される「世界」である。そしてこの「世界」とは「博覧会としての世界」だったのである(37)。

ここから舞台は博覧会が開催されたヨーロッパから「博覧会としての世界」の一部であるエジプトに移る。エジプトを対象にするといってもブリテンによる「エジプト植民地化の歴史の研究ではなく、植民地化する権力の研究である」。純実証研究ではなく権力の研究であることを重ねて述べる。さらにその注記によると「植民地化する」

とは、ヨーロッパの存在を確立することだけのことではない。それは「新しい空間概念、新しい人のあり方(manhood)、そして現実なるもの（real）の経験を産出する新しいやり方を、社会的世界に刻み込む政治秩序が普及することである」。

具体的には、一九世紀前半のエジプトの農村部の日常生活への介入（外部への移動の禁止、農業収入の制御であり、農業生産の上がりから取り分を獲得するばかりではなく、農村の生産過程に浸透し、過程を構成する要素を操作すること）、一八二〇年代のエジプト軍改革、義務教育制度の導入（学校教育は、国中のすべての若者を勤勉で従順な政治的服従者＝主体（subject）に変身させる手段を提供するとされ、一九世紀後半には、近代国家の政治にとって学校での規律訓練（discipline）は決定的に重要な要素だと考えられるようになった）の分析である。(38)

以上のエジプトの農村部、軍、学校の分析に使っているのは、すでに察しがつくようにフーコーの言説理論、規律訓練論である。「空間の再秩序化と監視に基盤を置く権力形態、およびそこに暮らす人々の統率は、本質的なところで、方法的に植民地化するものであった」(39)。そのうえ、西欧にしか適用できないとされたフーコー理論だが、ミッチェルは、たとえばフーコーが論じた円形＝一望監視刑務所の設置が西欧より、植民地の方で「先行していた」ことを立証している。ミッチェルは、ハイデッガーやデリダも活用しているが、とりわけ多用しているフーコー理論との親和性がみられる。

(2)　空間・場所・地理

ケネディは、上述のミッチェルの著書を、ヨーロッパの規律訓練の秩序、現実と表象を区別し「博覧会としての世界」を作る秩序に、エジプトが屈したことを描いた、とコメントしている。ポストコロニアル研究の特徴の一つは、「空間」「場所」「地理」などへの注目であり、ミッチェルの著書は、「景観の組織化」「空間の再秩序化」といった場所や地理に関連する問題提起なのである。(40)

ポストコロニアル研究の始祖の一人であるフランツ・ファノンによる、植民地都市での区画化された二つの空間、すなわちヨーロッパ人が住む「入植者の町」、現地人が住む「被入植者の町」との二つの区分について言及した一節を、ミッチェルも引用している。「自ら〔入植者〕を秩序、合理性、礼儀正しさ、清潔、文明、そして権力の場と定めるためには、自身の外部〔被入植者の町〕に非合理で無秩序で不潔で肉欲に捕らわれ、野蛮でおどおどしたものを表象してやらねばならなかった。都市は自らを現出させるために、つまり、その類例のない純正なアイデンティティーを構成するために、このような「外部」というものを必要とした」[41]。こうした他者を介して自己のアイデンティティーを確立する技術こそ、エドワード・サイードが「オリエンタリズム」として分析したものである。より大きな知的・政治的な文脈のなかでこのより大きな意味において現地人の市街は「オリエント的なものでなくては」ならなかった[42]。サイードの「オリエンタリズム」自体が場所や地理の問題に大きく関わっていた。

ここからは、ミッチェルを離れて、ここもケネディに沿って、ポストコロニアル研究の特徴としての「場所」「地理」の問題につなげていくと、ポストコロニアル研究による歴史学への影響力の一つは、歴史研究に着想を与えてくれる空間的前提ないし地理（ジオグラフィ）の課題である。

この課題は二つの形態をとり、一つはサイードの分析で言う、西洋を非西洋から分かつ「心象の地理学」である。サイードは、こうした西洋と非西洋の二分法の分類カテゴリーから連想される領域的空間には、権力を行使しようとする帝国言説の場としての文化的意味と政治的意義が満ちていることを示した。こうした空間の帝国的な表象へのサイード派の関心は、歴史家を歴史地理学者、文学研究者、美術史家などとの対話に持ち込み、一大研究集団を生み出した。彼らによる一連の研究はヨーロッパの探検家、官僚、宣教師などが奇妙でエキゾティックな環境に「意味」を付与した方法に関心を向けた。こうした意味としては、「熱帯」が持つ腐朽と堕落の意味、「暗黒のアフリカ」という言葉に表現される危険や欲望の意味もあり、これらをめぐる著作は、文化的に構築されるヨーロッパ人の空間や場所の観念を明らかにした[43]。

もう一つの「地理」の課題は歴史研究の優先的な場として特権視される「ネーション」である。この課題は「ネーション＝国民」が余りにも特権視される歴史研究の方法への不満から提起された。これによって、国民史（ナショナル・ヒストリー）＝一国史への継続的な批判が開始され、人、慣習、思想が動き回る空間の移動性、移民、多様な循環などへの関心がもたらされた。

ブリテン植民地世界を研究するポストコロニアル研究の歴史家は、研究の空間幅を恣意的に「ネーション」を中心とする歴史学が発揮した影響力に不満を抱いており、これに対抗するために二つの戦略をとった。一つは利害やアイデンティティーが国家から切り離されたサバルタン（以下に触れるように、エリートから区別される下層階級の民衆）に直接的な関心を向けること（こうすればネーションを「断片化」することになる）[44]、もう一つは、関心をナショナル・ヒストリーの領域を越えたディアスポラや他の国家横断的な（トランスナショナル）過程に関心を移すことである。

サバルタン研究自体については後段で触れることにして、後者にのみ触れておくと、これに連なる興味深い一例で、太平洋史家のトレーシー・バニヴァニア＝マーの研究は、植民地支配に対抗する現地島民が「集団立ち退き、拡散」し「国家なき形態の脱植民地化」を経験したことを追跡した[45]。

もちろん、ポストコロニアル研究のみがこの方向を目指しているのではなく、ブリティッシュ・ワールド研究メンバーやグローバル化の経済史家もこうした「脱ネーション」の課題に取り組んでいる。また従来の実証的な社会史家、人口動態史家も、本国から外国の地へのブリテン人移民、アフリカ人奴隷、インド人年季契約奉公人などの人間の特定集団の動きを追求した膨大な研究をし、経済史家も資本と商品に関して同様な研究をした。しかし、驚くほど注目されていないのは、人とモノの動きを可能とする国家横断的なネットワークであり、思想、制度、文化的実践を世界的に流通させる同様に重要なサービスに注意が払われていないとして、ケネディが注目するポストコロニアル研究者は、アフリカ人ディアスポラのトランスナショナルな文化的拡散を検証したポール・ギルロイ[46]、ブリテン植民地世界を研究する歴史家のうちではアラン・レスターとトニー・バランタインの二人である。とくに、バランタインは最初の本で思想（アーリア主義）、次の本で人々（シク教徒）がいかにして帝国中を駆けめぐったか、場所を移動するごとに変化を遂げていく思想や人々の意味とアイデンティティーを示した[47]。

こうした空間の再概念化の結果として、帝国権力の一方的な流れ（本国から植民地へ）をめぐる標準的な前提は挑戦を受け、帝国の「脱中心化」と呼ばれるものを生み出した。これは単に帝国権力には限界があったとの主張にとどまらず、多様な場所への権力の分散を認めることにもなる。また帝国の広がりは支配を強めるどころか、むしろ反植民地主義の担い手や思想の流布を助けた。帝国は、こうした思想の影響力を広げてブリテン支配に敵対する者たちに共通の基盤を提供したのではないか、との認識も生まれたのである[48]。

四　エリートからサバルタンへ

（1）　ラナジット・グハ

ロビンソン＝ギャラハーの「当局者の意図」は、帝国主義政策決定者のエリートに着目した方法を示す言葉だった。「エリート」の対極にある言葉は「サバルタン」である。ここでは「エリートからサバルタンへ」の流れをみる開始点として、サバルタン研究の代表的な歴史家ラナジット・グハの著書『世界史の脱構築――ヘーゲルの歴史哲学批判からタゴールの詩の思想へ』を見てみよう[49]。

まずそのサバルタンとは何か。それはイタリアの政治家にして思想家のアントニオ・グラムシが、階級分析のために使った用語で、もともと「下位の」という意味から「下層の民衆階級」を指す用語として広く使われるようになっている。具体的には、サバルタンとは、抑圧され、主体性を奪われ、政治の表舞台には出ない人々（貧困にあえぐ民衆、被植民者、女性、マイノリティ、移民、難民等々）を歴史にいかにして登場させるのか、彼らははたして声を出せるのか、という文脈のなかで論じられるようになった[50]。こうした帝国のエリートの意図（「当局者の意図」）から植民地臣民（あらゆる種の「サバルタン」）の経験に注目していく課題は、その成果の有無はいまだ問えなくとも、サバルタン研究やポストコロニアル研究のみならず、ポストモダン、オリエンタリズム、フェミニズムといった様々な潮流が取り組んでいるといってもよかろう。

グハ『世界史の脱構築』の問いは「征服や植民地化によって奪われた過去を、植民地化された社会の人々が取り戻そうとする」にはどうしたらよいか、というラディカルなものである。まず冒頭において、「インド亜大陸におけるイギリスの至上権」は「インドの過去を横領し、それを土台に植民地国家の建設に利用するという独特の性格」を持っていることを述べている。この「イギリス支配の特殊性」ないし「この国家主義的な企て」は「徴税や土地に関する法律、司法制度や植民地軍の樹立、さらには西洋式教育による植民地文化の宣伝や公用語としての英語の普及など、統治のすべて」「イギリス支配の構造や経歴のすべて」に関わっていた。

こうした支配を可能としたのは「征服の事実とそれを可能にした実力」ばかりではない。「植民地的なあらゆる知識」に属する言語学や政治経済、旅行記や民族誌、芸術や科学の多くの本も力を発揮した。その中でも「哲学はすべて知識を包括して理解するという点で群を抜いている」。「哲学の力はその抽象性にある」ためにその「力によって、植民地主義に関わる様々な活動やイデオロギーが理性という注釈の下に取りまとめられて配置され」たのである。「そのような抽象化の、最も影響力を持った事例」として、グハが批判の照準を定めるのが、ヘーゲルの歴史についての著作『歴史哲学講義』である。

ヘーゲルは、この著作の一節で、哲学的な歴史の対象となるのは、「意識が朦朧とした国民」「国民の朦朧とした歴史」ではなく「国民」としての意識に目覚め、行動の意義を理解する国民の精神である、とした。これによって「世界史」の対象として選ばれた幸運な人々は、「そうではない人々とは別のカテゴリーに位置づけられた」。「そうではない人々」は「歴史を持たない人々」などと呼ばれ、「哲学的な歴史の対象」外に置かれた。国家を形成する国民を重視するために「ヘーゲルの体系においては、国家が中心的な位置を占め」た。ここからヘーゲル的な「国家主義的な政治によって隷属させられてきた植民地的な過去をどのように表象するか」が重要な課題として浮上する。[51]

ここから、本書の問いである「征服や植民地化によって奪われた過去を、植民地化された社会の人々が取り戻そうとする」にはどうしたらよいか、を設定する。この「企て」は根本的な問題に迫るがゆえにラディカルである。この企てのためには、「これまで歴史叙述において当然のように学んできたものをじっくりと再考し、「それまで学んできたことを忘れる」痛みを味わう必要がある」とまで述べている。それは「植民地的な知の様式によって強制された支配の一方法」である歴史叙述、「国家主義が堅固に埋め込まれた歴史叙述があまりにも成功したがために、私たち歴史研究者はついに問題の所在に気づくことすらなくなっ」ていたからである。

それでは「これまで学んできたことを忘れて」新たにいかなることを学べばよいのか。「植民地となる前まで存在していた土着のナラトロジー」、歴史叙述とはきわめて異なる方法で「歴史となりえるもの」を扱う文学、詩人タゴールに詠われたもの（日々この世界に生きてきた人間の物語としての過去）、叙事詩『マハーバーラタ』（聞き手のイニシアティヴによって内容が決まる、語り伝えられたお話の倉庫）であり、これらは散文から韻文へ、書かれたものから口碑や伝承への方向性転換を促す。「歴史となりえるもの」は、散文や書かれたものだけに限らず、韻文や口碑によるものも含まれるのである。これはヘーゲルのいう「世界史」に幽閉されてきた「歴史となりえるもの」、ヘーゲルの国家主義によって「世界史」の外にはじき出された側の人々＝サバルタンを「救済しようという呼びかけ」である。[52]

ケネディによると、グハは「近代歴史学を全面的に拒絶する」本書で、西洋様式の歴史をヘーゲルを起源とする本質的に帝国的な思想システムと同定し、それを拒否することを促し、『マハーバーラタ』のような伝統的な叙事詩によって喚起される奇跡を回復させる物語の立場をとるに至っている、となっている。[53]

たしかにこの著書には、近代歴史学自体のあり方を問おうとする姿勢がみえる。これまでもヘーゲルの歴史哲学への批判（啓蒙主義や歴史主義との批判、国民国家中心主義との批判とそれに対する国家を形成できなかった「歴史なき民族」の見直しなど）は多くみられたが、それらはほとんど現行の歴史叙述や歴史学の内部で行われた批判であって、グハがいうようなこれに代替する叙事詩『マハーバーラタ』の提示までは行っていない。そうした意味ではこれまでの歴史叙述そのものへのラディカルな批判、パラダイム転換の提言をしたとも言える。

ただ、こうしたラディカルな提言のかなり以前のグハには、サバルタンの一つである農民の声を拾う試みとして、「反乱鎮圧の文章」という論文があった。ここでグハは、農民と言えば謀反を起こした犯罪者として記述されるに留まってきた「国家の側から書かれてきた従来の歴史叙述」を分析した。竹中千春によると、「グハは役人や軍人が残した公文書の文章を紐解き、行間を読み取り、意味を裏返し、文字の隙間からその向こう側に潜んでいた人々の一瞬の姿を捉えようとする。……記録を改めて精査し、テキストという歴史の境界線を挟んだ「書かれた歴史」と「書かれなかった歴史」を対照し、「書かれなかった歴史」の中にいた人々の声に耳を傾ける」[54]のである。

具体的には、反乱の最中に役人や軍人によって書かれて直接性を特徴とする第一のディスコース、少し遅れて書かれて時間が経ち、一見「中立的な」第二次のディスコース、さらにかなりの時間が経過し、役人経験のない人やとりわけ左翼によって書かれた第三次のディスコースの分析をしている。問題は、武器を取って救いを求める農民の闘争は正しいと論じるとき、第三の左翼の議論は自由主義的な帝国主義者のタイプの第二次コースとは袂を分かつが、左翼の議論も、宗教こそが部族反乱の核心だったことを見抜けなかった点である。反乱を起こした人々にとっては宗教的な意識こそが重要だったと認めようとしなかった理由は、植民地主義的な第一次、第二次のディスコースを支えてきたパラダイムに、捕らわれたままだからである。右翼の「イギリスの支配」が主となる歴史や左翼の「国民」「人民」が主となる歴史のパラダイムに捕らわれたまま、いずれの場合も反乱に加わった人々が自分たちの歴史の主役であったことを認めず、結局のところ、反乱を起こす人々に固有の意識は書かれなかったのである。[55]

反乱者の宗教的な意識は、左翼の歴史家も読み解けなかった「書かれなかった歴史」ではあるが、公文書の「行間を読み取る」ことで、サバルタンの声にたどり着こうとする。これがかつてのグハの方法であった。むしろ、これはサバルタン研究に共感を寄せる研究者はもとより、サバルタン研究とは無関係のおよそ声なき声を探ろうとする歴史家の「通常」の方法になったと言ってもよい。この論文が書かれてから『世界史の脱構築』の立場にいたるまで二〇年ほど経過しており、この間で、グハは変化、ないし深化を遂げたともいえる。したがって、グハは、ケネディのいう「ポストコロニアル研究からの挑戦により、自身の学問分野の認識論的基盤への疑義を抱くようになった歴史家」の一人であることは間違いなかろう。(56)

(2) 認識論

「自身の学問分野の認識論的基盤への疑義を抱いた」のはグハに限らない。ケネディに沿って見ていくと、そうした歴史家の中には、「植民地的なあらゆる知識」を告発して、文書館は客観的な歴史の知識を可能とする過去に関する情報の「中立的な」収納場所という見解を斥けるに至った者もいた。文書館もしょせん国家の利害や関心を反映する、国家の道具であるとの告発である。ポストコロニアル研究者の告発は文書館に限らず、センサス、土地測量、博物館といった植民地情報収集の実践や制度に対しても発せられた。(57) アントワネット・バートンはこの批判に、通常は私的で記憶を通じてしか伝わらない女性の観点＝歴史的展望を国家はくみ取れていないとのフェミニスト批評を加えた。(58)

他の研究者も、ヨーロッパの過去を「大きな物語（grand narrative）」として位置づける啓蒙思想に由来する歴史的論拠から歴史学という学問分野が免れ得ないことに注目した。ヨーロッパ以外のすべての社会の歴史はすべてこの「大きな物語」を規準として評価されてきたのである。ディペッシュ・チャクラバーティが論じるには、この歴史主義的伝統によって「一九世紀の世界のヨーロッパ支配が可能となった」。この支配は、自分たちヨーロッパの歴史的経験は他の社会のための計画表（roadmap）を提供したという前提を設定して行われた。しかもこの計画表はヨーロッパ人しか読む資格がなかった。ただ、歴史家がこの歴史主義を克服し得たにしても拒絶したにしても、自分たちの過去の理解と農民共同体に見出される「魅惑の過去」と折り合いを付けることはない。したがって、近代歴史学自体は限界もあるが、依然として不可欠なままと譲歩する。(59)

これと対照的だったのが、前述した近代歴史学を全面的に拒絶し、『マハーバーラタ』のような伝統的な叙事詩による物語の立場をとるグハということになる。現行の歴史研究を破壊しかねないグハのラディカルな勧告は、この学問分野内部からの支持者を得られなかった。チャクラバーティがとるより微妙な立場の方は大きな関心と称賛を呼んだものの、これですら一部には不安と当惑をもたらした。

ここで、改めてポストコロニアル研究によるブリテン帝国主義の新しい歴史への貢献とは何かを確認すると、それは西洋による権力の要求の知的基盤を批判した結果から生まれたものであった。西洋はなぜ権力を行使できたか、権力を要求する際の知的基盤はいかなるものだったか。これは認識論(エピステモロジー)とかイデオロギー、あるいは思想の問題である。こうした問題は、まず、ブリテンによる帝国支配のために提供されたイデオロギー的理由付けの再評価、ついで、こうした支配の実践を確固たるものとする上で、学問分野としての歴史学自体とこうした支配との共犯性を探り出すよう歴史家を促した。

上述の通り、グハによる近代歴史学への告発は後者の共犯性と関わっていた。前者の「支配のイデオロギー」はどうだろうか。このイデオロギーのうち、ポストコロニアル理論はヨーロッパ思想の普遍主義的な野心――とくに啓蒙思想に表明されたヨーロッパ思想で、独自の基準に基づく合理性やヨーロッパ以外の人々へのひな形としての近代性モデルを推進したことに責任を持つ思想――に特別な重要性をおいた。ポストコロニアル研究からの影響を受けた多くのブリテン帝国のイデオロギー研究がとくに注目したのは、一九世紀の自由主義理論家はいかにしてインドの専制的支配を正当化したのか、であった。

研究者たちは一九世紀の自由主義が帝国に順応していたことで一致している。そのうち、ポストコロニアル研究の影響力をもっとも直接に帝国イデオロギーの問題に関与させようとした研究者であるウダイ・メフタは、とくにミル父子の自由主義が、インド人を大人――文脈上はブリテン人――の保護を必要とする子供と同列視することによって、インド人への自由を制限した帝国政策を擁護したと論じた[60]。

また、ポストコロニアル研究は、ブリテン帝国はいかなる思想を前提にして支配していたかの歴史研究――とくに帝国と近代性（モダニティ）の関係に注目した――にも影響を与えた。よく指摘されることだが、ブリテン帝国の擁護者の多くは、帝国を近代性の担い手と描いた。近代性とは、市民社会、自由貿易、法の支配、私有財産、一夫一婦制、科学と技術であり、ブリテンの世界規模での成功に貢献したものとしての功績を認められたものである。この近代性モデルこそ普遍的に適用可能であるとの確信が、インド、アフリカその他のブリテン植民地政策を特徴づけており、その痕跡は脱植民地後の西洋の援助や開発にもつきまとっている。ポストコロニアル理論から着想を得た歴史家にとって、こうした普遍主義的な要求はヨーロッパの文化や知的な伝統の特殊な産物に他ならないと見抜くことが重要である。

ただ、ポストコロニアル研究者が開示したこうした批判はことごとく反批判も呼び起こした。その代表的なものは思想史家のムトゥによる反論であろう[61]。啓蒙思想は近代帝国イデオロギーとその普遍主義的な教義の苗床であるとしたポストコロニアル研究からの告発は、その指導的な哲学者たち（ベンサム、コンドルセ、ディドロ、ヘルダー、カント、アダム・スミスといった多く）は、ヨーロッパのはっきりと帝国膨張に反対していたとする実証的な研究者の挑戦を受けている。

また、ポストコロニアルからの挑戦を受けて実証研究が進んだ側面もある。「ブリテン帝国のイデオロギー的起源」を一六～一七世紀のブリテンに生起した「複合君主国」にまで追跡したディヴィッド・アーミテイジは、ジョン・ロックはポストコロニアル研究が言うように「帝国の思想家」なのか、を実証史家として問いかけた[62]。さらにはポストコロニアル研究の研究対象は以前からの実証研究にもみられた。たとえば、自由主義が帝国に順応したとの実証的な証拠は、バーナード・センメルなどの主流の歴史家によってすでに提出されていたのである[63]。

ケネディ自身も、歴史学という学問分野とその研究実践へのポストコロニアル研究による批判に関して、二つの根拠に基づく反批判をしている。第一に、政府の文書館におさめられた歴史記録が過去の完全で客観的な考察を提供すると仮定するほどナイーブな歴史家はまずいない。文書以外の他の情報、考古学、写真絵画の視覚資料、インタビューなどの口碑も必要なことは誰でも認識している。第二に、ポストコロニアル研究で言われるサバルタンが文書には現れないというのもやはり誇張である。才覚のある歴史家は文書から女性、農民、他の従属民、周辺化された人々の情報や考察を引き出すのである。ケネディがその一例として提出するのはダーバ・ゴーシュの研究[64]である。

五　ポスト「ポストコロニアル」総合に向けて

(1)　プレ「ポストコロニアル」かポスト「ポストコロニアル」か

以上のように、ブリテン帝国史（および歴史学一般）における「ポストコロニアル論的転回」とでも呼べるものの内容を何点か述べてきたが、この転回はこれからどうなるか、その行く末や未来にも触れておこう。

まずはこれもケネディの見解によると、知的な傾向の予測は、グローバルな諸力（影響力）がかくも流動的なときは危険であるが、帝国史へのポストコロニアル研究的アプローチはけっして弱体化しておらず、その反対である。かくも多くの「新しい帝国史」家、サバルタン研究者、帝国主義と植民地主義のポストコロニアル研究的な歴史家による研究がアカデミーに定着して、既存の研究群の上にさらに多くの研究が築かれることを期待できるのである。

しかし、歴史家がポストコロニアル研究と結ぶ関係は同じであろうか。帝国主義と植民地主義の歴史へのポストコロニアル・アプローチの初期の提唱者が、フーコー、サイード、スピヴァクといった理論家や批評家から得ていた着想は、おそらく役割を果たし終えている。反対に、ブリテン帝国世界の諸側面に関心を抱く歴史家の著作も広範なポストコロニアル研究者集団の方にも必読書となっている。学問分野間の対話こそポストコロニアル研究的な企画の特徴だったのである。

今後の課題は、過去数十年間にポストコロニアル理論の介入をかくも不可避的でかつ影響力あるものとしてきた問題意識を保持できるかどうかである。最近の国際情勢や事件は、歴史家が帝国の問題にアプローチする方法に分裂が生じることを予告している。軍事的な事象として、アフガニスタンとイラクへのアメリカの侵入は、あからさまな軍事的行使がいまだに世界情勢に果たす役割を思い起こさせたし、その後にそこで引き起こされた反乱は帝国権力の限界と帝国権力に抵抗する者たちの機知――時には冷酷さ――を思い起こさせた。ポストコロニアル研究とその歴史家の同盟者は帝国の軍事や政治的発現には適合しない。また、金融危機、すなわち二〇〇八～九年の突然のグローバル経済システムの崩壊は資本主義が未来を形成する要因との事実を警戒させた。ポストコロニアル研究はこうした経済システムの崩壊の考察にも適合しない。

それでは、帝国の軍事・経済・政治的な発現を強調するプレ「ポストコロニアル」版の帝国史に戻ればよいのか。しかし、これより可能性があるのは、帝国の歴史家が、帝国主義の物質、文化、認識論的次元を統合して、ポスト「ポストコロニアル」総合（post-postcolonial synthesis）へと導く戦略を採用することである。こうした動きを示すのは、第一に、ごく最近の研究動向に見られる消費主義、日常品、物質文化への増大する注目、もう一つの動きは帝国国家のイデオロギーへの新たな着目、さらには帝国戦争についての伝統的な歴史学の目的と方法とは大きく違う、帝国的な征服、支配、崩壊に伴う暴力に最近向けられた学問的盛り上がりである。(65)

（2）　富山多佳夫のリンダ・コリー評価

ここからはこのポスト「ポストコロニアル」総合という言葉を念頭におき、ケネディのいう「ブリテン帝国世界の諸側面に関心を抱く歴史家の著作は、広範なポストコロニアル研究者集団の方にも必読書となっている」という指摘を受けて、今度は、歴史書を読む、日本の文学理論家、富山多佳夫から見たブリテン帝国史研究に着目してみよう。

富山は「ポストコロニアル批評という場を共有するパレスチナ出身の男性とインド出身の女性」の著作、すなわちサイードの『文化と帝国主義』(66)とスピヴァクの『ポストコロニアル理性批判』(67)を検討しつつ、「この二人の仕事が指さす方向に重要な第三の道をつけ加える」のが前掲のリンダ・コリーの『イギリス国民の誕生』であるとして、その中の「イギリス人〔ブリテン人＝引用者〕らしさ（Britishness）の創造は、あまりにもはっきりとプロテスタンティズム、対仏戦争、帝国の獲得とむすびついていた(68)」との箇所を引用している。

そして「決定的に重要な」こととしてここでの「対仏戦争」とは、「英仏海峡を場とする対立にとどまらず、植民地におけるフランスとの衝突も含んだこと」、すなわち植民地の支配権をめぐるブリテンとフランスとの抗争でもあった、と指摘している。しかも「サイードやスピヴァク、あるいはその影響下にあるポストコロニアル系の研究者の死角となりやすいのがこの点である」としており、「帝国という歴史上の、そして現代のシステムを理解しようとするとき、最も大きな可能性は、これらの二つの方向からの研究〔ポストコロニアル研究とリンダ・コリーの研究＝引用者〕が交差する場にあるように思われる」。

ポストコロニアル研究の「死角」は、英仏間の「植民地の支配権」をめぐる世界的な抗争であるとするならば、コリーの言葉では「対仏戦争」もそうだが、むしろ的確な表現はそのすぐ次に来ている「帝国の獲得」である。リンダ・コリーが、ここに着目し、帝国史家としての本領を発揮して「北アメリカでも、西インド諸島でも、アフリカでも、アジアやヨーロッパでも、〔英仏の＝引用者〕両国の入植者や軍隊が、空間と支配権を争って角をつきあわせた(69)」経過を叙述したならば、まさにポストコロニアル研究の死角を埋め合わせたことになる。

富山はコリーのもう一つの作品『虜囚』(70)についても、これは「フーコーの言説の歴史学、サイードの表象の歴史学のもつ可能性を、ひとりの職業的な歴史家が正面からうけとめた成果」であり、「伝統的な実証主義による歴史叙述ではなく、むしろ文化表象の歴史学」の作品であると評価している(71)。

コリーが「ひとりの職業的な歴史家」であるのは確かなこととして、その仕事が「伝統的な実証主義による歴史叙述ではなく、むしろ文化表象の歴史学」かどうか。『イギリス国民の誕生』ではブリテン人らしさ、『虜囚』では世界中で囚われの身となったブリテン諸島出身の人々のイングランド人らしさ、スコットランド人らしさ、ウェールズ人らしさ、アイルランド人らしさと、いずれもそれぞれの「アイデンティティー」を探求したものであることは間違いなく、この一点のみ持ってしても、文化表象の歴史学、ひいてはポストコロニアル研究との類似性は認められると見てもいいだろう。

(3)　リンダ・コリー「いま帝国史とは何か」

ただし、ケネディは『イギリス国民の誕生』をもって「ポストコロニアル研究は彼女の方法に影響を与えていない」と見ており(72)、富山の評価とは異なる。この両者による評価の違いがポイントとなる。そこで、ポストコロニアル研究に対してコリーはいったいいかなる見解を持っているかが気になってくる。それについて格好の参考となるのはキャナダイン編『いま歴史とは何か』に収められた研究サーヴェイ論文であるコリーの「いま帝国史とは何か」である(73)。

この論文の冒頭では、一九七〇年代初めのブリストルの学部学生時代にいだいていた「ブリテン帝国史」の「特徴」に対して反発していたことを告白している。帝国史の「特徴」とは、第一に、他の科目、たとえばブリテン史やアメリカ史とはまったく無関係に「区画化されていた」こと、第二に、教えるのも学ぶのも男性に限られて、明らかに「男性の仕事」であったことである。ここから学部学生時代のコリーは、帝国史は「異質で特殊すぎ――白状するが――かび臭くて私の好みではないと判断」したのである。「帝国史は当時の私にとって、条約、条約制定者、外交、行政、農業、貿易の研究にきわめつけの熟練家のように没頭し、奇妙な戦争、鉄道建設、あるいはボーキサイト鉱床にごくたまに息抜きをする、高級なつや出しというよりつや消し的な歴史に思えた」のであった。これは、同論文の注にもあるように、コリーに限らず、一九六〇年代から七〇年代初頭に形成されていた学部学生の認識であった。この「かび臭くて私の好み」でなかったブリテン帝国史は、富山のいう「伝統的な実証主義による歴史叙述」とは一致しないにしてもかなり近いと見てよい。

ところが、三〇年ほど経過して、帝国史のシーンは一変した。コリーは本章でも見ている同じケネディの二つの論文を引きながら、「ポストコロニアル研究者」が、「考古学者、美術史家、地図学者、女性学者、地域研究者、医学史家、思想史家、文学研究者」などとともに帝国史に「豊富な新しい知見や洞察」をもたらし、「まったく斬新な研究方法」ばかりか、「旧来のしばしば非常に価値の高い研究を再点検・再評価しうる方法をも可能にした」と述べている。これは、夫君の同書の編者であるキャナダインが同書序文で「一九六〇年代の歴史学のシラバスでは周辺的な科目に思われた「帝国」史は、ポストモダニズムやポストコロニアル研究の影響力によって、形態転換を遂げ魅力が高められて、ナショナル・ヒストリーとグローバル・ヒストリーの間をつなぐ不可欠の架け橋を提供して、いまでは舞台の中央に躍り出ている」と叙述している風景である(74)。

コリーはこの帝国史の変貌に寄与したポストコロニアル研究を評価しながら、その代表であるサイードを批判もしている。サイードが「近代ヨーロッパの帝国主義」が構造においても過激さにおいてもそれより以前のあらゆるタイプの海外支配とも異なることを指摘しながら、非ヨーロッパの諸帝国との比較は省いている点を「西ヨーロッパ諸帝国の構造的で根本的な違いを主張したところで、それは自己主張止まりなのである」と、批判している。すなわち、「近代ヨーロッパの帝国主義」は、非ヨーロッパの諸帝国である、中華帝国、ムガール帝国、サファヴィー帝国、そして決定的に重要なオスマン帝国とただしく比較する必要があるというわけだ。

もう一つは「具体的な要素をはずし、代わりに、認識論や人種に関する事がらに集中する傾向」により「時には無益でわかりにくくしてしまう」「帝国に関する昨今の、しばしば非常にしかるべき有力な学術的著作」に対する批判である。この「有力な学術的著作」が具体的には何かは不明ではあるものの、「具体的な要素」ではなく「認識論や人種」に集中する傾向を持つものの一つがポストコロニアル研究であることは間違いない。続けて述べるには、ブリテンに限っても、人種主義の過去における人種的修辞や人種的イデオロギーを示せば、帝国の存在を説明した、と考えるのは早計であるとして、以下のように結んでいる。「人種が支配の正当化のために用いられることは可能であったし、しばしば用いられたが、それは、ブリテン帝国権力の特異な規模と限界の双方に対する包括的な説明を提供してはいない。いつものことながら、私たちは関係性にかかわり、諸影響と諸要因の幅広い多様性を検討する必要があるのであり、一方にのみ集中するのではないのだ」。

以上のように、コリーは、ポストコロニアル研究に対して、一方では「帝国の文化史探究の高まり、時には帝国史を損なった過度の経済決定論からの退却は、健全な進展であり、まったくの賛成」であるとしつつ、他方では、「認識論や人種」に集中するあまり、「帝国権力の特異な規模や限界」、関係性、諸影響と諸要因の幅広い多様性への注意を失わないように要請している。これを一つの契機として、コリーはこれからの帝国史研究の前提や課題として、サイードを批判した上での非ヨーロッパの諸帝国との比較の提唱、前近代の帝国から持続する「長期持続」のパースペクティヴ、支配と被支配との双方向からなる関係性、ブリテン人とは何かのアイデンティティーの探求などを、この論文の全体を通じて挙げているのである。

ここからいえることとは、コリーの姿勢は、ポストコロニアル研究が帝国史研究の活性化に貢献した点に理解は示すものの、自身がその方法を取り込んで、それを使用して研究を進めたとまでは言えない。コリーがこれからの帝国史の課題としている帝国の比較、長期持続、関係性、アイデンティティーの探求といっても、ポストコロニアル研究的な「権力の言説分析」というより、すべては実証主義的な方法による追究であることには変わらないのである。

この意味では、フーコーやサイードの可能性を「ひとりの職業的な歴史家」が正面からうけとめた「伝統的な実証主義による歴史叙述ではなく、むしろ文化表象の歴史学」の作品を書いたとの富山の評価より、「ポストコロニアル研究は彼女の方法に影響を与えていない」とのケネディの評価の方が妥当ともいえる。正確には、コリーは、ポストコロニアル研究の方法によらず、あくまで実証史家として文化表象の歴史学を書いたと言えるだろう。したがって、実証史家としてポストコロニアル研究を読み、過去の研究を見直すというコリーにとって、ポストコロニアル研究と実証主義は相反発するものではなく、むしろコラボ（協働作業）するものだった。ケネディの評価によると、こうしたコラボによって「帝国主義の諸結果（効果）を幅広く細部まで理解することができたし、とくに歴史研究自体についての文化的意味や認識論的な意味など多角的に明らかにできたのである」(75)。

六　ポストコロニアル研究と実証研究とのコラボ

ここでは、ポストコロニアル研究から（ブリテンをはじめとする）帝国史への問題提起というよりも、これに反応してきた歴史家の受け止め方が重要と判断して、こちらの方に注目してきた。主として取りあげたポストコロニアル研究に影響を受けた三人の歴史家、すなわち、ストーラー、ミッチェル、グハのうち、グハは、ケネディのいう「ポストコロニアル研究からの挑戦により、自身の学問分野の認識論的基盤への疑義を抱くようになった歴史家」とも言えるし、サバルタン研究の代表者としての姿勢を表明しているとも言える。ここまでは行かなくとも、ミッチェルは、フーコーへの傾斜度からして、ポストコロニアル研究に刺激を受けた歴史家であるが、実証史家としての姿勢も失ってはいないと言えよう。ストーラーは実証研究にも携わっていた研究経歴からすると、この中ではもっとも実証史家にも近い歴史家であろうが、フーコーへのこだわりも深い。彼らは、現行の帝国史が意味ある問題を提起しなくなったと感じた時に、ポストコロニアリズムが自らの「琴線に触れた」「一団の研究者」だったのである。

彼らとは対極的な位置にあって、ポストコロニアル研究に実証史家として反発した歴史家は、ジョン・マッケンジーとデイヴィッド・キャナダインであろう。マッケンジーは伝統的な社会史や文化史の立場からサイードの『オリエンタリズム』や『文化と帝国主義』を批判したし(76)、キャナダインは、本国とその帝国の関係における、サイードのオリエンタリズムや他者性とは対極的なオーナメンタリズムや親和性を主張した(77)。ただ、この両名にしても、すでに触れたように、マッケンジーは、「スコティッシュ・アイデンティティー」論を通じた「ブリティッシュ・アイデンティティー」論の先駆者で「アイデンティティー」には実証史家として取り組んでいたし、キャナダインに至っては、たしかにこのオーナメンタリズム論は「古い帝国史」の代表とされることのある「オックスフォード講座ブリテン帝国史」の「ミニ版」とも「反動的帝国史」とまで評価されはしても(78)、これもすでに確認しているように、帝国史が「ポストモダニズムやポストコロニアル研究の影響力」から「形態転換を遂げ魅力が高められ」、「ナショナル・ヒストリーとグローバル・ヒストリーの間をつなぐ不可欠の架け橋を提供して、いまでは舞台の中央に躍り出ている」と、ポストコロニアル研究から帝国史への影響を認めていないわけではない。

キャナダイン編の『いま歴史とは何か』に「いま帝国史とは何か」を寄稿したコリーは、ポストコロニアル研究は「旧来のしばしば非常に価値の高い研究を再点検・再評価しうる方法をも可能にした」と評価した。コリーは、ポストコロニアル研究の利点に懐疑的なままながら「ポストコロニアル研究の挑戦に答えるべく自身の研究の再考や再設定の必要性を見出した」実証史家であり、『イギリス国民の誕生』『虜囚』をもって、ポスト「ポストコロニアル」総合の先駆者の一人と言えよう。

ケネディは、アイデンティティー、文化、サバルタンといったテーマに参入できるのはポストコロニアル研究だけではないこと、ポストコロニアル研究はこうしたポストコロニアル研究的なテーマに参入していく唯一の道ではないことを再三にわたり注意を促している。既に触れている通り、「部族的アイデンティティー」の追究は従来の社会史、文化人類学でもなされていたし、「ブリティッシュ・アイデンティティー」も主流の社会的文化的歴史が先鞭を付けていた。「ナショナル・ヒストリー」の相対化はグローバリゼーションの経済史家も目指したし、一九世紀の自由主義は帝国に順応していたとの証拠は主流の歴史家によってすでに提出されていた。

こうした経過を確認すると、ある意味では今までもポストコロニアル研究と実証主義とのコラボ（協働作業）を行っていたのである。実証史家のポストコロニアル研究への距離の取り方は濃淡があるとはいえ、食わず嫌いは論評の外に置くとして、反発を示したマッケンジーやキャナダインですら、ともかく「食べてみた」では、コラボとも言える。

したがって、先に触れたこれからの帝国史研究の方向として、帝国主義の物質、文化、認識論的次元を統合したポスト「ポストコロニアル」総合というものも、今まで何もなされずすべてがこれから始まるもの、今後にかかっているというものではない。それはその先駆者コリーの仕事に見られるように、この四〇年近くのポストコロニアル研究をくぐり抜けて、そこから問題意識を汲み取り着想を得たり、何らかの意味で「コラボ」しようとする実証主義的な歴史家たちが、実践してきたりしたものであり、ポストコロニアル研究からの刺激を受けて見出されたものともいえる。

注

（1）Dane Kennedy, 'Imperial History and Postcolonial Studies Revisited,' *Journal of Imperial and Commonwealth History*, Vol.24, 1996, pp. 356–359. 後に以下に収録。ここでは以下を使用。Dane Kennedy, *The Imperial History Wars: Debating the British Empire*, London: Bloomsbury Academic, 2018, pp. 39–40.

（2）Edward W. Said, *Orientalism*, New York: Pantheon Books, 1978［エドワード・W・サイード『オリエンタリズム』今沢紀子訳、平凡社、一九八六年］.

（3）Kennedy, 'The Imperial History Wars,' *The Journal of British Studies*, 54, no.1（January 2015）, pp. 5–22. 後に以下に所収。本章では以下を使用。Kennedy, op.cit., p. 135.

（4）Kennedy, 'The Boundaries of Oxford's Empire,' *International History Review*, 29, no.1（March 2007）, pp. 83–108. 後に以下に

所収。本章では以下を使用。Kennedy, op.cit., p. 33; Ann Laura Stoler and Frederick Cooper, eds., *The Tensions of Empire: Colonial Cultures in a Bourgeois World*, Berkeley: University of California Press, p.1; Mrinalini Sinha, *Colonial Masculinity: The 'Manly Englishman' and the 'Effeminate Bengali' in the Late Nineteenth Century*, Manchester: Manchester University Press, 1995, p. 4; ソニア・O・ローズ『ジェンダー史とは何か』長谷川貴彦、兼子歩訳、法政大学出版局、二〇一六年、一二〇〜一二二頁。

(5) Kennedy, op.cit., p. 156, n.75.

(6) Kennedy, op.cit., p. 33.

(7) ジョナサン・カラー『一冊でわかる　文学理論』荒木映子、冨山多佳夫訳、岩波書店、二〇〇三年、一六一〜一六二頁。

(8) ストーラーの主著は、Ann Laura Stoler, *Capitalism and Confrontation in Sumatra's Plantation Belt, 1870-1979*, Ann Arbor: University of Michigan Press, 2nd ed., 1995［アン・ローラ・ストーラー『プランテーションの社会史――デリ／一八七〇―一九七九』中島成久訳、法政大学出版局、二〇〇七年］; Ann Laura Stoler, *Carnal Knowledge and Imperial Power: Race and the Intimate in Colonial Rule*, Berkeley: University of California Press, 2002［アン・ローラ・ストーラー『肉体の知識と帝国の権力――人種と植民地支配における親密なるもの』永渕康之、水谷智、吉田信訳、以文社、二〇一〇年］.

(9) ストーラー『肉体の知識と帝国の権力』、八〜九頁。

(10) Ronald Hyam, *Empire and Sexuality: the British Experience*, Manchester: Manchester University Press, 1990［ロナルド・ハイアム『セクシュアリティの帝国――近代イギリスの性と社会』本田毅彦訳、柏書房、一九九八年］.

(11) ストーラー、同上書、一二、一四、五七頁。

(12) ストーラー、同上書、一九〜二〇、二三、二六、一七八頁。

(13) Ann Laura Stoler, *Race and the Education of Desire: Foucault's History of Sexuality and the Colonial Order of Things*, Durham: Duke University Press 1995［第四章の抄訳「人種の言説／階級の言語――ブルジョア身体と人種的自己を育成する」河村一郎訳『現代思想』一九九七年三月号、一〇四〜一二三頁］.

(14) ミシェル・フーコー「一九七六年二月四日」、「一九七六年三月一七日」、ミシェル・フーコー『社会は防衛しなければならない――コレージュ・ド・フランス講義一九七五―一九七六年度』石田英敬、小野正嗣訳（ミシェル・フーコー講義集成』六）、筑摩書房、二〇〇七年、所収、一〇三、一八二頁。）

(15) ミシェル・フーコー『性の歴史』（『知への意志』渡辺守章訳、『性の歴史』、一、『快楽の活用』田村俶訳、『性の歴史』、二、『自己への配慮』田村俶訳、『性の歴史』、三）、新潮社、一九八六〜一九八七年。

（16）ストーラー『肉体の知識と帝国の権力』、一八〇頁。

（17）ストーラー、同上書、二六七頁、注四。

（18）Antoinette Burton, *Burdens of History: British Feminists, Indian Women, and Imperial Culture, 1865-1915*, Chapel Hill: University of North Carolina, 1994; バートンの本書については、他に、ローズ『ジェンダー史とは何か』、七二〜七三頁、参照。

（19）Kennedy, op.cit., p. 43.

（20）Leonore Davidoff and Catherine Hall, *Family Fortunes: Men and Women of the English Middle Class, 1780-1850*, London: Hutchinson Education, 1987［L・ダヴィドフ、C・ホール『家族の命運――イングランド中産階級の男と女――一七八〇〜一八五〇』山口みどり、梅垣千尋、長谷川貴彦訳、名古屋大学出版会、二〇一九年］.

（21）Catherine Hall, *Civilising Subjects: Metropole and Colony in the English Imagination, 1830-1867*, Cambridge: Polity, 2002; ホールの本書については、他に、ローズ『ジェンダー史とは何か』、七〇〜七二頁、参照。

（22）Kennedy, p.42; Bernard S. Cohn, *An Anthropologist among the Historians and Other Essays*, with An Introduction by Ranajit Guha, Delhi: Oxford University Press, 1990.

（23）Catherine Hall and Sonya Rose, eds. *At Home with the Empire: Metropolitan Culture and the Imperial World*, Cambridge: Cambridge University Press, 2006, p. 10; Dipesh Chakrabarty, 'Foreword', in *The Bernard Cohn Omnibus*, New Delhi, New York: Oxford University Press, 2004, pp. x-xi.

（24）バーナード・S・コーン「ヴィクトリア朝インドにおける権威の表象」多和田裕司訳、E・ホブズボウム、T・レンジャー編『創られた伝統』前川啓治、梶原景昭他訳、紀伊國屋書店、一九九二年、二八二〜二八三頁。

（25）Nicholas B. Dirks, *Castes of Mind: Colonialism and the Making of Modern India*, Princeton: Princeton University Press, 2001.

（26）David Arnold, *Colonizing the Body: State Medicine and Epidemic Disease in Nineteenth-century India*, Berkeley: University of California Press, 1993［デイヴィッド・アーノルド『身体の植民地化――一九世紀インドの国家医療と流行病』見市雅俊訳、みすず書房、二〇一九年］; David Arnold, *The Problem of Nature: Environment, Culture and European Expansion*, Oxford: Blackwell, 1996［デイヴィッド・アーノルド『環境と人間の歴史――自然、文化、ヨーロッパの世界的拡張』飯島昇藏、川島耕司訳、新評論、一九九九年］.

（27）Elizabeth M. Collingham, *Imperial Bodies: The Physical Experience of the Raj, c. 1800-1947*, Cambridge: Polity Press, 2001; Lizzie Collingham, *Curry: A Tale of Cooks and Conquerors*, New York: Oxford University Press, 2006［リジー・コリンガム『インドカレー伝』、東郷えりか訳、河出書房新社、二〇〇六年、河出文庫、二〇一六年］; Lizzie Collingham, *The Hungry Empire:*

How Britain's Quest for Food Shaped the Modern World, London: Bodley Head, 2017［リジー・コリンガム『大英帝国は大食らい――イギリスとその帝国による植民地経営は、いかにして世界各地の食事をつくりあげたか』松本裕訳、河出書房新社、二〇一九年］.

(28) Carl Bridge and Kent Fedorowich, 'Introduction: Mapping the British World,' in Carl Bridge and Kent Fedorowich, eds., *The British World: Diaspora, Culture and Identity,* London: Frank Cass, 2003; Stuart Ward, 'Imperial Identities Abroad,' in Sarah Stockwell, ed., *The British Empire,* Oxford: Blackwell, 2008; 竹内真人編著『ブリティッシュ・ワールド――帝国紐帯の諸相』日本経済評論社、二〇一九年。

(29) Kennedy, p. 45によると、その一例は以下である。Adele Perry, *On the Edge of Empire: Gender, Race, and the Making of British Identity 1849-1871,* Toronto: University of Toronto Press, 2001.

(30) Sinha, op,cit.; S・ペダーセン「いま政治史とは何か」、平田雅博訳、所収、D・キャナダイン編著『いま歴史とは何か』、平田雅博・岩井淳・菅原秀二・細川道久訳、ミネルヴァ書房、二〇〇五年、八二頁。

(31) Kennedy, op.cit., p. 44.

(32) さしあたり以下を参考。ジョン・M・マッケンジー「四つのネーション――イングランド、アイルランド、スコットランド、ウェールズとブリテン帝国」、平田雅博訳、青山学院大学文学部『紀要』第五六号、二〇一五年。

(33) Linda Colley, *Britons: Forging the Nation 1707-1837,* London: Pimlico,1992［リンダ・コリー『イギリス国民の誕生』川北稔監訳、名古屋大学出版会、二〇〇〇年］.

(34) J・G・A・ポーコック「ブリテン史新たな主題に向けた訴え」中村逸春訳、所収、J・G・A・ポーコック『島々の発見――「新しいブリテン史」と政治思想』犬塚元監訳、名古屋大学出版会、二〇一三年。

(35) これもさしあたり、ジョン・M・マッケンジー「ブリテン帝国史革命――マンチェスター大学出版会「帝国主義研究」シリーズ、三〇年間に一一〇冊」、平田雅博・細口泰宏訳、『青山史学』第三三号、青山学院大学文学部史学研究室、二〇一五年。

(36) ティモシー・ミッチェル『エジプトを植民地化する――博覧会世界と規律訓練的権力』大塚和夫・赤堀雅幸訳、法政大学出版局、二〇一四年［Timothy Mitchell, *Colonising Egypt,* Berkeley: University of California Press, 1991］、一〇頁。

(37) ミッチェル『エジプトを植民地化する』、xii、xiii、二〇～二一頁。

(38) ミッチェル、同上書、viii、x頁。

(39) ミッチェル、同上書、viii頁。

(40) Kenendy, op. cit., p. 48.

（41）Frantz Fanon, *The Wretched of the Earth*, Harmondsworth, Middlesex: Penguin Books, 1967, pp.29-30［Frantz Fanon, *Les damnés de la terre*, Paris: François Maspero, 1961; フランツ・ファノン『地に呪われたる者』鈴木道彦、浦野衣子訳、みすず書房、一九九六年］.

（42）ミッチェル、同上書、二四一～二四二頁。

（43）たとえば、David Arnold, *The Tropics and the Traveling Gaze: India, Landscape, and Science, 1800-1856*, Seattle: University of Washington Press, 2006.

（44）Partha Chatterjee, *The Nation and its Fragments: Colonial and Postcolonial Histories*, Princeton: Princeton University Press, 1993; Partha Chatterjee, *The Politics of the Governed: Reflections on Popular Politics in Most of the World*, New York: Columbia University Press, 2004［パルタ・チャタジー『統治される人々のデモクラシー――サバルタンによる民衆政治についての省察』田辺明生、新部亨子訳、世界思想社、二〇一五年］.

（45）Tracey Banivanua-Mar, *Decolonisation and the Pacific: Indigenous Globalisation and the Ends of Empire*, Cambridge: Cambridge University Press, 2016.

（46）Paul Gilroy, *The Black Atlantic: Modernity and Double Consciousness*, London: Verso, 1993［ポール・ギルロイ『ブラック・アトランティック――近代性と二重意識』上野俊哉、毛利嘉孝、鈴木慎一郎訳、月曜社、二〇〇六年］.

（47）Tony Ballantyne, *Orientalism and Race: Aryanism in the British Empire*, Basingstoke: Palgrave, 2002; Tony Ballantyne, *Between Colonialism and Diaspora: Sikh Cultural Formations in an Imperial World*, Durham: Duke University Press, 2006.

（48）Kennedy, op.cit., pp.48-50.

（49）Ranajit Guha, *History at the Limit of World-History*, New York: Columbia University Press, 2002［ラナジット・グハ『世界史の脱構築――ヘーゲルの歴史哲学批判からタゴールの詩の思想へ』竹中千春訳、立教大学出版会、丸善雄松堂（発売）、二〇一七年］. 他の邦訳書として、R・グハ［ほか］『サバルタンの歴史――インド史の脱構築』竹中千春訳、岩波書店、1998年は、グハ編『サバルタン研究』［Ranajit Guha, ed., *Subaltern Studies: Writings on South Asian History and Society*, Dehli; Oxford University Press, 1982-］から1（1982）から三本（うちグハ二本）2（1983）からグハ一本、3（1984）から一本、4（1985）から一本（スピヴァク）を選んで邦訳したもの。また、共編著として、サイードが序文を寄せて、オリエンタリズム論とも結びついたブームを起こし、サバルタン研究の世界的デビューとも評価される以下がある。Ranajit Guha and Gayatri Chakravorty Spivak, eds., *Selected Subaltern Studies*, New York & Dehli: Oxford University Press, 1988.

（50）竹中千春「訳者まえがき」、グハ『世界史の脱構築』、xii、xxiv頁。

（51）グハ『世界史の脱構築』、一〜二、四〜五、四四、四八頁。
（52）グハ、同上書、五四頁、第四章。
（53）Kennedy,op.cit., p. 53.
（54）グハ「反乱鎮圧の文章」、グハほか『サバルタンの歴史』所収。竹中千春「訳者まえがき」、グハ『世界史の脱構築』、ix–x 頁。
（55）グハ「反乱鎮圧の文章」、八五〜八六頁。
（56）Kennedy, op.cit., p. 53.
（57）Dirks, op.cit., chap. 6.
（58）Antoinette Burton, *Dwelling in the Archive: Women Writing House, Home, and History in Late Colonial India,* Oxford: Oxford University Press, 2003; Antoinette Burton, ed., *Archive Stories: Facts, Fictions, and the Writing of History,* Durham: Duke University Press, 2005.
（59）Dipesh Chakrabarty, *Provincializing Europe: Postcolonial Thought and Historical Difference,* Princeton: Princeton University Press, 2000.
（60）Uday Singh Mehta, *Liberalism and Empire: A Study in Nineteenth-Century British Liberal Thought,* Chicago: University of Chicago Press, 1999.
（61）Sankar Muthu, *Enlightenment against Empire,* Princeton: Princeton University Press, 2003.
（62）David Armitage, *The Ideological Origins of the British Empire,* Cambridge: Cambridge University Press, 2000［D・アーミテイジ『帝国の誕生――ブリテン帝国のイデオロギー的起源』、平田雅博・岩井淳・大西晴樹・井藤早織訳、日本経済評論社、二〇〇五年］; David Armitage, *Foundations of Modern International Thought,* Cambridge: Cambridge University Press, 2013［D・アーミテイジ『思想のグローバル・ヒストリー――ホッブズから独立宣言まで』、平田雅博・山田園子・細川道久・岡本慎平訳、法政大学出版局、二〇一五年］.
（63）Bernard Semmel, *The Rise of Free Trade Imperialism: Classical Political Economy, the Empire of Free Trade and Imperialism 1750–1850,* Cambridge: Cambridge University Press, 1970, first paperback ed., 2004.
（64）Durba Ghosh, *Sex and the Family in Colonial India: The Making of Empire,* Cambridge: Cambridge University Press, 2006; Kennedy, op.cit., pp. 52–53.
（65）ケネディは二一世紀になってから公刊された一一冊の著作を挙げている。Kennedy, pp. 54–55.
（66）Edward W. Said, *Culture and imperialism,* New York: Alfred A. Knopf, 1993［エドワード・W・サイード『文化と帝国主義

（1）（2）』大橋洋一訳、みすず書房、一九九八～二〇〇一年〕.
(67) Gayatri Chakravorty Spivak, *A Critique of Postcolonial Reason: toward a History of the Vanishing Present*, Cambridge, Mass.: Harvard University Press, 1999〔G・C・スピヴァク『ポストコロニアル理性批判――消え去りゆく現在の歴史のために』上村忠男、本橋哲也訳、月曜社、二〇〇三年〕.
(68) コリー『イギリス国民の誕生』、八頁。
(69) コリー、同上書、一頁。
(70) Linda Colley, *Captives: Britain, Empire and the World 1600-1850*, London: Jonathan Cape, 2002〔リンダ・コリー『虜囚――一六〇〇～一八五〇年のイギリス、帝国、そして世界』中村裕子、土平紀子訳、法政大学出版局、二〇一六年〕.
(71) 以上、富山多佳夫、解説「渦を作る、そして中心に」、シェリー・ワリア『サイードと歴史の記述』永井大輔訳、岩波書店、二〇〇四年、一一〇～一一一頁。
(72) Kennedy, op.cit. p. 44.
(73) リンダ・コリー「いま帝国史とは何か」、細川道久訳、D・キャナダイン編著『いま歴史とは何か』所収。
(74) キャナダイン「序文」、キャナダイン編、同上書、v-vi頁。
(75) Kennedy, op.cit. p. 55.
(76) John M. MacKenzie, *Orientalism: History, Theory and the Arts*, Manchester: Manchester University Press, 1995〔ジョン・M・マッケンジー『大英帝国のオリエンタリズム――歴史・理論・諸芸術』平田雅博訳、ミネルヴァ書房、二〇〇一年〕.
(77) David Cannadine, *Ornamentalism: How the British Saw their Empire*, London: Allen Lane The Penguin Press, 2001〔D・キャナダイン『虚飾の帝国――オリエンタリズムからオーナメンタリズムへ』平田雅博、細川道久訳、日本経済評論社、二〇〇四年〕.
(78) Stephen Howe, 'Introduction: New Imperial History,' in Stephen Howe, ed., *The New Imperial Histories Reader*, London: Routledge, 2010, p. 17, n.3.

結論　これから何をなすべきか

ジョー・グルディとデイヴィッド・アーミテイジは共著『歴史学宣言』において、現代歴史学のシーンで見られた様々な「転回」、すなわち方法論上の転換を次のように列挙している[1]。

まずは、「下からの」歴史、つまり、エリートの歴史から離れ、普通の人々、サバルタン、周辺に追いやられた人々、打ちひしがれた人々の経験に目を向けようとする社会論的転回(social turn)があった。次いで、言語論的転回(linguistic turn)で、これは分析哲学を採り入れ、それを言語と概念を介して世界や社会経験の構築を明らかにするという歴史家の目的に適用した動きであった。言語論的転回は、文化論的転回(cultural turn)や文化史の大規模な復活をもたらした。さらに、一国史(national history)を離れた一連の転回が生み出されていった。それには、国家横断論的転回(transnational turn)、帝国論的転回(imperial turn)、グローバル論的転回(global turn)など種々ある。

『歴史学宣言』の共著者である二人も、転回という言葉を売り込んだ張本人である。共著者の一人のグルディは、概括的だが、分野を横断する「空間論的転回(spatial turn)」の系譜を提示したし、相方のアーミテイジは、思想史における「国際論的転回(international turn)」の見通しをより具体的に考究した。

現代歴史学における転回論は通常、言語論的転回から始まり、ソシュールまで遡り構造主義やポスト構造主義にいたる流れが歴史学に与えたインパクトまで説かれる。だがここではそれとは異なり、言語論的転回の前に社会論的転回をおき、言語論的転回もポスト構造主義ではなく分析哲学から説明している。またここで何よりも注目すべきは一国史を超えようとする一連の転回を挙げていることである。

　このうち、本書で少しでも触れたのは、言語論的転回、文化論的転回であり、全面的に取り上げたのは何といっても、一国史を超えていく帝国論的転回、グローバル論的転回、国際論的転回である。ここにはなく、本書で独自に取り上げたのは「ポストコロニアル論的転回（postcolonial turn）」である。

　以下、本書のあちこちにいかにこれらの転回に触れられたかを意識しつつ、本書を構成する論点を整理してみる。まず第Ⅰ部ではRGパラダイムに一部沿いつつ、第一章の「植民地高等文官制度の変遷」や第二章の「日英比較帝国主義」史を見たが、第三章ではRGパラダイムから免れて「ブリテン帝国史革命」を成し遂げた、革命の指導者であるマッケンジーの研究を検討した。

　このうち、とりわけ第三章で、マッケンジーが担ったブリテン史における文化論的転回と帝国論的転回に触れた。これはとくにマッケンジー・モメントがヨーロッパ諸国史の帝国史に適用されたとき、すなわちヨーロッパに輸出されたときに見られた。マッケンジーは社会史の流れをくむ「下からの歴史」を重視した歴史家でもあったので、「社会論的転回」という言葉こそ使わなかったものの明らかにこの転回の実践者でもあった。

　次いで、第Ⅱ部では、ブリテン帝国史からグローバル・ヒストリーへと照準を定めてナショナル・ヒストリーのくびきを離れ、第四章「グローバル・ヒストリーの冒険」第一節では世界システム論に触れ、第二節では従来の帝国主義論が地理的には一国的で、時期的には一九世紀末に限定される傾向があったことにたいし、地理的にはグローバル、時期的には一六世紀までさかのぼる長期的な時間幅をもった帝国主義論の再考を促すものであった。第四章の残りの節では近年の様々なグローバル・ヒストリーのうち、これまでややないがしろにされてきた思想のグローバル・ヒストリーに注目した。第五章「英語のグローバル・ヒストリー構想」も、国民国家の内部編成という内向きの問題として取り上げられることの多かった言語を、グローバルに捉える視点から考えようとした。

　第Ⅱ部では、一国史（ナショナル・ヒストリー）を超えようとする種々の試みをみたので、帝国論的転回、グローーバル論的転回、国際論的転回のすべてに触れることになった。とりわけ第四章では、アーミテイジの「思想史の国際論的転回」論を直接取り上げた。これらは一国史を超えるための主眼となるからである。

さらに、第Ⅲ部では、新しい帝国史の震源の一つであるポストコロニアルを取り上げ、これをグローバル・ヒストリーとの交錯から検討しようとした。第六章の「新しい帝国史とは何か」では古い帝国史との対比からポストコロニアルの問題提起を浮上させ、第七章ではタイトルどおりの「ポスト「ポストコロニアル」総合に向けて」のアジェンダとして、グローバル・ヒストリーとポストコロニアルとが交錯する課題を挙げた。ポストコロニアルは、アイデンティティー、文化、サバルタンといったテーマに取り組んだが、こうしたポストコロニアル研究的なテーマに参入できるのはポストコロニアルだけではないこと、これらのテーマに参入には実証的なグローバル・ヒストリー史家も参入できるのである。

まず第Ⅲ部第六章では、コリーやホールなど、実際に国内史から帝国史への帝国論的転回を遂げた歴史家を挙げてその転回の意義を検討した。また第Ⅲ部はその全体がポストコロニアル論的転回の検討である。ポストコロニアルの重要な課題の一つが「サバルタン」すなわち「周辺に追いやられた人々、打ちひしがれた人々の経験に目を向けようとする」ことであれば、社会論的転回とも無縁ではない。もう一つの課題が「文化」であれば、文化論的転回や文化史の大規模な復活をもたらした言語論的転回とも無縁ではなかった。

以上、本書の構成を組み立て、議論を展開する上で、現代歴史学の多くの転回が関わっていた。本書も現代歴史学の動向とは無縁ではなかったことを自ずと物語るが、節目節目で転回という言葉を使うと、そもそもなぜ転回なのかも問わなければならないだろう。もちろん、近年とみに目立つ流行の言葉だからという理由ばかりではなかろう。先のグルディーとアーミテイジがいうように「学問動向を「転回」と呼ぶことが意味するのは､常に歴史家は、たとえそれが曲がりくねった回り道であろうとも、単線の道を通って未来に向かっているということ」だからであろう。転回は未来志向の歴史家がとる道である。

それでは、このような歴史家はどういった「未来」を志向するのかという問題と、本書の結論としてたどり着いたポストコロニアルのアジェンダを歴史家として実証的に検証することとはいかに関連するのだろうか。言い換えれば、これから何をなすべきかである。本書の最後には、ポストコロニアルの先にはポスト「ポストコロニアル」総合ともいうべき課題を視野に入れるべきこと、その具体例としてグローバル・ヒストリーとポストコロニアルの交錯としての実証研究を挙げている。

ただ、その具体例のいくつかは、文中で触れたポストコロニアルの理論家や歴史家（グハ、ストーラー、ミッチェルその他）の側からはすでに示されてはいるものの、実証主義の歴史家側からは何も示唆されてはいないとも見える。したがって読者には、すべてはこれからで、ここでは何も提示しておらず、実行もしていないとの印象を与えてしまいそうである。だが、文中のあちこちで触れているように、実証史家の方でも、実はすでに行われていることでもある。アイデンティティーの問題一つをとってみても、『ブリトンズ』『虜囚』といったコリーの仕事ばかりか「部族的アイデンティティー」や「スコティッシュ・アイデンティティー」などをめぐって、ポストコロニアルと実証史家とのコラボはすでに行われているといってよい。

それでも、読者には、筆者自身はどうなのか、こうした課題にいかに取り組むのかとのさらなる疑問は残るかも知れない。これもごく簡潔ながらすでに文中に記しているが、ポストコロニアルの重要な課題の一つである「サバルタン」については、筆者はブリテンに存在した黒人の歴史＝在英黒人史に取り組んできた(2)。

底辺部の入移民としての黒人＝サバルタンの声は確かに史料に残りづらく、それゆえに聞き取りにくい。たとえば、一七～一八世紀にブリテンへの入移民の黒人召使いが仕えていた「主人」から「逃亡」した。主人側からは新聞に彼らを探す要請がなされた記事が出される。そこには事細かに身体情報等が記載された。この記事は黒人についての情報がある程度分かるもののあくまで他人が記したもので、黒人側が直接的に声を発し、それをみずからが書きとどめた主体ではない以上、しっかりした史料に即した研究こそ王道とする歴史家にはとうてい実証研究とは見なされがたい。しかし、ポストコロニアルでいわれるサバルタンをそれなりに実証的にあぶり出そうとした試みではあった。(3)

ポストコロニアルの始祖の一人フランツ・ファノンの『黒い皮膚・白い仮面』(4)をはじめて読んだときの強烈な印象は忘れがたい。そこには、フランス語の「巻き舌」などの発音を練習して「汚い」現地語訛りのフランス語を「きれいな」フランス語に「矯正」することに余念のない植民地出身の黒人が描かれていた。もともと隠しようもない「黒い皮膚」を少しでも隠すために使われた「白い仮面」の一つが「言語」だった。生を受けた場所が辺境であればあるほど、文化的に遅れれば遅れるほど中央志向やフランス人としての国民化志向は強くなる。これは東北から東京に出てきて「訛り」を隠していた筆者自身の経験に重なっていた。

ファノンを起源とした言語への関心は、あとあとまで存続し、一つは『ウェールズにおける教育状態の調査委員会報告書』(一八四七年)を歴史学的に分析して一書にまとめることに結びついた。(5)これが地域的にはウェールズに限ったものとしたら、次なる『英語の帝国』(6)は視野をグローバルに広げた。本書の第五章に収めた「英語のグローバル・ヒストリー構想」はその助走となった。またアイルランド語の死滅を再考した一文(7)は『英語の帝国』の中の一章を使ったものである。さらには、インドの暴力的な実践としての征服に続いた文化帝国主義＝英語帝国主義の結果の一つとしての「翻訳」とそれによる現地語の強制的な英訳の問題は、本書第七章にも登場したグハ(8)が指摘した。第四章で取り上げたベイリの生前最後の著書『自由の回復』も、ポストコロニアル的な課題の一つとしての翻訳に触れた。これら翻訳の問題は今後の課題になり得よう。

ポストコロニアルのもう一人の始祖たるサイードの『オリエンタリズム』(9)にはじめて接したときの読書経験も忘れがたい。噂には聞いていたが原書には近づきもしなかった。一九八六年に出た邦訳書の表紙にあった強烈な絵画ジェロームの『奴隷市場』に眼を奪われて入手した。サイードのいう「オリエンタリズム」とは「異国趣味」どころか、ヨーロッパがオリエントを理解してきた知の権力と密接に絡んでいて、知的な支配様式に他ならなかった。ただちにそれ以前に熱中していた、ポストコロニアルの理論的源流ともいうべきフーコーを想起した。これは、施療院、監獄、告解室における微細な権力を分析したフーコーの「世界史」版かと思い、この一点に絞り、これも当時読んでいたエリック・ウルフ『ヨーロッパと歴史なき民』と比較した一報告書も書いた(10)。

西洋人の前にたちはだかった理解しがたい「他者」としての東洋人。西洋人はいかに西洋人たることを認識するのか。白人がどうやって白人になるのか、女は女になるのか。国民、人種、ジェンダー、それは圧倒的な「他者」を前にした「自己」認識の過程に他ならない。サイードの『オリエンタリズム』はそんな風に答えてくれそうな本だった(11)。

本橋哲也『ポストコロニアリズム(12)』によると、ポストコロニアリズムの三つの領域は「歴史・文学・証言」である。このうち、上記のように「歴史」、また「文学」（シェイクスピア『オセロ』の分析やサイード『文化と帝国主義』で取り上げられた英文学作品に親しんでいた）にも早くから関心を持っていたが、残された「証言」に対してはどうであろうか。本橋は、この問題は「これまで書かれたことも読まれたこともなかった人々の記憶を証言としてどのように聞き取るか」であるとして、「従軍慰安婦」の証言を取り上げた。筆者も沖縄の生き残ったひめゆり学徒隊の語り部の証言を「歴史と記憶」の観点から扱ったことがある。語り部の証言が「退屈」だったとの趣旨の入試問題を勤務先の一部署が出したことを契機に行われた学内の講演会の報告書の一部となった(13)。さらに、これを契機に始まった学内のプロジェクトでロンドンの帝国戦争博物館のアウシュヴィッツ展示室で聞いたアウシュヴィッツの生存者の証言、および同展示室で実践されている戦争記憶と教育のプログラムを紹介する一章も書いた(14)。

このように筆者は、ポストコロニアルの始祖たるファノン、サイード、フーコーの並々ならぬ読者であったし、彼らの繰り出す論点には著しく共鳴していた。また、ポストコロニアリズムの三つの領域である「歴史・文学・証言」のいずれにも大きな関心を寄せていた。ポストコロニアルの問題提起を実証的にやってみるとの本書の結論に至る素地は、急に思いついたものではなく早くからあったのである。

ところが、その後、正確には同時並行して、筆者は歴史研究者としてのキャリアを積むことになり、その一環としてマッケンジーの『オリエンタリズム』の翻訳[15]に取り組むことになった。マッケンジーは、サイードらの「言説」論者を批判して、彼らは歴史学の常識である事象の因果関係、脈絡付け、クロノロジーなどを無視しているほか、不変の言説にこだわるあまり偶然性や意図せざる結果への無視、はては読者を遠ざけるほどの文章の韜晦趣味を指摘した。こうした指摘は、筆者も歴史家の端くれとして、この学問分野の基本的な教養を尊重するマッケンジーの方に同調し受け入れざるを得なかった。

しかしながら、マッケンジーがこう断じてしまうと、異なる学問分野間の対話も頓挫してこれ以上には進まない。これを示唆したのはケネディであった。ケネディは、当のサイードが一方では、オリエンタリズムを歴史主義的に理解することの重要性を述べながら、他方では歴史学という学問分野自体のオリエンタリズム的への企画の関与に触れてもいるとして、サイードの立ち位置が「曖昧」であることを指摘した[16]。後者のように、歴史学自体がオリエンタリズムに関与しているとなると歴史学との対話は不可能となるが、前者のオリエンタリズムの歴史主義的な理解であれば、対話も可能となる。サイードの曖昧さがむしろ対話を促したのである。

その後の筆者の考察の突破口となったのは、このケネディの指摘とそれをもとにした近年の研究整理であった。対話は両者が少しずつでも歩み寄らなければ成り立たない。ここからは本書に記した通り、両者は実際に相互に歩み寄ろうとした。実証的な歴史家側からは、ケネディ、リンダ・コリーが代表例であろう。彼らは、ポストコロニアルとの対話などはなから忌避する圧倒的多数の歴史家の中にあっては、例外的な存在である。ポストコロニアル側からは、対話を拒む、というより対話が不可能なポストコロニアル純粋論者は別として意外にも対話に応じるポストコロニアル的な歴史家の存在があり、その中にはチャクラバーティばかりではなく、より実証史家に近いホールやストーラーもいる。

ケネディが繰り返し述べるように、アイデンティティー、文化、サバルタンというポストコロニアルが扱うテーマは、ポストコロニアルが独占するものではなく、実証史家も参加できるがために、歩み寄りのテーマとなり得る。さらにはポストコロニアル的な問題提起に触発されて、無関係と思われたかつての実証研究が復刊されているといった分野（たとえば、思想史、とりわけ自由主義の研究）も出ている。アーミテイジがポストコロニアルに刺激を受けて「帝国の思想家ジョン・ロック?」を書いたのも思想史における対話の一例であろう。こうした両者の歩み寄りのめざすところは、本書が行き着いたポスト「ポストコロニアル」総合に向けたテーマともなり得るのである。

注

（1）Jo Guldi and David Armitage, *The History Manifesto*, Cambridge: Cambridge University Press, 2014の邦訳、ジョー・グルディ、D・アーミテイジ『これが歴史だ！――二一世紀の歴史学宣言』、平田雅博・細川道久訳、刀水書房、二〇一七年、六九頁。

（2）平田雅博『内なる帝国・内なる他者――在英黒人の歴史』晃洋書房、二〇〇四年。

（3）平田雅博「見えない黒人を探して――一七・一八世紀の『ロンドン・ガゼッタ』の埋め草から」『西洋史の新地平――エスニシティ・自然・社会運動』佐藤清隆・中島俊克・安川隆司編、刀水書房、二〇〇五年。

（4）フランツ・ファノン『黒い皮膚・白い仮面』海老坂武、加藤晴久訳、みすず書房、一九七〇年。

（5）平田雅博『ウェールズの教育・言語・歴史――哀れな民、したたかな民』晃洋書房、二〇一六年。

（6）平田雅博『英語の帝国――ある島国の言語の一五〇〇年史』講談社〔講談社選書メチエ〕、二〇一六年。

（7）平田雅博「アイルランド語の緩慢な死――中世から現代までの「長期持続」的観点から」、平田雅博・原聖編『帝国・国民・言語――辺境という視点から』三元社、二〇一七年。

（8）ラナジット・グハ著『世界史の脱構築――ヘーゲルの歴史哲学批判からタゴールの詩の思想へ』竹中千春訳、立教大学出版会、二〇一七年、六六頁。

（9）エドワード・W・サイード『オリエンタリズム』今沢紀子訳、平凡社、一九八六年。

（10）平田雅博「オリエンタリズムと世界史学――サイードとウォルフ」、愛媛大学法文学部特定研究研究班、昭和六二年度特定研究報告書『ヨーロッパと東洋とにおける「歴史思想」の比較研究』、一九八八年。

（11）平田雅博「サイード『オリエンタリズム』との長い日々」ＡＧＵＬＩ青山学院大学図書館報、八三号、特集「私の研究を決めた一冊」、二〇〇八年。
（12）本橋哲也『ポストコロニアリズム』岩波書店〔岩波新書〕、二〇〇五年。
（13）平田雅博「歴史と記憶――過去を死なせないために」、大学・高等部共催学内公開フォーラム『私たちは戦争体験をどのように受けとめ、引き継げばよいのか』記録報告書、二〇〇五年一二月三日開催、青山学院大学・青山学院高等部、二〇〇六年三月発行。再録、平田雅博「歴史と記憶――過去を死なせないために」松尾精文・佐藤泉・平田雅博編著『戦争記憶の継承――語りなおす現場から』社会評論社、二〇一一年。
（14）平田雅博「ロンドンの帝国戦争博物館」松尾精文・佐藤泉・平田雅博編著『戦争記憶の継承――語りなおす現場から』社会評論社、二〇一一年。
（15）John M. Mackenzie, *Orientalism: History, Theory and the Arts*, Manchester: Manchester University Press, 1995 の邦訳は、マッケンジー『大英帝国のオリエンタリズム――歴史・理論・諸芸術』平田雅博訳、ミネルヴァ書房、二〇〇一年。
（16）Dane Kennedy, *The Imperial History Wars: Debating the British Empire*, London: Bloomsbury Academic, 2018, p. 12.

あとがき

本書の各章は書き下ろしもあるが、左記の初出一覧の論文等を基盤としている。とくに初出から時間も経過しているものには大幅な加筆および削除をしている。また、英語から翻訳した章、複数論文の重複部分を除外して一本にした章もある。

序　論　書き下ろし
第一章　「イギリスの帝国官僚——植民地高等文官制度の変遷」平田雅博・小名康之編『世界史のなかの帝国と官僚』山川出版社、二〇〇九年。
第二章　'British and Japanese Imperialism in Comparison: Economic Aspects,'『愛媛大学法文学部論集文学科編』第二九号、一九九五年、および「二〇世紀と日本の植民地支配」『歴史地理教育』歴史教育者協議会、第五五一号、一九九六年、を合わせて大幅に加筆削除。
第三章　「帝国論の形成と展開——文化と思想の観点から」『社会経済史学』第八〇巻、第四号、二〇一五年、の一部を利用し、大幅に加筆削除。
第四章　多岐にわたる事典項目、史料・文献紹介、書評、訳者あとがき等に加筆削除して構成。これらの書誌データは第四章の注を参照。
第五章　「英語のグローバル・ヒストリー構想——アンダーソン『想像の共同体』再読から」、『青山史学』第三〇号、青山学院大学文学部史学研究室、二〇一二年三月、に加筆。
第六章　「古い帝国史と新しい帝国史」『二十世紀研究』第五号、二〇〇四年、「新しい帝国史とは何か」歴史学研究会編『帝国への新たな視座――歴史研究の地平から』シリーズ歴史学の現在一〇、青木書店、二〇〇五年、を合わせたものに「イギリスの帝国論」『歴史と地理』第六二二号、二〇〇九年、も加えて、大幅に加筆削除。

第七章　「ポスト「ポストコロニアル」総合に向けて」、『青山史学』第三八号、青山学院大学文学部史学研究室、二〇二〇年三月。

結　論　書き下ろし

第二次世界大戦以後のブリテン帝国史研究の蓄積は、私の前に巨大な塊となって横たわっていた。この膨大な研究群をいかに理解し、ひいては自分の研究に取り組んだらよいのか。これらを無視してしまうか、あるいは関わりを持たずに研究史のないと思われるニッチを探すかというのも一つの「処世術」とも思われたが、無視はできずニッチもまず存在しなかった。そこで、私なりに、何とか見渡してみようといくつかの試みをしてみた。

折に触れて書かれた右記の論文等はその一部である。ただしこれらは、当然ながら当初の執筆意図がばらばらだったためにいかにも個別テーマ的かつ断片的で、このまま並べるだけでは何らかのつながりはとうてい持たせられなかった。

今回、これらの論文等を一書にまとめるための契機となったのは、たまたま手にしたデーン・ケネディの本（Dane Kennedy, *The Imperial History Wars: Debating the British Empire*, London: Bloomsbury Academic, 2018.）であった。そこにはブリテン国内史からブリテン帝国史への「帝国論的転回」が論じられ、「オックスフォード講座ブリテン帝国史」については「ギャラハーとロビンソンのパラダイム」から論点整理がなされ、このパラダイムに対峙する潮流としての「新しい帝国史」や「ポストコロニアル」にも全面的に言及されていた。

これらの「帝国論的転回」「ギャラハーとロビンソンのパラダイム」「新しい帝国史」「ポストコロニアル」といっ

たキーワードは、重要な論点になったばかりか、ばらばらになっていた論文をつなぎ合わせて構成していくための蝶番にして接着剤ともなった。

歴史と理論をあくまで敵対するものとみなし、理論に依拠する歴史研究には不信感をいだく「伝統的な帝国史家」もいる。こうした歴史家に対して、ケネディは、実証オンリーと称する研究ですら何らかの理論に依っていることから、問題は歴史対理論ではなく、歴史研究にとってある理論がもう一つの理論に対していかなる利点があるかであると述べていた。こうした理論的な問題にも理解を示す歴史家でもある点も私には好材料であった。

まずは、これまでの長くて重くて深い研究群を前に途方に暮れていた状況をいくらかでも打開する突破口を開いてくれたこと、ついで、孤立していた個別論文の間に関連をつけてくれたこと、さらに歴史研究にとって理論やパラダイムの検証はけっして無駄ではなくむしろ不可欠なことを示してくれたことで、ケネディの本は本書の成立を後押ししてくれた。

このケネディの本の裏表紙に宣伝用の推薦文を寄せているジョン・マッケンジーとデイヴィッド・アーミテイジの本を私が翻訳していたことも偶然であった。今回、これまでの翻訳の一部をもとに、マッケンジーの仕事については「ブリテン帝国史革命」として一章を割いて論じることができたし、アーミテイジの仕事もこれまで訳してきたものから「思想のグローバル・ヒストリー」として短くまとめる機会も得たことになる。

他に謝辞を述べるべきは、上記の論文等を発表する場所となった論集、国際会議、学会パネル、CEO研究会などにお誘いをいただいた方々であり、お名前が判明している方のみ挙げると、川北稔、木畑洋一、竹内幸雄、杉本淑彦、前川一郎の各先生、各氏である。

他にも、青山学院大学の総合研究所プロジェクトのメンバー、日本学術振興会科学研究費による共同研究のメンバー、これらの報告書や成果本の共編者、寄稿者にも感謝を表明したい。各テーマの研究会等での刺激的な議論を通じて長年にわたり、着想、批判、激励をいただき、本書の成立にも陰に陽にお力をいただいた。

とりわけ感謝すべきは、各種の翻訳に参加していただいた共訳者の皆様である。翻訳などいくらやっても「労多くして功（も益も）少なし」の代表例だが、文字通りの悪戦苦闘をともにした「戦友」の皆様には「功も益も少しはありましたよ」と謝意を伝えたい。共同研究のメンバーと共訳者の一人一人のお顔が浮かんでくるが、そのすべての方々のお名前を挙げるにはスペースが足りないほどだし、かといってごく少数に絞るのは「えこひいき」の誹りを免れず、やむなくすべて割愛せざるを得ない。

本書構想の途上には、以上の個人的な背景の他に、二〇一四年にスコットランド住民投票があったし、二〇一六年にブレグジット（ブリテンのEU離脱）をめぐる国民投票もあった。いずれも時評なるものを書く機会があった（「スコットランド独立住民投票に寄せて」『メトロポリタン史学』第一〇号、二〇一四年一二月。「EU離脱からブリテン国家の解体へ？」『メトロポリタン史学』第一二号、二〇一六年一二月）。前者はイングランドとの関係、後者はヨーロッパとの関係の問いかけであり、「帝国」とは関係なさそうだが、この三つは歴史的に深く関連していることを思えば、過去や歴史ばかりかこの国の「これから」を考えるためには、この三者（ブリテン国内問題、ヨーロッパとの関係、帝国との関係）は束にして考えてみるべきである（「これからの「イギリス」」、『史友』第五二号、青山学院大学史学会、二〇二〇年三月）。本書はこのうち帝国との関係やその歴史を重要視しようとしているが、他の二点も欠落させているわけではない。

筆者は二〇二〇年三月末に定年退職となったが、時を同じくして、世間は新型コロナウィルスによるパンデミックとなり、われわれも「不要不急」の外出は「自粛」せよ、となった。退職のあとの自然な流れによる「隠棲」の上に、「疫病」の蔓延から来る「閉じこもり」が重なった。あの文豪シェイクスピアも幾度ものペストの襲来から免れるかのような暇の中で劇作に励んでいたことも、この間よく聞かされた。ただ、小田島雄志訳で親しみ、ストラッドフォード・アポン・エイヴォン、グローブ座から渋谷ジァン・ジァン、学生芝居にいたるまでシェイクスピア劇の一観客となってきたが、疫病を直接題材にした作品は思い出せなかった。もちろん文豪のように暇ができたからといってよいものが書けるわけでも、パンデミックや疫病の歴史（は本書でも触れたように「言説」ではなく「現実」である）を扱うわけでもなかったが、この二重の「隠遁生活」はありがたかった、というかささいな仕事を進める好機となった。

したがって最後には、やはり晃洋書房編集部に感謝したい。何度もお世話になっている井上芳郎さんは、二〇一七年一二月頃に、アポなしで研究室を急襲し、数年後の定年退職を控えた私に絶妙のタイミングで声をかけていただいたからである。この声なくしては、本書所収の多くはそのまま埋没していたし、まとめるための新たな章の執筆をすることもなかった。また、直接担当いただき、最終原稿や校正紙を丁寧にみたうえで、貴重な指摘や助言をいただいた徳重伸さんにも深謝する。

二〇二〇年一一月二三日

平田雅博

人名索引

「注」「目次」「文献解題」「あとがき」での人名は除外した.

〈ア　行〉

〈カ　行〉

〈サ　行〉

〈タ・ナ行〉

〈マ　行〉

〈ラ・ワ行〉

《著者紹介》

平田雅博（ひらた　まさひろ）

1951年，青森県生まれ。東京大学文学部卒業。東京都立大学大学院人文科学研究科博士課程退学。愛媛大学法文学部助教授，青山学院大学文学部史学科教授を経て，現在，青山学院大学名誉教授，同文学部附置人文科学研究所特別研究員。専攻はブリテン近現代史。

主要業績

単著として，『イギリス帝国と世界システム』，2000年。『内なる帝国・内なる他者——在英黒人の歴史』，2004年。『ウェールズの教育・言語・歴史——哀れな民，したたかな民』，2016年。以上，晃洋書房。『英語の帝国——ある島国の言語の1500年史』，講談社〔講談社選書メチエ〕，2016年。共編著として，『帝国意識の解剖学』，世界思想社，1999年。『近代ヨーロッパを読み解く——帝国・国民国家・地域』，ミネルヴァ書房，2008年。『世界史のなかの帝国と官僚』，山川出版社，2009年。『戦争記憶の継承——語りなおす現場から』，社会評論社，2011年。『帝国・国民・言語——辺境という視点から』三元社，2017年。単訳・共訳書として，ルービンステイン『衰退しない大英帝国——その経済・文化・教育：1750—1990』，晃洋書房，1997年。マッケンジー『大英帝国のオリエンタリズム——歴史・理論・諸芸術』，ミネルヴァ書房，2001年。キャナダイン『虚飾の帝国——オリエンタリズムからオーナメンタリズムへ』，日本経済評論社，2004年。キャナダイン編著『いま歴史とは何か』，ミネルヴァ書房，2005年。アーミテイジ『帝国の誕生——ブリテン帝国のイデオロギー的起源』，日本経済評論社，2005年。キャナダイン『イギリスの階級社会』，日本経済評論社，2008年。アーミテイジ『独立宣言の世界史』，ミネルヴァ書房，2012年。フィリプソン『言語帝国主義——英語支配と英語教育』，三元社，2013年。アーミテイジ『思想のグローバル・ヒストリー——ホッブズから独立宣言まで』，法政大学出版局，2015年。ロス『洋服を着る近代——帝国の思惑と民族の選択』，法政大学出版局，2016年。グルディー，アーミテイジ『これが歴史だ！——21世紀の歴史学宣言』，刀水書房，2017年。ベイリ『近代世界の誕生——グローバルな連関と比較1780-1914』上・下，名古屋大学出版会，2018年。アーミテイジ『〈内戦〉の世界史』，岩波書店，2019年。

ブリテン帝国史のいま
——グローバル・ヒストリーからポストコロニアルまで——

2021年3月30日　初版第1刷発行　　＊定価はカバーに表示してあります

著　者　平　田　雅　博©
発行者　萩　原　淳　平
印刷者　河　野　俊一郎

発行所　株式会社　晃　洋　書　房
〒615-0026　京都市右京区西院北矢掛町7番地
電　話　075(312)0788番(代)
振替口座　01040-6-32280

装丁　尾崎閑也　　印刷・製本　西濃印刷㈱
ISBN 978-4-7710-3452-5